南方熊楠英文論考

［ネイチャー］誌篇

監修＝飯倉照平
訳――松居竜五
田村義也
中西須美

装幀　太田徹也

南方熊楠英文論考

［ネイチャー］誌篇

集英社

まえがき

南方熊楠《みなかたくまぐす》（一八六七―一九四一年）は、人文科学と自然科学を結ぶさまざまな領域における学問活動を行った人物である。東西の科学と思想を融合させようとした熊楠の学問構想は、その幅の広さ、精緻さ、独創性において、近代の日本思想のなかでは他の追随を許さないものがある。生前には、主に和歌山に隠棲《いんせい》する奇人学者としてのみ名前が知られていた熊楠の学問は、今日、私たちの自然や人間社会に対する視線を根底から揺りうごかすような大きな可能性をもつものとして再評価されつつある。

しかし南方熊楠の学問が総体として理解されるには、長い時間の積みかさねが必要であった。その理由の一つとして、熊楠の若い頃から壮年期にかけての思想形成期のテクストが、一般に読みやすいかたちで提供されてこなかったことがある。たとえば、平凡社版『南方熊楠全集』などをひもといて熊楠の著作を読んでいくと、日本語による論文はほぼすべて、四〇歳頃から後に執筆されたものだということに気づく。これらは、和歌山県田辺定住後、『太陽』や『日本及日本人』のような一般雑誌、『植物学雑誌』や『人類学雑誌』のような学術誌、さらには『大阪毎日新聞』や地元の新聞に寄稿されたものである。

こうした日本語の論文は、和漢の古典からヨーロッパ諸語による最新研究まで、さまざまな書籍の引用からなり、博学にして奔放、ときに脱線もいとわないものである。博物学、民俗学といった範疇《はんちゅう》にはおさまりきらない多様さをもつ一方で、テーマがあまりにも拡散しているために、一読しただけでは論旨が把握しにくいという側面をもつ。紀州田辺から自由自在に発言する在野の奇人学者という当時の評価は、こうした四〇歳以降の活動の印象から生まれてきたものである。

では、若き日の南方熊楠はどこにいたのか。実は熊楠は、二〇歳からの青年期の十数年間をアメリカと英国という英語圏で学問の研鑽《けんさん》に費やすという、当時の日本人としては稀有《けう》な体験をもった人物である。幼い頃から和漢の本草学、博物学に関心をもち、東京大学予備門を中退し、一八八七年に単身アメリカに渡る。その後、熊楠はキューバを経てロンドンに到着し、大英博物館などで筆写を中心とする学問三昧の生活を続けた。そして、二六歳のときの「東洋の星座」（一八九三年）を皮切りに、主にロンドン発行の二つの雑誌『ネイチャー』と『ノーツ・アンド・クエリーズ』に英文論文を投稿していくことになる。

一九〇〇年にロンドンからの帰国を余儀なくされた熊楠は、田辺に定住することになる一九〇四年になってはじ

熊楠肖像。英国から帰国後、『ネイチャー』誌や『ノーツ・アンド・クエリーズ』誌への投稿を再開した頃

めて、日本語論文を発表することになった。つまり、処女論文を執筆した二六歳から四〇歳近くまでの十数年間は、もっぱら英文でのみ著作を行っていたわけである。さらに日本語で書かれた文章には、英文で先に発表された学術的な論文をエッセイ風にまとめなおしたようなものも少なくない。

そうした事情を考えると、南方熊楠の著作は、まず英文論文から読みかえさなければ一貫した意図がわからないことになる。熊楠自身、自らの学問の主たるフィールドは英語圏の学界にあり、日本語での文章は一種の即興的なパフォーマンスと考えていたところがある。全集では第一〇巻におさめられ、あまり読まれているとはいいがたい四〇〇篇弱の英文論文こそが、熊楠の思想を解読していくための、最重要のテクストなのである。

熊楠の英文論文を実際に読んで感じるのは、論旨が明快で簡潔に表現されていることである。日本語の著作とちがって、かならずはっきりとした主題があり、一字一句、苦心して練りあげられた文体のすべてが、その論点に向けて集約されている。その彫琢《ちょうたく》された文章の密度が濃いために、一文ずつ内容を吟味しながら精読する必要はあるが、全体として、熊楠の学問的な意図は、日本語論文に比べて理解しやすいということができる。

さらに、これらの英文著作が、発表先の雑誌などで行われる議論を受けて展開されていることも大きな特徴である。後に主たる投稿先となる『ノーツ・アンド・クエリーズ』は、雑誌そのものがフォークロア関連の情報交換誌であり、初期の投稿先であった『ネイチャー』でも、熊楠の論文は自由投稿欄での議論に応答したものが多い。そうした議論の道筋をたどることによって、熊楠がロンドンの学界からどのような影響を受け、また東アジアを中心とする膨大な知識を背景として、そこにどのように切りこんでいったかという軌跡が明らかになってくる。

『ネイチャー』は一八六九年に天文学者のノーマン・ロッキャーが創刊した、科学をテーマとする雑誌である。現在では、世界的にもっとも権威ある自然科学誌として認められている『ネイチャー』だが、それは創刊者のロッキャーが一九世紀から二〇世紀初頭にかけて、読者との信頼関係を着々と築いた土台の上になりたってきたものである。二六歳の青年熊楠は、この雑誌の読者投稿欄にデビューすることで、一躍英国の学界の表舞台にのしあがっていった。

早くも一八九四年には、創刊二五周年を記念した寄稿者リストに、日本人としては、伊藤圭介の孫で同じく植物学者の伊藤篤太郎と並んで熊楠の名前が挙げられている。また熊楠の『ネイチャー』掲載論文数は、生涯を通じて実に五〇本に上るが、これは『ネイチャー』誌の日本特派員だったアラン・アンダーソン氏（現『ニューサイエンティスト』編集長）の計算によると、これまでの同誌への寄稿者のなかでも、歴代最高の本数であるという（『朝日新聞』二〇〇五年一月一五日夕刊）。『ネイチャー』掲載論文数の記録を日本人が保持しているという事実は、ちょっとした驚きである。

一九世紀後半は、ヴィクトリア女王治世の大英帝国が海外に多くの植民地を形成し、大きな影響力を維持していた時期にあたる。世界各地から集まるさまざまな情報に基づいて、最先端の知的活動が多くのアマチュアを含む幅広い層の人々によって行われていた。そして、人類学、民俗学、科学史といった新しい学問体系が、そのなかから生みだされつつあった。そのような状況にあって、熊楠は一〇代の頃の本草学書の筆写によって培った東アジアの伝統的学問の教養を十分に活用しながら、議論に参入していった。後に熊楠自身が記しているように、西洋科学が絶対的な影響力をもった時代にあって、「東洋にも科学思想の伝統があったこと」を示すというのが、熊楠の英文論文における大きな目的であった。

今日、熊楠の英文論文を読みかえすと、そうした複眼的な比較志向の論点が、さまざまな文脈のなかに表れていることに気づかされる。中国とインドの星座を扱った処女作に始まり、指紋法の起源としての中国、さらにインドからヨーロッパや東アジアに説話が伝わった過程等々。そこから熊楠の視点は、東アジア文化の紹介という枠組みを超えて、西洋科学をも内包するより普遍的な世界観へと広がっていくことになる。後の日本語著作における熊楠

K.G. Minakata
Wakayama
Japan

NATURE

A WEEKLY ILLUSTRATED JOURNAL OF SCIENCE.

"To the solid ground
Of Nature trusts the mind which builds for aye."—WORDSWORTH.

No. 981, Vol. 38.] THURSDAY, AUGUST 16, 1888. [Price 15 Cents.

Registered as a Newspaper at the General Post Office.] [All Rights are Reserved.

『ネイチャー』(1888年8月16日号)のタイトル。南方邸に現在残っているもっとも古い号。発行は、熊楠がサンフランシスコからランシングに移った時期にあたる

ジョゼフ・ノーマン・ロッキャー(1836-1920)。黎明期の天文物理学者で、1868年太陽スペクトルの分析によりヘリウムを発見した。天文考古学の著述などもするかたわら、1869年創刊した『ネイチャー』誌の編集長を半世紀にわたり務めた。熊楠の「日本におけるタブー体系」が発表された英国科学振興協会の会長にもなった

の学問活動の基礎は、こうした英文論文の執筆のなかで形作られていったものだったのである。あまりにも膨大なために脈絡のみえにくい熊楠の学問的関心の多様性は、英国の雑誌上でのさまざまな投稿者との応答関係のなかから生まれてきたことがわかる。

今回の翻訳においては、この『ネイチャー』に投稿された熊楠の英文論文とその関連の論文をとりあげ、それぞれの論文のもととなった雑誌上での議論を紹介しつつ、必要な場合には議論の全体を訳出した。さらに、議論の背景となった当時の学問的状況についても、解説、補注などを付し、理解しやすくなるように心がけた。

青年期から壮年期を通じて書きつづけられ、その学問のエッセンスが詰めこまれた英文論文は、南方熊楠の思想を知るための入口ともなるものである。また、熊楠の日本語著作をよく知る読者にとっても、その学問的関心の源泉を探るための大きな手助けになると考えられる。若く、学問的野心に満ちあふれていた時期の思索の道筋が明らかになることによって、これまで私たちの視界に入ってこなかった、新しくみずみずしい熊楠像が姿を現すことになるはずである。

（松居竜五）

凡　例

一、英文原文は、原則として平凡社版『南方熊楠全集』を底本とした。『全集』未収録の文章については、各章解説に明示した。
一、各章は編者が内容に即して分類したものである。
一、各論文の末尾にまとめた「原注」は、熊楠自身が「脚注」としてつけたものである。
一、「訳注」「補注」は翻訳者がつけたものである。論文全体に関わる問題は「補注」とした。
一、本文中の（　）は熊楠原文にある説明である。これに対して、〔　〕は翻訳者が補ったものである。熊楠が［　］を用いた場合もあるが、（　）に統一した。
一、原文のイタリックは、傍点で示した。
一、本文中の引用・参考文献名は、今日通用の呼称に従った。熊楠が、英語原文や日本語著作で用いた名称にはかならずしもよっていない。
一、熊楠が挙げた文献の年代は、成稿年、序文の年、刊行年などさまざまあり、今日通用のものと異なる例が多い。また、人物の生没年も含め、明らかな誤りもみられる。こうした場合は、必要に応じて「訳注」もしくは文中の〔　〕で補った。

＊引用原典では漢字で書かれている中国やインドなどの固有名詞のローマ字表記にあたって、熊楠の利用した字典類は、現存する南方邸蔵書には見あたらない。原文中の注記には、Robert Morrison "A Dictionary of the Chinese Language"（一八一五―一八二三年）の書名などがみられるが、それも辞句の解釈を参照したにとどまるものと思われる。熊楠の用いた表記法は、一定の規則に従っているが、二〇世紀以降の英語圏で広く使われるウェード＝ジャイルス（Wade-Giles）方式や、中国で一九五八年以降使われているピンイン（拼音 Pinyin）方式とは、かなり異なっている。また四声については、『ネイチャー』編集部の問題もあってか、相当の混乱が見られる。

目次

第15章 雑纂2――自然科学など

第1章

東洋の星座

The Constellations of the Far East

『ネイチャー』誌一八九三年一〇月五日号の読者投稿欄に掲載された「東洋の星座」は、南方熊楠二六歳のときの実質的な処女論文であり、ロンドンの学問社会で活躍する道を切りひらくきっかけとなったものである。アメリカ時代からほぼ毎号目を通してきた一流の学術誌『ネイチャー』に長篇の論文が掲載されたことは、自学自習を貫いてきた熊楠にとって、大きな喜びとなったことだろう。

『ネイチャー』誌は当時から週刊で、巻頭から数本にわたって依頼原稿と思われる高名な科学者の論文が並び、そのあとに読者欄つまり編集部への投稿論文が続き、巻末にかけて書評・学界短信などが配されるという構成であった。しかし、読者投稿欄にも毎号長文の力作が並び、目次にも著者名が明記されるなど、依頼論文と扱いのうえでの差はあまりない。目次には、熊楠の名前が同じく投稿してきたハーバート・スペンサーやE・S・モースと並ぶこともあった。そうした誰にでも開かれた一九世紀英国の学術雑誌の透明度の高さが、無名の東洋人青年にも活躍の場を提供することになったのである。

熊楠のこの論文は、八月一七日号の読者投稿欄に掲載されたM・A・Bという人物の質問に答えるかたちをとっている。全五条からなるこのM・A・B氏の質問は、基本的にはアッシリアからギリシアに至る星座の異同を問うたものであるが、最後の二条は、その他の民族が固有の星座をもっているか否かという問いかけと、そうした星座の異同を、それぞれの民族の近親関係の判断のために利用できないかという提案からなっていた。

この質問を読んだ熊楠は、八月一七日付の日記に「本日のネーチュールにM・A・Bなる人、星宿構成のことに付五条の問を出す。予、其最後二条に答んと起稿す」(『南方熊楠日記』一巻、八坂書房)と記している。そして、八

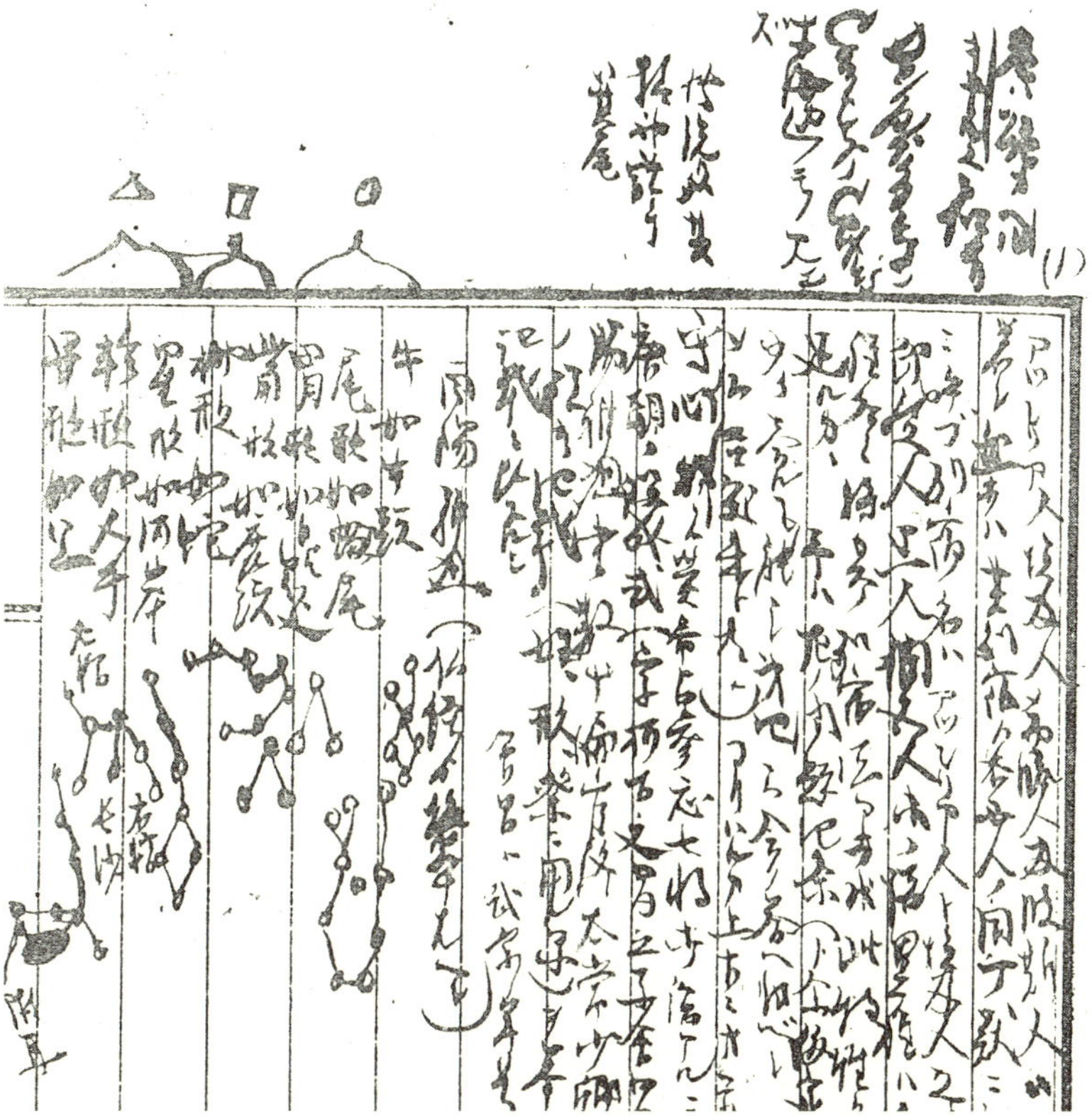

「東洋の星座」執筆時のメモ（「課余随筆」巻5）。M. A. B. による質問文の訳出、『酉陽雑俎』からの抜き書きや、欄外にはのちにジョゼフ・ニーダムによって評価されることになる、「Delphinus、Cancer、Cetus 等海辺ノモノ見エズ」という考察がすでにみえる

月三〇日に「ネーチュールへの答弁稿成」とあり、これらの日付を信頼するならば二週間弱で書きあげたことになる。なお、熊楠の自伝ともいうべき一九二五年の矢吹義夫宛の長文書簡（いわゆる「履歴書」）中には「AからQまであって、RよりZまで全く欠けた」（平凡社版全集七巻）辞書を下宿の老婆に借りて書いたとあり、熊楠神話の一つとして流布しているが、数十年を経て書かれたこの回顧談には独特の誇張が含まれているように思われる。

それでは、この「東洋の星座」はどのような論文だったのであろうか。詳しくは本文をお読みいただくとして、ここでは中心となっている論点とその背景について簡単に記すことにしたい。

まず熊楠は、ヨーロッパで用いられているギリシア式の星座とはまったく異なるものとして、中国の星座を紹介する。月の運行に随って全天を二十八宿に分類し、皇帝や都の建造物、家族関係や道徳観念までをも星座として配した中国式の星座は、なるほど神話中の英雄や動物を中心とするギリシア式の星座とは異なる独自の視点から作られている。こうした中国式星座は、徳川時代までは日本でも使われていたものであり、熊楠にとっても身近な知識であったはずである。たとえば、熊楠が一〇代前半の頃に筆写にいそしんでいた『和漢三才図会』は、その「三才」が「天地人」すなわち天文、地象、人倫に区分された森羅万象を指し、江戸時代の代表的な図解百科事典である。その巻頭「天」の部では、はじめに中国式の星座が丁寧にわかりやすく解説されている。「東洋の星座」を読む限りでは、熊楠は中国星座に関するほとんどの情報を『和漢三才図会』から得ていたと思われる。

さて、後半部で熊楠は、ともに天球を二八に分けた古代中国とインドの星座の比較へと話を進めている。熊楠によれば、二八という分割の一致は驚くべきものであるが、古代における中国とインドの星座はそれぞれ独立に発生したものである。しかし、そのように独立して発生した二つの異なる星座体系でさえ、よく比較してみると似た点が随所に指摘できる。たとえば、「胃」という星宿は、中国で「調理用具（鼎《かなえ》）の足のごとし」、インドでも同じように形容されているし、中国で「柳」と名づけられた星宿は、インドでも「蛇」という似たような形のものととらえられている。「牛」という星宿も両国に共通しているし、「觜《し》」という星宿にしても、「みみずくの毛角《けづの》」とする中国と「鹿の頭（枝角がある）」とするインドは、同じ発想から星座を作っている。

　こうした指摘から、熊楠は次のような結論を導きだす。つまり、中国とインドのように異なる民族が偶然に同様の星座を作りだすことがあるのだから、星座が似ているからといって民族が近い関係にあるなどとはいえない。したがってM・A・B氏の提案は、実用性のないものである、と。

　しかし実は、この後半部での熊楠の指摘は、学問的には問題点を抱えているといわざるをえない。たとえば、ともに天を二八に分割する中国とインドの星座の体系がそれぞれ独自に形成されたものかどうかは、すでに一九世紀初めからヨーロッパの学界で論争が繰りかえされてきた大問題であった。ここでインド・中国間の文化伝播の可能性を吟味することなく独立発生説を採っている熊楠は、そうした先行研究に対する目配りを欠いているといわざる

ウォラストン・フランクス（1826–1897）。大英博物館古美術・東洋美術部門の長を長く務め、重要な工芸品を収集。熊楠は「東洋の星座」校正刷りを携えて大英博物館にフランクスを訪ねた初対面のときのことを、後に「今日始めて学問の尊ときを知ると小生思い申し候」（「履歴書」）と回想している

をえない。

　また、インド星宿に関しては仏典中にも多くの異伝があり、そうした仏典のテクスト・クリティックをせずに『酉陽雑俎《ゆうようざつそ》』からの孫引きを行っている手際はかなり危ういものがある。この時期、熊楠は後に真言宗高野派管長となる真言僧の土《ど》宜《ぎ》法龍《ほうりゅう》と知り合ったばかりで、漢訳仏典に関するさまざまな知識を彼から得ていた。そして、翌年五月の『ネイチャー』に掲載された「蜂に関する東洋の俗信」では、土宜法龍から教えられて、『酉陽雑俎』が『大集経《だいしゅうきょう》』からインド星宿の記述を引いていることを知ったと報告している（付記参照）。この『大集経』は同系列の原本の発見であるから論旨の大勢には影響しないが、インド星宿について記述した異系列の仏典に『宿曜《しゅくよう》経《きょう》』もあり、こちらではインド星宿の形に関して別の表現がとられているために、後半部での熊楠の立場とは抵触をきたしてしまう。「『宿曜経』は……一般にインドにありしを漢訳せるものというか、あるいは支那で偽作せるものというか、御一答を乞う」と、一八九三年一二月（推定）の手紙で土宜法龍に尋ねている熊楠は、後でその危険性に気づいたのではないかと推測される。

　しかし、学術論文として拙い部分はあるものの、熊楠が英国を代表する学術雑誌に東洋の科学を堂々と主張する論文を投げかけ、それを『ネイチャー』の側が受けとめたという事実は重要である。

　たとえば、二〇世紀後半における中国科学史の権威ジョゼフ・ニーダムは、『中国の科学と文明』三巻「数学・天の科学・地の科学」（思索社版の邦訳では五巻「天の科学」）で、熊楠のこの「東洋の星座」にふれて「南方は、中国の天空には鯨座、いるか座、かに座に相当するものがないから、中国の天空に欠けている最も著しい特徴の一つは、海に関する星座名が欠落していることである、と述べて要点をついていた」と評価している。

　論文の校正刷りが『ネイチャー』編集部から送りとどけられた翌日、熊楠は友人の古美術商、片岡政行の紹介で大英博物館に赴いて副館長格のウォラストン・フランクスと会い、少壮の学者として館への出入りを許されることになる。そしてその後、大英博物館図書館などで稀《き》覯書《こうしょ》を書き写した、計五二巻に及ぶ「ロンドン抜書」を作成しながら、豊富な文献を活かした英文論考を次々と発表していくことになるのである。

なお原題にある Far East は、Near East（近東）および Middle East（中東）と対応する言葉で、一九世紀には東アジアから東南アジアにかけてを指していた。通常、インドはこれに含まれない。したがって日本語に置きかえると、語感は異なるものの、「極東」という訳語がもっとも近い。しかし、この論文の場合に限っては、熊楠はインドも含めて Far East という呼称を用いていた可能性が強く、また「東洋の星座」という訳題が従来流布していることもあり、これを踏襲することとした。

（松居竜五）

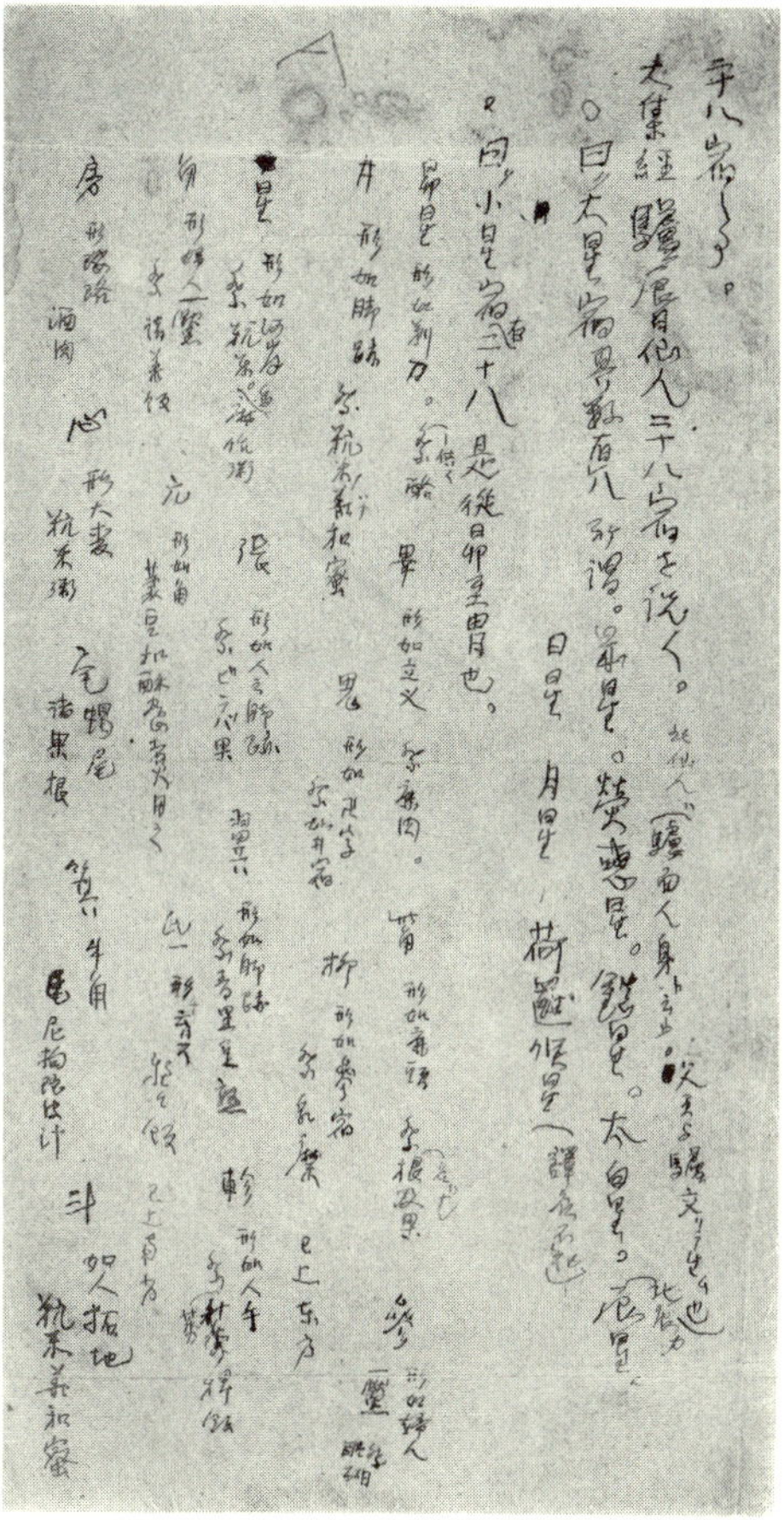

土宜法龍から熊楠に宛てた書簡。熊楠の問いに答えた、仏典中の二十八宿についての詳細なメモ

参考資料

星をグループ化して星座とすること　M・A・B

The Grouping of Stars into Constellations

『ネイチャー』一八九三年八月一七日　四八巻一二四二号

編集部あるいは貴誌読者のなかに、次の質問に答えてくださるか、これらの件に関してどこで情報が得られるかを教えてくださる方はいないだろうか。

アッシリア人、エジプト人、ギリシア人、ペルシア人は、同じやり方で星をグループ分けし、星座としていたか。もし同じグループ化を用いたとすれば、すべての国々で同じような動物の名前が星座につけられていたのだろうか。

われわれがギリシアの英雄の名で呼んでいる星座を、アッシリア人やエジプト人はどのように呼んでいたのか。現在、中国人、ポリネシア人、インド人、アフリカ人、アメリカ〔先住〕民などは、それぞれ独自のやり方で星座を構成しているのか。

もしそれぞれの民族が独自のグループ化による星座を用いているのならば、それらを各民族や国々の近親性を判断するために使えないものだろうか。

八月一一日　テリアーズ・グリーン、ハイ・ウィカム　M・A・B

東洋の星座

The Constellations of the Far East

『ネイチャー』一八九三年一〇月五日　四八巻一二四九号

星をグループ化して星座を作ることについて「M・A・B」から出されたいくつかの質問（『ネイチャー』八月一七日号）のうち、私は最後の二つに対する回答を試みてみたいと思う。一東洋人の限られた知識の許す範囲ではあるが、興味を惹《ひ》かれる貴誌の読者がいることを願うものである。

私は、星座の作られ方について、かならずしも民族ごとに独自の構想があるとは考えていない。朝鮮人や安南〔ベトナム〕人は今でも中国式の体系によっているというし、最近までは日本人もそうであった。日本人は、はるかな祖先とのつながりを神話に託しているが、そうした独特の神話に満ちている国でありながら、固有の星座をほとんどもたないことは奇妙である。

さて、中国式の体系は、疑いもなく独特の性格を有している。それぞれ名前のつけられた「座」は、単一の星からなるものもあるが、その多くは二つから二、三〇までのさまざまな数の星々の集団からなり、たとえば「皇帝の衛兵」〔羽林軍〕などは、星の数が四五に及んでいる。また、同じ星が集団としての名と独立した名の二つをもつ場合もある。たとえば大熊座の最初の七つの星は、北斗つまり「北のひしゃく」としてグループ化されているが、これはひしゃくの先の部分を構成する枢α、璇β、璣γ、権δと、取っ手の部分を構成する玉衡ε、開陽ζ、揺光ηからなっている。

北極星を中心として、天球は二八の「宿」に放射状に分割されている。「宿」の幅はまちまちで多くの「座」を含んでいるが、それらは「宿」の名でもある代表的な一つの星座に従属している。

こうした思考法の根本的な原理は、謎めいた言葉で表されている。「星は精である」と。その意はこう続けられる。「体は地上で生まれ、精は天上で完成される〔訳注1〕」。結局、中国人が関心を寄せてきた多種多様な世俗の事物が、今となってはまったく忘れさられたものを含めて、それらにちなんだ星や星座の名前で、その昔日の存在をわれわれに思いおこさせているのである。

星座という天界の現象と世俗の現象がいかに密接に関連づけられていたかを示すには、若干の例で十分だろう。「弧矢《こし》」の弧《ゆみ》と矢は、別々のもののようではあるが、一つの星座としてグループ化されている。射手は手助けがなくとも一人で矢を射ることができるからである。しかし、粉つきの場合は、臼の係の手助けがいなくてはならない。だから、「臼」と「杵」とはそれぞれ独立しているのである。

古代の政治制度に倣《なら》って、皇帝のなかの皇帝である北極星は、皇后、皇太子らとともに「紫微垣《しびえん》」にあり、諸官の名などにちなんだ三二の座を従えている。傍らには四つの「帝座」が設けられているが、そのうちの一つは、主に「太微垣《たいびえん》」にある建物の名前にちなんだ一七の座を従えている。また別の一つは、「天市垣《てんしえん》」にあって、地方や市場の名、計量器の名にちなむ一七の座を従えている。

こうした構想が適用されるにあたっては、次のような分類体系が用いられているようだ〔訳注2〕。

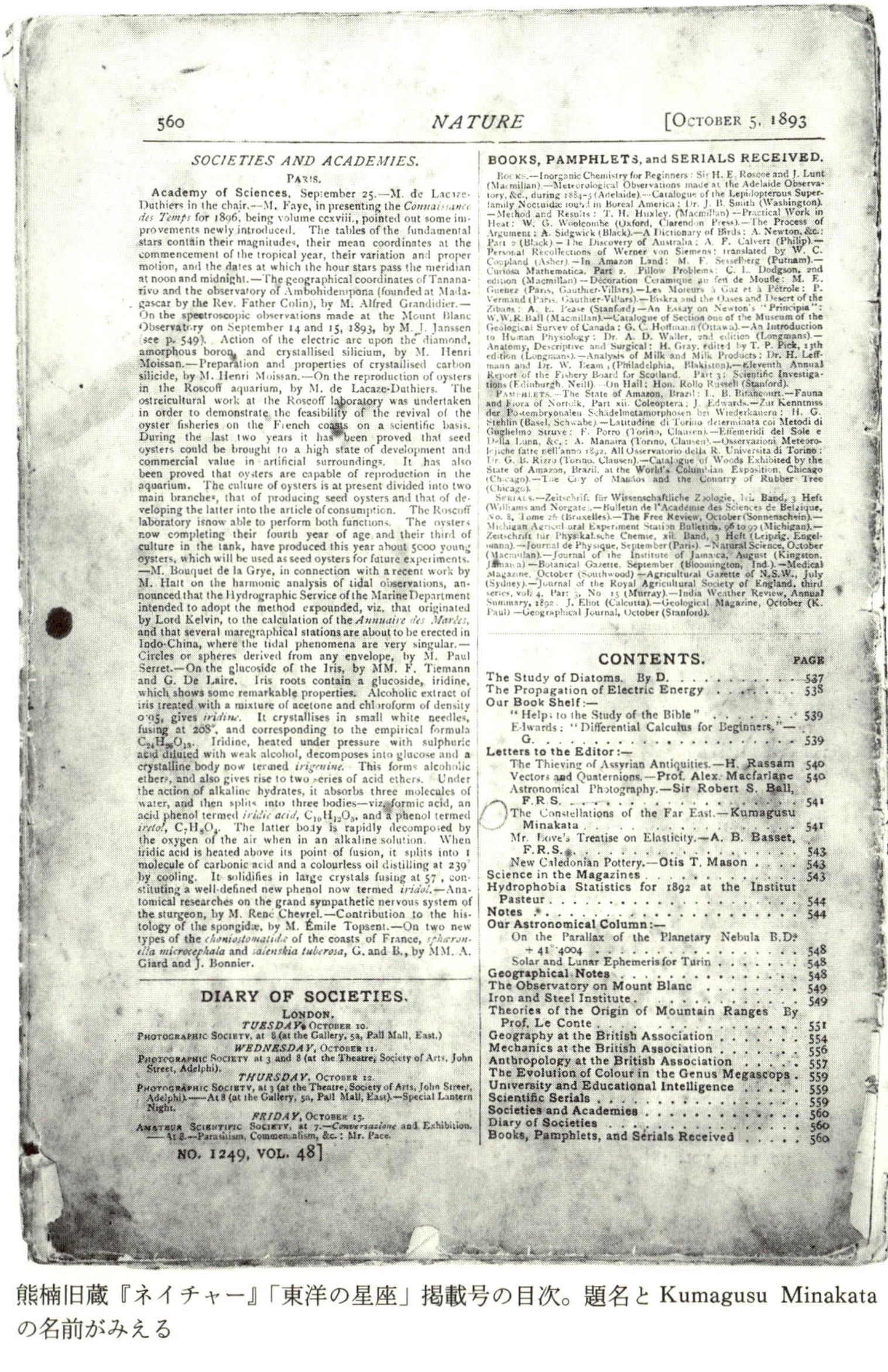

560 *NATURE* [October 5, 1893

SOCIETIES AND ACADEMIES.

Paris.

Academy of Sciences, September 25.—M. de Lacaze-Duthiers in the chair.—M. Faye, in presenting the *Connaissance des Temps* for 1896, being volume ccxviii., pointed out some improvements newly introduced. The tables of the fundamental stars contain their magnitudes, their mean coordinates at the commencement of the tropical year, their variation and proper motion, and the dates at which the hour stars pass the meridian at noon and midnight.—The geographical coordinates of Tananarivo and the observatory of Ambohidempona (founded at Madagascar by the Rev. Father Colin), by M. Alfred Grandidier.—On the spectroscopic observations made at the Mount Blanc Observatory on September 14 and 15, 1893, by M. J. Janssen (see p. 549). Action of the electric arc upon the diamond, amorphous boron, and crystallised silicium, by M. Henri Moissan.—Preparation and properties of crystallised carbon silicide, by M. Henri Moissan.—On the reproduction of oysters in the Roscoff aquarium, by M. de Lacaze-Duthiers. The ostreicultural work at the Roscoff laboratory was undertaken in order to demonstrate the feasibility of the revival of the oyster fisheries on the French coasts on a scientific basis. During the last two years it has been proved that seed oysters could be brought to a high state of development and commercial value in artificial surroundings. It has also been proved that oysters are capable of reproduction in the aquarium. The culture of oysters is at present divided into two main branches, that of producing seed oysters and that of developing the latter into the article of consumption. The Roscoff laboratory is now able to perform both functions. The oysters now completing their fourth year of age and their third of culture in the tank, have produced this year about 5000 young oysters, which will be used as seed oysters for future experiments.—M. Bouquet de la Grye, in connection with a recent work by M. Hatt on the harmonic analysis of tidal observations, announced that the Hydrographic Service of the Marine Department intended to adopt the method expounded, viz. that originated by Lord Kelvin, to the calculation of the *Annuaire des Marées*, and that several maregraphical stations are about to be erected in Indo-China, where the tidal phenomena are very singular.—Circles or spheres derived from any envelope, by M. Paul Serret.—On the glucoside of the Iris, by MM. F. Tiemann and G. De Laire. Iris roots contain a glucoside, iridine, which shows some remarkable properties. Alcoholic extract of iris treated with a mixture of acetone and chloroform of density 0·95, gives *iridine*. It crystallises in small white needles, fusing at 208°, and corresponding to the empirical formula $C_{24}H_{26}O_{13}$. Iridine, heated under pressure with sulphuric acid diluted with weak alcohol, decomposes into glucose and a crystalline body now termed *irigenine*. This forms alcoholic ethers, and also gives rise to two series of acid ethers. Under the action of alkaline hydrates, it absorbs three molecules of water, and then splits into three bodies—viz. formic acid, an acid phenol termed *iridic acid*, $C_{10}H_{12}O_5$, and a phenol termed *iretol*, $C_7H_8O_4$. The latter body is rapidly decomposed by the oxygen of the air when in an alkaline solution. When iridic acid is heated above its point of fusion, it splits into 1 molecule of carbonic acid and a colourless oil distilling at 239° by cooling. It solidifies in large crystals fusing at 57°, constituting a well-defined new phenol now termed *iridol*.—Anatomical researches on the grand sympathetic nervous system of the sturgeon, by M. René Chevrel.—Contribution to the histology of the spongidæ, by M. Émile Topsent.—On two new types of the *choniostomatidæ* of the coasts of France, *sphæronella microcephala* and *salenskia tuberosa*, G. and B., by MM. A. Giard and J. Bonnier.

DIARY OF SOCIETIES.

London.

TUESDAY, October 10.

Photographic Society, at 8 (at the Gallery, 5a, Pall Mall, East.)

WEDNESDAY, October 11.

Photographic Society at 3 and 8 (at the Theatre, Society of Arts, John Street, Adelphi).

THURSDAY, October 12.

Photographic Society, at 3 (at the Theatre, Society of Arts, John Street, Adelphi).——At 8 (at the Gallery, 5a, Pall Mall, East).—Special Lantern Night.

FRIDAY, October 13.

Amateur Scientific Society, at 7.—*Conversazione* and Exhibition.——At 8.—Parasitism, Commensalism, &c.: Mr. Pace.

NO. 1249, VOL. 48]

BOOKS, PAMPHLETS, and SERIALS RECEIVED.

Books.—Inorganic Chemistry for Beginners: Sir H. E. Roscoe and J. Lunt (Macmillan).—Meteorological Observations made at the Adelaide Observatory, &c., during 1884–5 (Adelaide).—Catalogue of the Lepidopterous Super-family Noctuidæ found in Boreal America: Dr. J. B. Smith (Washington).—Method and Results: T. H. Huxley. (Macmillan).—Practical Work in Heat: W. G. Woolcombe (Oxford, Clarendon Press).—The Process of Argument: A. Sidgwick (Black).—A Dictionary of Birds: A. Newton, &c.: Part 2 (Black).—The Discovery of Australia: A. F. Calvert (Philip).—Personal Recollections of Werner von Siemens: translated by W. C. Coupland (Asher).—In Amazon Land: M. F. Sesselberg (Putnam).—Curiosa Mathematica. Part 2. Pillow Problems: C. L. Dodgson, 2nd edition (Macmillan).—Décoration Céramique au feu de Moufle: M. E. Guenez (Paris, Gauthier-Villars).—Les Moteurs à Gaz et à Pétrole: P. Vermand (Paris, Gauthier-Villars).—Biskra and the Oases and Desert of the Zibans: A. E. Pease (Stanford).—An Essay on Newton's "Principia": W. W. R. Ball (Macmillan).—Catalogue of Section one of the Museum of the Geological Survey of Canada: G. C. Hoffmann (Ottawa).—An Introduction to Human Physiology: Dr. A. D. Waller, 2nd edition (Longmans).—Anatomy, Descriptive and Surgical: H. Gray, edited by T. P. Pick, 13th edition (Longmans).—Analysis of Milk and Milk Products: Dr. H. Leffmann and Dr. W. Beam, (Philadelphia, Blakiston).—Eleventh Annual Report of the Fishery Board for Scotland. Part 3: Scientific Investigations (Edinburgh, Neill).—On Hail: Hon. Rollo Russell (Stanford).

Pamphlets.—The State of Amazon, Brazil: L. B. Bitancourt.—Fauna and Flora of Norfolk, Part xii. Coleoptera: J. Edwards.—Zur Kenntniss der Postembryonalen Schädelmetamorphosen bei Wiederkäuern: H. G. Stehlin (Basel, Schwabe).—Latitudine di Torino determinata coi Metodi di Guglielmo Struve: F. Porro (Torino, Clausen).—Effemeridi del Sole e Della Luna, &c.: A. Manaira (Torino, Clausen).—Osservazioni Meteorologiche fatte nell'anno 1892. All Osservatorio della R. Universita di Torino: Dr. G. B. Rizzo (Torino, Clausen).—Catalogue of Woods Exhibited by the State of Amazon, Brazil, at the World's Columbian Exposition, Chicago (Chicago).—The City of Manáos and the Country of Rubber Tree (Chicago).

Serials.—Zeitschrift für Wissenschaftliche Zoologie, lvi. Band, 3 Heft (Williams and Norgate).—Bulletin de l'Académie des Sciences de Belgique, No. 8, Tome 26 (Bruxelles).—The Free Review, October (Sonnenschein).—Michigan Agricultural Experiment Station Bulletins, 96 to 99 (Michigan).—Zeitschrift für Physikalische Chemie, xii. Band, 3 Heft (Leipzig, Engelmann).—Journal de Physique, September (Paris).—Natural Science, October (Macmillan).—Journal of the Institute of Jamaica, August (Kingston, Jamaica).—Botanical Gazette, September (Bloomington, Ind.).—Medical Magazine, October (Southwood).—Agricultural Gazette of N.S.W., July (Sydney).—Journal of the Royal Agricultural Society of England, third series, vol. 4, Part 3, No. 15 (Murray).—India Weather Review, Annual Summary, 1892: J. Eliot (Calcutta).—Geological Magazine, October (K. Paul).—Geographical Journal, October (Stanford).

CONTENTS.

熊楠旧蔵『ネイチャー』「東洋の星座」掲載号の目次。題名とKumagusu Minakataの名前がみえる

（1）数字　例、五人の諸侯、四人の顧問
（2）等級　例、騎士たちとは離れている騎士団長
（3）形状　例、天蓋、天の硬貨、昇る蛇
（4）位置関係　例、天の川にその全体あるいは一部分が覆われている、あるいは接している、深い水、天の鉤《かぎ》、天の埠頭
（5）方位　例、南の門、北極
（6）色彩　例、排泄物

星や星座のモデルとして用いられた事物や概念は、次のように分類することができるだろう。

（1）天象　例、太陽、月、天の川
（2）気象　例、雷鳴、稲光
（3）地文　例、野原、古墳、庭園、池
（4）行政区分　例、晋（国）、長沙（郡）
（5）動物　例、イヌ、オオカミ、ニワトリ、サカナ、スッポン
（6）農産物　例、糠《ぬか》、干し草、瓜、穀物
（7）人体　例、舌、陰茎
（8）動作　例、声をあげて泣く、涙を流す、中傷する、罰する
（9）親族　例、息子、孫、成人、老人

（10）職業　例、農夫、機織りの女
（11）建築　例、城、穀物倉、厨房
（12）器具・家具など　例、鍵、太鼓、鐘、寝床、船
（13）身分や官職　例、家臣、大臣、将軍
（14）英雄　例、傅説《ふえつ》、造父《ぞうほ》
（15）哲学・神学上の概念　例、積極性、美徳、驚異、宿命、運勢、不正など

私に説明できる範囲では、この体系にはいくつかの特色がある。第一に、抽象的概念が残されており、古代中国人の思考法を探る手だてが示されている。

第二に、この体系の個々の部分は、漢王朝の始まり（紀元前二〇〇年頃）より何世紀も前の中国に存在した社会制度の状況と、それぞれ照応している。星座の命名は、その頃までにほぼ確実に終わっていたと思われる。

第三点として、三〇〇を超す座の名の一覧をくまなく精査したにもかかわらず、海に関係するものは二つしか見つからなかったと指摘しておきたい。しかも、その「南海」と「東海」という二つの名は、古くから漠然と未開の地を指すために用いられてきたものなのである。そして、こうしたわずかな例外のほかには、くじら座、いるか座、かに座といったような海の生き物の名はまったくない。この事実はおそらく、中国文明の揺籃《ようらん》が海から遠く離れた内陸部にあったとする歴史観を補強するものだろう。

私は、現在インド人たちの間でどのような星座の体系が用いられているのか、詳しくは知らない。し

かし、少なくとも彼らが、かつて独自の方法を用いていたことは確かである。北伝の仏典にしばしば示唆されているように、インド人たちは天球を二八に分割して、代表的な星座とそれに従属する座を配してきたのである。

中国の体系とインドの体系が、ともに同じ数の分割方式を用いていることは驚きである。しかし、この二つの体系は、それぞれ独自に発生し、同じような発展を遂げてきたと考えられる。中国の代表的な星座に関する記録は、インドとの交流が始まった時期よりもずっと以前にさかのぼる。実際、神話上の崇拝の対象や数々の生贄《いけにえ》、それも仏教徒が不浄とする血や鳥の肉にちなんだものを含むインドの星座は、明らかにバラモン教的な本質を有している。そのことは、それらが両民族の相互交流の時期を開いた中国への仏教伝来よりも以前に成立していたことを示している。

インド星宿の名についての古代中国の文献をみてみると、リヴァータやカムフィラ〔訳注3〕などインド固有の星宿は、その意味が字義通りに翻訳されたのではなく、「室」や「房」といった中国星宿に単に振りあてられていた。このように対応する星宿同士は、それぞれの体系のなかでほぼ同一の範囲を有していたようだ。

さて、中国のプリニウスと呼ぶべき人物である段成式（八〇〇年頃）は、『酉陽雑俎』にインドの文献からの抜粋を載せ、インド人たちが代表的な星宿の形をどのようなものになぞらえていたかについて記録している。一方、中国の代表的な星宿については、その名前や特徴から、それらがもともとどのようなものと見なされたり、何に結びつけられたりしていたのかがわかる。それだけで判断しにくい場合は、

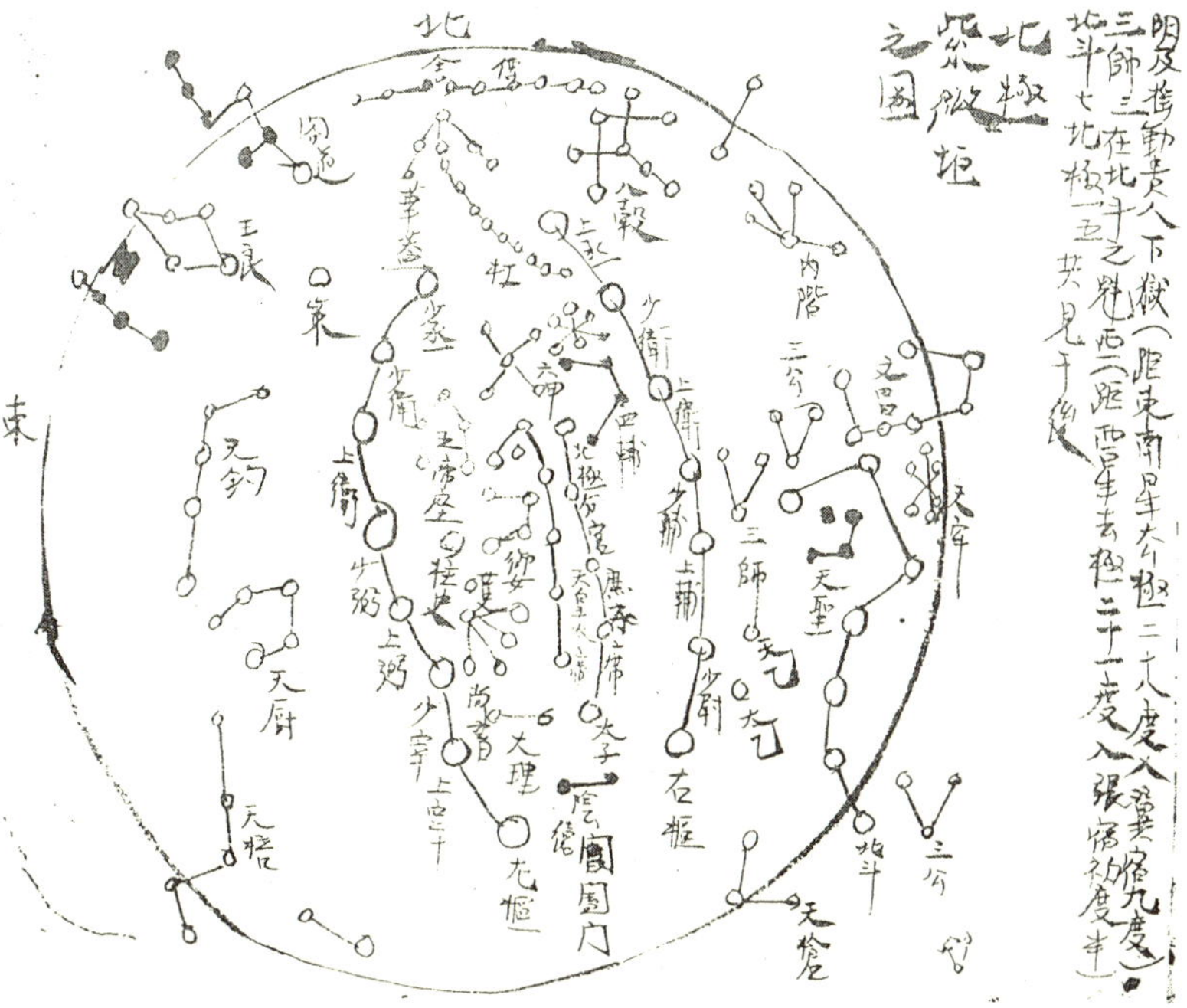

北極紫微垣之図。『和漢三才図会』からの筆写（「課余随筆」巻5）

それらの星宿について説明した文章を補助的に用いればよいだろう。

こうした資料に頼りながら、ここで私は、星宿が何になぞらえられたのか、あるいは結びつけられたのか、そのさまざまな事物を比較するという作業に進みたいと思う。そのことによって、同じような範囲に散らばる星々からはっきりとした代表的な星座が作りだされる過程において、二つの国の想像力がどのくらい一致したり異なったりしていたのかがわかるであろう。〔訳注4〕

中国名	備考	インド人の想像した対応物
1 牛（雄牛）	角のある雄牛	雄牛の頭
2 尾		サソリの尾
3 柳	柳（の細い枝）のように弧を描き、先の部分が曲がりくねっている。中国の占星術では柳は蛇の守護神。	蛇
4 胃	調理用具〔鼎《かなえ》〕の足	同上
5 觜《し》（みみずくの毛角）		鹿の頭（枝角がある）
6 箕《き》（扇状の農具）		牛の角
7 井		足跡
8 危（不安定）	この文字は、足偏をつけると「ひざまずく」〔跪〕	婦人の描きぼくろ

	という意味になる。もともとこの「危」という字は「ひざまずく人」を意味する象形文字だった。おそらくヘラクレス座（ひざまずいている）と同じ連想から生まれた星座であろう。	
9鬼（幽霊）	（遺体を納めた）棺桶〔木櫃〕	聖人〔仏〕の胸
10畢《ひつ》（長柄の網）		帽子〔笠〕
11星	鉤	河岸
12房（すだれ）		かんむりの玉飾り〔瓔珞《ようらく》〕

以上の比較から、異なる国々の間で、非常によく似た星座や、あるいはまったく同じ星座さえ作りだされることがわかる。それはおそらく、同じような明るさの星々が、一目でそれとわかるはっきりとした輪郭をもって位置していることによるのであろう。

結論として、私は次のように述べておこう。星座になんらかの特性を見いだすことは、種々の重要な発見へのきっかけともなりうるもので、したがって、社会学の研究者にとって大きな価値をもつことは確かである。たとえば、中国星座の一つ「女」は、「箕」つまり穀物をあおって選別する扇状の農具と非常によく似ていると説明される。これは、中国の文献で「結婚すること」の譬喩《ひゆ》として「箕箒《きしゅう》を執る」という言葉がよく用いられることに密接な関係があるのかもしれない。〔訳注5〕

しかしながら、民族間の近親性を確認するために星座の構成を使うことの意義については、私の意見はいささか否定的なものにならざるをえない。つまり中国とインドというような、まったく異質な国の間に前述のような著しい類似がみられる事例にこと欠かない一方、星座の構成は明らかに、ある社会から別の社会に伝わっていく伝播性の高いものであり、現在の世界のさまざまな星座の特徴は、民族間の近親性によるというよりは、各国間の交流の結果によるものだからである。

八月三一日　ケンジントン、ブリスフィールド・ストリート15　南方熊楠

付記〔訳注6〕〔一八九四年五月一〇日号〕

「東洋の星座」についての拙文（『ネイチャー』四八巻、五四二頁）のなかで私は、星座の類似に関連して、インド人の想像していた事物の一覧を、段成式の『酉陽雑俎』から引用した。この三月に尊敬する友人のアチャーリア・ダルマナーガ〔訳注7〕〔土宜法龍師〕が親切にもパリから送付してくれた『大集経』に記された驢脣《ろしん》仙人の星座についての講義の抜粋を参照したところ、いくつかの異伝を除いて、ほぼ両者の記述は一致していた。したがって、中国人の手になる『酉陽雑俎』の一覧は、上記のインドの仏典に依拠したものと考えられる。

K・M

〔訳注1〕『和漢三才図会』の「星」の項には「按ずるに星は日と月に亜《つ》ぐといえども、もとこれ少陽の精」、「天象総評」の項には「およそ星の体は地に生じ、しかして精は天に成る」という記述がある。

［訳注２］ここでは、原文の英語に対応する一般的な日本語訳を示した。「課余随筆」巻五の九八項にみえる「東洋の星座」下書きなどを参照して、それぞれに対応すると思われる『和漢三才図会』中の中国星座名を記すと次のようになる。

分類体系

（１）数字　例、五諸侯、四輔
（２）等級　例、騎官、騎陣将軍
（３）形状　例、華蓋、天銭、騰蛇
（４）位置関係　例、天河、積水、天鉤、天津
（５）方位　例、南門、北極
（６）色彩　例、天屎

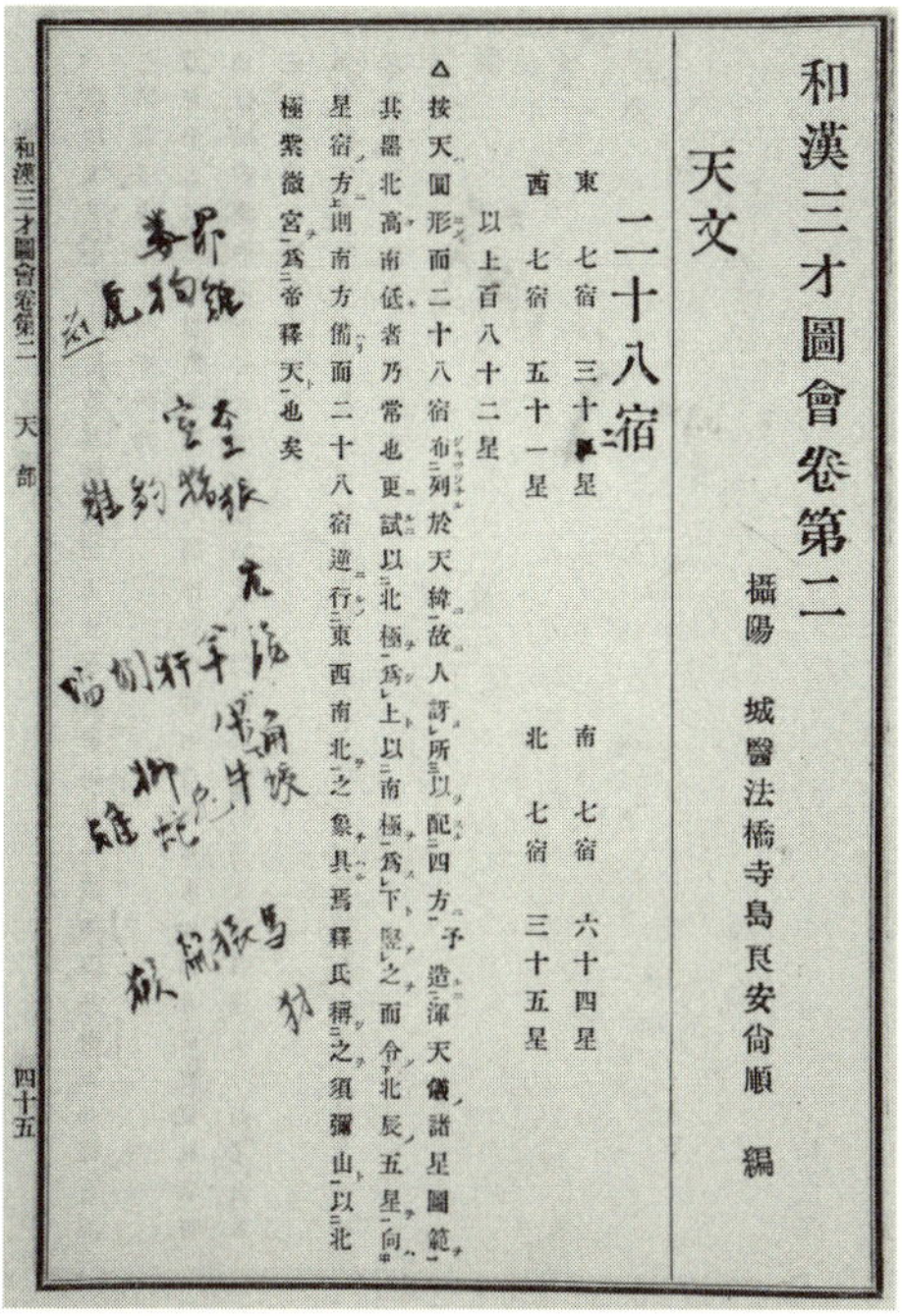
和漢三才圖會卷第二
攝陽　城醫法橋寺島良安尙順　編
天文
二十八宿
東　七宿　三十二星　　南　七宿　六十四星
西　七宿　五十一星　　北　七宿　三十五星
以上百八十二星
△按天圓形而二十八宿布列於天緯故人訝所以配四方予造渾天儀諸星圖範
其器北高南低者乃常也更試以北極爲上以南極爲下竪之而令北辰五星向
星宿方則南方備而二十八宿逆行東西南北之象具焉釋氏稱之須彌山以北
極紫微宮爲帝釋天也矣
和漢三才圖會卷第二　天部　四十五

熊楠旧蔵『和漢三才図会』「二十八宿」冒頭。ロンドンでの本稿執筆時にも座右にあったもので、無数の書きこみがある

モデルとして用いられた事物や概念

(1) 天象　例、日、月、天河
(2) 気象　例、雷電、霹靂
(3) 地文　例、天田、太陵、離宮、天淵
(4) 行政区分　例、秦(国)、長沙(郡)
(5) 動物　例、狗、狼、天鶏、魚、鼈
(6) 農産物　例、糠、芻藁《すうこう》、瓠瓜《こか》、八穀
(7) 人体　例、巻舌、勢
(8) 動作　例、哭、泣、天讒、罰
(9) 親族　例、子、孫、丈人、老人
(10) 職業　例、農丈人、織女
(11) 建築　例、天廟、天倉、内厨
(12) 器具・家具など　例、鍵閉、河鼓、鉤鈐、天牀、天船
(13) 身分や官職　例、幸臣、天相、天大将軍
(14) 英雄　例、傅説《ふえつ》、造父《ぞうほ》
(15) 哲学・神学上の概念　例、文昌、進賢、司怪、司命、司危、司非など

〔訳注3〕原文ではRivataとKamphillaとなっている。現在用いられているインド星宿の一つにRevatiがある。Kamphillaは未詳。なお、南方邸蔵書『酉陽雑俎』には、房宿にKapera、室宿にRaivata, Rivataの書きこみがある。

〔訳注4〕本文の表に付した〔　〕内には、『和漢三才図会』や『酉陽雑俎』の原典にみえる漢字を記した。なお、この表を作った意図が、中国とインドの星座の多くの共通点を示すことにあったのを、熊楠は土宜法龍宛の書簡のなかで、次のように説明している。

そのうちに小生は、インドも、今は知らず、むかしはたぶん二十八に天を分けしことあるなるべしというて、唐の段成式が『酉陽雑俎』に見えたる、インド二十八宿星の形(たとえば、斗は「人の石を排《なら》ぶるがごとく」、房は「瓔珞のごとし」

等）と支那の『登壇必究』などに見えたるものとを比較して、このうち胃宿ごときは支那にも「鼎の足のごとし」、インドにも「鼎の足のごとし」とあり（符合）、また柳のごときは、支那には「柳条のごとし」、インドには「蛇のごとし」とあり。觜《し》は、インドには「鹿頭の角を戴くがごとし」、支那にはなんにもないが、古文には觜は今のごとくクチバシにあらずして、鵂鶹（ミミズク）の角なりとあれば、同一ならぬが、近似せることなり。されば、二国の古え期せずして同一の形に見立てたることもかくのごとくに有之《これあり》、故にかかることの同異にて人種の異同を証すべからず、と答えたり。（一八九三年一二月推定、土宜法龍宛書簡、平凡社版全集七巻二四一—二四二頁）

〔訳注5〕箕の日本語の音読みは「き」であるが、農具を指す場合には「み」という訓を用いることが多い。なお、「箕箒（「きしゅう」または「きそう」）を執る」の場合は、箕を同じ形のちりとりとして解釈することが多いようである。

〔訳注6〕この文章は、もともと『ネイチャー』一八九四年五月一〇日号掲載「蜂に関する東洋の俗信」（第3章）の付記であったが、内容上ここに掲載した。

〔訳注7〕原文はAtchârya Dharmanâgaであり、前の語（正しくはアーチャーリア）は阿闍梨つまり「師」の意、後は「法」「龍」のサンスクリット語への逐語訳である。

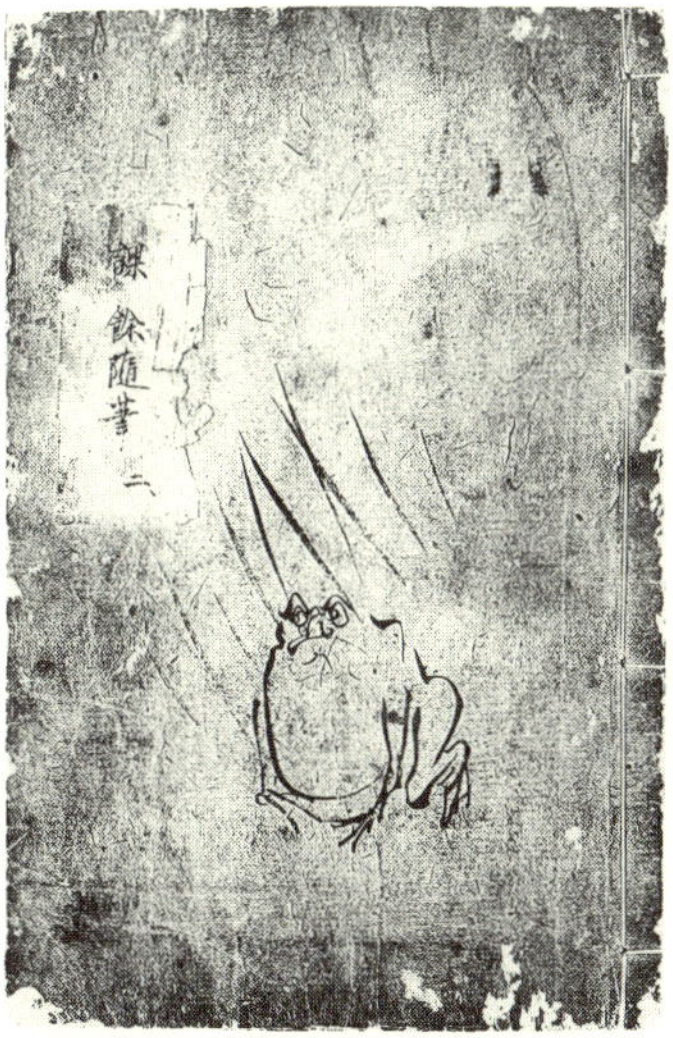

「課余随筆」巻2表紙。「課余随筆」は東京時代からロンドン時代まで続けられた読書・研究ノート。この巻2は、東京時代のもの

第2章

東洋の科学史に関する小論

Essays on the History of Eastern Sciences

解説

「東洋の星座」掲載の後、熊楠は引きつづいて東アジアにおける科学的発見に関する論文を『ネイチャー』誌に発表している。「東洋の星座」が掲載された翌週には、早くも「動物の保護色に関する中国人の先駆的観察」が載り、熊楠は二週連続で『ネイチャー』誌登場を果たすことになった。

このことは、『ネイチャー』側からみた場合、熊楠を有望な新人の書き手として認め、以後もその論文を掲載しつづける姿勢を示したといえるだろう。熊楠にとっては、この二週連続掲載のデビューによって、「拇印考」や「マンドレイク」など初期の代表作を『ネイチャー』に発表する道が開かれたのであった。

ここでは、第二作の「動物の保護色に関する中国人の先駆的観察」以下の、東洋科学史関係の小論を集めてみた。

① 動物の保護色に関する中国人の先駆的観察　一八九三年一〇月一二日
② コムソウダケに関する最古の記述　一八九四年五月一七日
③ 蛙の知能　一八九四年五月二四日
④ 宵の明星と暁の明星　一八九五年二月二八日
⑤ 網の発明　一八九五年六月二七日
⑥ アミミドロに関する最古の記述　一九〇四年八月二五日
⑦ コノハムシに関する中国人の先駆的記述　一九〇七年一二月二六日

①は、ダーウィンの進化論によって脚光を浴びた動物の保護色という現象に、中国人が古くから気づいていたことの指摘である。土宜法龍宛書簡では、「小生（中略）十五、六のときに知りおり」と書いている。熊楠は⑦のコノハムシもこうした観点から注目しており、東京時代に購入したE・モースの『動物進化論』のなかにこの擬態する虫のスケッチがあるので、おそらく同じ時期の発見と思われる。②⑥はそれぞれ珍しい菌類・藻類に関する描写が中国文献にみえること、③⑤はそれぞれ動物の智恵や網の発明の経緯に関する西洋の最新の研究と古代中国の記述が合致すること、④は金星の二つの現れ方に関するピタゴラスと王充の比較である。

全体に「小生はそのころ、たびたび『ネーチュール』に投書致し、東洋にも（西人一汎の思うところに反して、近古までは欧州に恥じざる科学が、今日より見れば幼稚未熟ながらも）ありたることを西人に知らしむることに勗《つと》めたり」（「履歴書」）という熊楠の意図が強く表れた論考ばかりであるといえる。細かくみていくと、中国文献を紹介しただけのそれぞれの論は、科学史的な比較検討という観点からは少々物足りないところもあるのだが、少なくとも初期の熊楠の発想をたどるにはたいへん興味深い文章ばかりである。また、①②⑥が『酉陽雑俎』、③が『和漢三才図会』、④が『論衡《ろんこう》』、⑤⑦が『淵鑑類函《えんかんるいかん》』と、熊楠が英文・和文を通じてしばしば用いる自家薬籠中の文献が並んでいることも注目される。

（松居竜五）

動物の保護色に関する中国人の先駆的観察
Early Chinese Observations on Colour Adaptations

『ネイチャー』一八九三年一〇月一二日　四八巻一二五〇号

中国人たちは、現代科学の諸分野には無関心なようだが、九世紀という早い時期に、動物の保護色についてのダーウィン的な見解をもっていたことをここで報告しておくのは、有意義であると思う。

段成式は『酉陽雑俎』（毛晋〔津逮《しんたい》秘書〕本、京都、一六九七年、一七巻七丁）のなかで、トタテグモ〔訳注1〕を次のように描写している。

「雨が降った後は必ず、私の書斎に面した庭は、顚当《てんとう》（ひっくりかえった門番の意）でいっぱいになる。その巣と一般に呼ばれるものは、ミミズの穴くらいの深さで、そのなかに網が張られている。土の蓋は、地面とまったく平らで、楡《にれ》の翼果ほどの大きさである。顚当は仰向けになって蓋を守り、蠅や毛虫が現れるとすばやく蓋を跳ねあげて捕らえるのである。そして穴に戻るやいなや、また蓋を閉じてしまう。この蓋は地面と同じような色をしている」

このような事実から、段成式が保護色に関する真理を導きだしていたことは明らかである。そのことは、次のように記されている。

「一般に鳥や獣は、自分の姿や形を隠そうとして、さまざまな対象に同化する。そのため、蛇の色は地面に似ているし、茅のなかにいる兎はうっかり見逃してしまいやすい。〔訳注2〕また、鷹は樹木と同じ色をしているものである」

段成式は、博覧強記の人物で、詩も嗜《たしな》んだ。会昌年間（八四一―八四六年）に没し、〔訳注3〕三〇巻からなる前掲の書を残した。一七世紀の傑出した百科全書家謝在杭《しゃざいこう》〔肇淛《ちょうせい》〕は、『酉陽雑俎』を高く評価し、「諸家の冠」の二書のうちの一つとして挙げている。〔訳注4〕

九月二六日　ケンジントン、ブリスフィールド・ストリート15　南方熊楠

〔訳注1〕熊楠は trap-door spider という言葉を使っており、これは通常、トタテグモ下目トタテグモ科を指す。ジグモ（俗

熊楠旧蔵『和漢三才図会』「つちくも」の項。「顚当」の中国音が Tien tang とローマ字で書きいれられている

称ツチグモ）はトタテグモ下目ジグモ科の近親種である。熊楠は、土宜法龍宛書簡（一八九四年三月）では「顚当（つちぐも）」のこととしている。

〔訳注2〕『酉陽雑俎』二〇巻では、この部分は「茅兎は必ず赤し」となっている。これについて熊楠は、『ネイチャー』掲載文では編集者の判断で意に反して表現が変更されたことを、のちに次のように記している。

予段氏の謂うところの「必ず赤し」を「赤を帯ぶ」の意に訳せしに、『ネーチュール』の校字者、赤き兎あるべきはずなしとて、擅《ほしいま》まにこれを削り、茅と色を同じくすとして出板せり。しかるに後日、予プリニウス八巻八一章を見しに、アルプスの兎、冬は白く、雪解くるに及んで赤を帯ぶ、と載せたり。東西とも、古えは兎の色を赤と視たること面白ければ付記す。（「動物の保護形色」一九〇七年）

〔訳注3〕今村与志雄訳注『酉陽雑俎』五巻（平凡社東洋文庫、一九八一年）の「段成式年表」では、生年は不明だが、八二〇年には「おそらく、二〇歳をすぎていたであろう」と推定し、没年は八六三年としている。また、方南生点校『酉陽雑俎』（中華書局、北京、一九八一年）に付された年譜では、生没年を八〇三（推定）―八六三年としている。熊楠自身、翌一八九四年三月の土宜法龍宛書簡では、「会昌より以後まで生きおりたるなるべし」（平凡社版全集七巻二二一頁）としている。

〔訳注4〕謝在杭『五雑組』一三巻には「晋の『世説（新語）』、唐の『酉陽（雑俎）』、卓然《たくぜん》として諸家の冠たり。その叙事文采は一代の典刑をみるに足り、徒らに遺忘に備うるのみに非ず」とある。

コムソウダケに関する最古の記述
The Earliest Mention of Dictyophora

『ネイチャー』一八九四年五月一七日　五〇巻一二八一号

九世紀に編まれた段成式の『酉陽雑俎』（和刻本、一六九七年、一九巻七丁）には、次のような記述がある。

「大同一〇年（五四四年）、簡文帝《かんぶんてい》が所有する延香園に、不思議なキノコが生えた。長さは八インチで、オニバス *Euryale ferox* の実（花托のこと）に似た黒いカサがあった。茎は内側がハス *Nelumbium speciosum* の根のように空洞になっており、表面は全体に白いが、根の下のほうはやや赤い。オニバスの実のような部分は、下のほうに竹の節のような継ぎ目があり、そこから取りはずすことができる。この継ぎ目からは網目状の膜が広がっていて、外周は五、六インチほどで、茎に接することなく、その周りを釣り鐘のように取りかこんでいる。網目は繊細で美しく、この膜も茎から取りはずすことができた。道教の書にある威喜芝（威厳と歓喜の名を冠した吉を招くキノコ）と同類と思われる」

この記述は、単なる作り話として見過ごされてきたようであるが、私はコムソウダケの形態と非常によく合致していると思う。これはおそらく世界最古の記述ではないだろうか。コムソウダケについては日本の植物学者坂本浩然が、『菌譜』（一八三四年、二巻一五丁）のなかで二種の形態に関して述べているが、上記のような説明はない。

五月四日　　南方熊楠

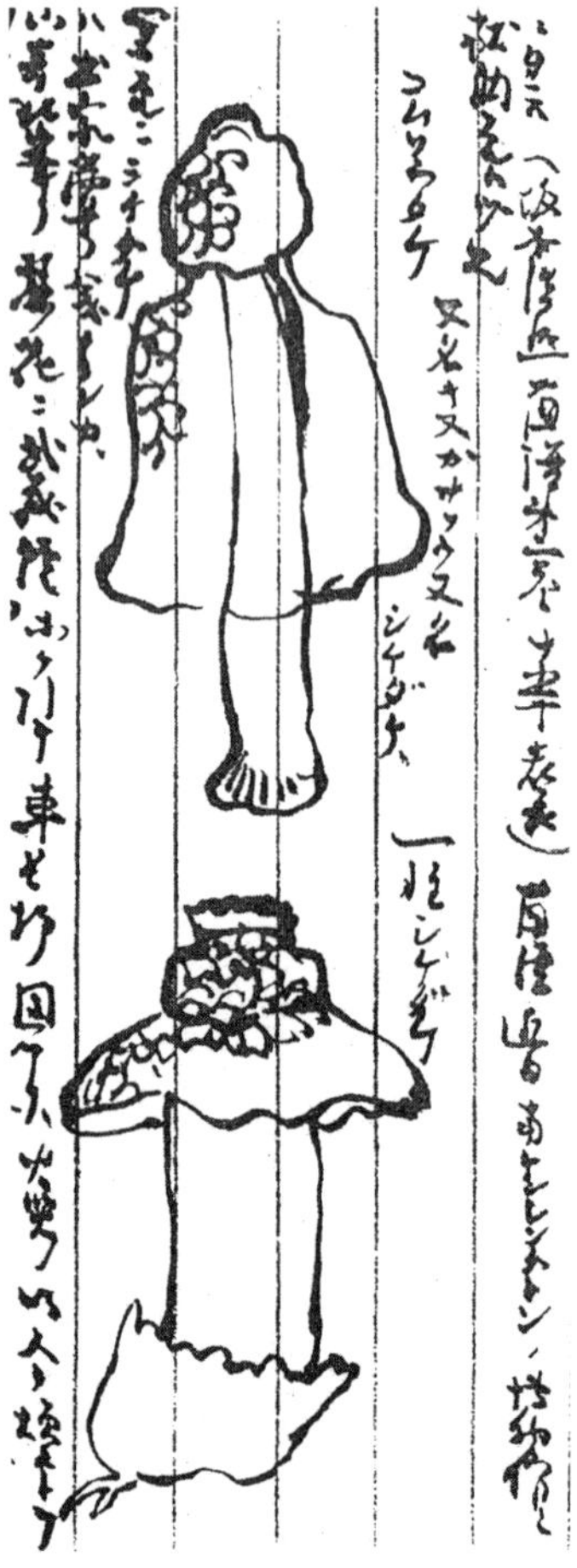

コムソウダケ図（「課余随筆」巻3）。坂本浩然『菌譜』について、「近日南ケンシングトンノ博物館ニ献納スルハヅ也」と記している

蛙の知能
An Intelligence of the Frog

『ネイチャー』一八九四年五月二四日　五〇巻一二八二号

ロマーニズ博士は、『動物の知能』二五四頁において、「蛙は地理感覚に優れているようだ」と述べている。蛙という名前の由来についての寺島良安の説明を信ずる限り、中国や日本では、このことは早くから知られていたようである。一七一三年に完成した『和漢三才図会』〔訳注1〕（新版、東京、一八八四年、五四巻五五三頁）に、寺島は次のように記している。

「『遐《はる》』かに遠い場所にいても、かならず元の場所を『慕』って返るために『蝦蟇』〔訳注2〕という。同じ理由から、日本では『かえる（返る）』という」

日本のもっとも学識豊かな辞書編纂者の一人である谷川士清《ことすが》（一七〇七〔一七〇九〕―一七七六年）も、『鋸屑譚《おがくずばなし》』（東京、一八九一年、八頁）において同じ意見を述べている。

五月一二日　　南方熊楠

〔訳注1〕著者寺島良安は生没年不明だが、一七一二年に書かれた自序には、三十余年かかって同書を編纂したとある。巻頭

に寄せられた序文の日付から一七一三年を成立年とすることが多く、熊楠もこれに従っている。なお、熊楠がここで新版としているのは、活字で翻刻された全四冊本（上中下および総目録、一八八四―一八八八年、中近堂）で、南方邸に現存している。同邸にはこの他、縮刷の一冊本（一九〇六年、吉川弘文館）もみられる。

〔訳注2〕原文では、遐にhia、慕にmá、蝦蟇にHia-máという中国音をつけている。ただし、ピンイン表記による現代中国語では、「遐慕」（xiá mù）と「蝦蟇」（há má）の発音は異なっている。凡例の末尾に記したローマ字表記方式についての注記参照。

宵の明星と暁の明星
Hesper and Phosphor

『ネイチャー』一八九五年二月二八日　五一巻一三二二号

『帰納的科学の歴史』（ロンドン、一八四七年、一巻一四九頁）のなかで、ヒューエルは次のようにいっている。

「ピタゴラスは、宵と暁の二つの明星が同じ天体であると主張したといわれている。この発見は、明らかにこの問題に関するもっとも早い時期の記述である。もちろん、われわれには、この二つの星を一、二年も観察していながら、同様の結論に達しない人というのは考えにくいが」（W・J・L「金星」、『ネイチャー』四九巻四一三頁も参照）

さて、ここでヒューエルが考えにくいとしている事態は、古代中国において、実際におこっていたようである。哲学者王充（二七―九七年頃）の書は、当時のさまざまな誤った考え方を徹底的に論駁したことで有名だが、そのなかに次のような文章がある。

「『詩経』には、啓明（暁の明星）は東にあり、長庚（宵の明星）は西にある、とされている。しかし実際は、これらは木星と金星の示す様相にすぎず、あるときは東に、またあるときは西に出るため、無知な詩人たちがそれぞれに異なる名をつけただけなのである」(『論衡』三浦〔衛興〕本、京都、一七四八年、一七巻一二―一三丁)

この一節は、次の二つの明白な事実を示している。一つは、非常に早い時代からの優れた天文学的知識によって名高い中国民族も、ここに引用された「大東」という題の詩が書かれた紀元前八世紀には、「宵の明星」と「暁の明星」が同じものだという事実を知らなかった、ということである。二つ目は、王充のように篤学でありながら、この星の正体をいったんは突きとめても、なお自らの過ちに気づかない中国人がいた、ということである。つまり、金星だけではなく木星も「宵の明星」または「暁の明星」として現れるとするのだが、これでは、二つの「宵の明星」と二つの「暁の明星」の存在を認めることになり、一方の「宵の明星」とはまったく別の「暁の明星」を認めることになってしまう。後世の学者には、この複雑さを避けようとして、「宵の明星」と「暁の明星」を、二つの惑星に勝手に当てはめた者もいたであろう。このようなわけで、日本の詩人で注釈家であった源順(九〇九〔九一一〕―九八三年)は、今では失われてしまったと思われる中国書『兼名苑』を参照して、木星(中国語で「歳星」)を暁の明星(日本語で「あかぼし」)、金星(中国語で「太白」)を宵の明星(日本語で「夕つつ」)としている(『和名類聚抄』那波本、京都、一六六七年、一巻一丁)。

二月二二日　　南方熊楠

網の発明
The Invention of the Net

『ネイチャー』一八九五年六月二七日　五二巻一三三九号

貴誌二月二八日号（四一七頁）に、R・I・ポコック氏は、網を編む技術は蜘蛛の巣の観察から生まれたものではないかという説を唱えている。この件に関して、中国の百科全書『淵鑑類函』（一七〇一年〔訳注〕、四四九巻「蜘蛛」の項、二）には、「『抱朴子《ほうぼくし》』に、太昊《たいこう》（伏羲《ふくぎ》）が蜘蛛を師として網を編んだとある」という引用がみられることを、興味深い事実として記しておきたい。

伏羲を網の発明者とした最古の文献である『易経』には、蜘蛛に関する言及はない（レッグ訳『東洋の聖典』一六巻三八三頁参照）。しかし、前掲の『抱朴子』の一節から、道教の隠者葛洪《かっこう》によって同書が書かれた四世紀の中国には、ポコック氏の示唆するような説がすでに存在していたことが証明されるといってよい。

六月一七日　南方熊楠

〔訳注〕勅命により編纂された『淵鑑類函』の巻頭には、まず康熙帝による「御製淵鑑類函序」（一七一〇年）があり、ふつ

うはこれが初版の刊行年とされる。このあとに編纂者たちの連名による皇帝への献上書である「進呈類函表」（一七〇一年）があるが、熊楠はこれを成立年として採用している。

アミミドロに関する最古の記述

The Earliest Mention of Hydrodictyon

『ネイチャー』一九〇四年八月二五日　七〇巻一八一七号

段成式（八六三年没）は『酉陽雑俎』（和刻本、一六九七年、一九巻一二丁表）にこう記している。「漢代の武帝（紀元前一四〇〔一四一〕―八七年在位）の（命によって作られた人工の池である）昆明池には、水網藻が生えていた。枝は横に広がり、水面からななめに突きでていた。八、九フィートの長さで、網の目にとてもよく似ていたので、カモがなかに入ると出てこられなくなったほどである。名前はそこから来ている」

この記述は、現在は「ウォーター・ネット」として知られている藻類（アミミドロ *Hydrodictyon utriculatum* Roth.）を誇張して描写したものと思われる。私の住む地域では、水田から水を抜いた後、「枝は横に広がり、残った水面からななめに突きでた」この藻をよく見かける。ただし、「八、九フィートもある」という巨大な寸法は、まったくの論外である。同書は、この藻に関する記述としてはおそらく最古のものであろう。

日本、紀伊、那智山　　南方熊楠

コノハムシに関する中国人の先駆的記述
Early Chinese Description of the Leaf-Insects

『ネイチャー』一九〇七年一二月二六日　七七巻一九九一号

『淵鑑類函』は、一七〇三年に完成した中国の百科全書であるが、その四四六巻九丁裏には、九世紀頃の書『投荒雑録』からの次のような引用がある。

「南海《ナンハイ》の橄欖《かんらん》樹（烏欖《うらん》 *Canarium pimela* あるいはカンラン *C. album*）には、奇妙な習性をもつ蜂〔訳注1〕がやってくる。まるでその樹木の葉に枝をつかむための手と足が生えたような姿をしており、それで実に器用にとまるので、本物の葉と区別することは非常に難しい。そこで、南方の人々はこの虫を取るときに、まず橄欖樹を切ってしまい、葉が枯れて落ちるのを待つ。そのようにしてはじめて、虫を見分けて捕まえることができるのである。虫は媚薬に用いる」

南海は字義的には「南の海」だが、古くは現在の広東にあたる地方の呼称であり、また東インド諸島〔訳注2〕を意味することもあった（ブレットシュナイダー『中国植物誌』〔一八九三年〕、三部五七九頁）。

この擬態についての中国の記述は、蜂と特定している点を除けば、コノハムシ *Phyllium* の特徴とかなり一致する。おそらく、こうしたバッタ目 *Orthoptera* の昆虫に関する記述としては、最古ではない

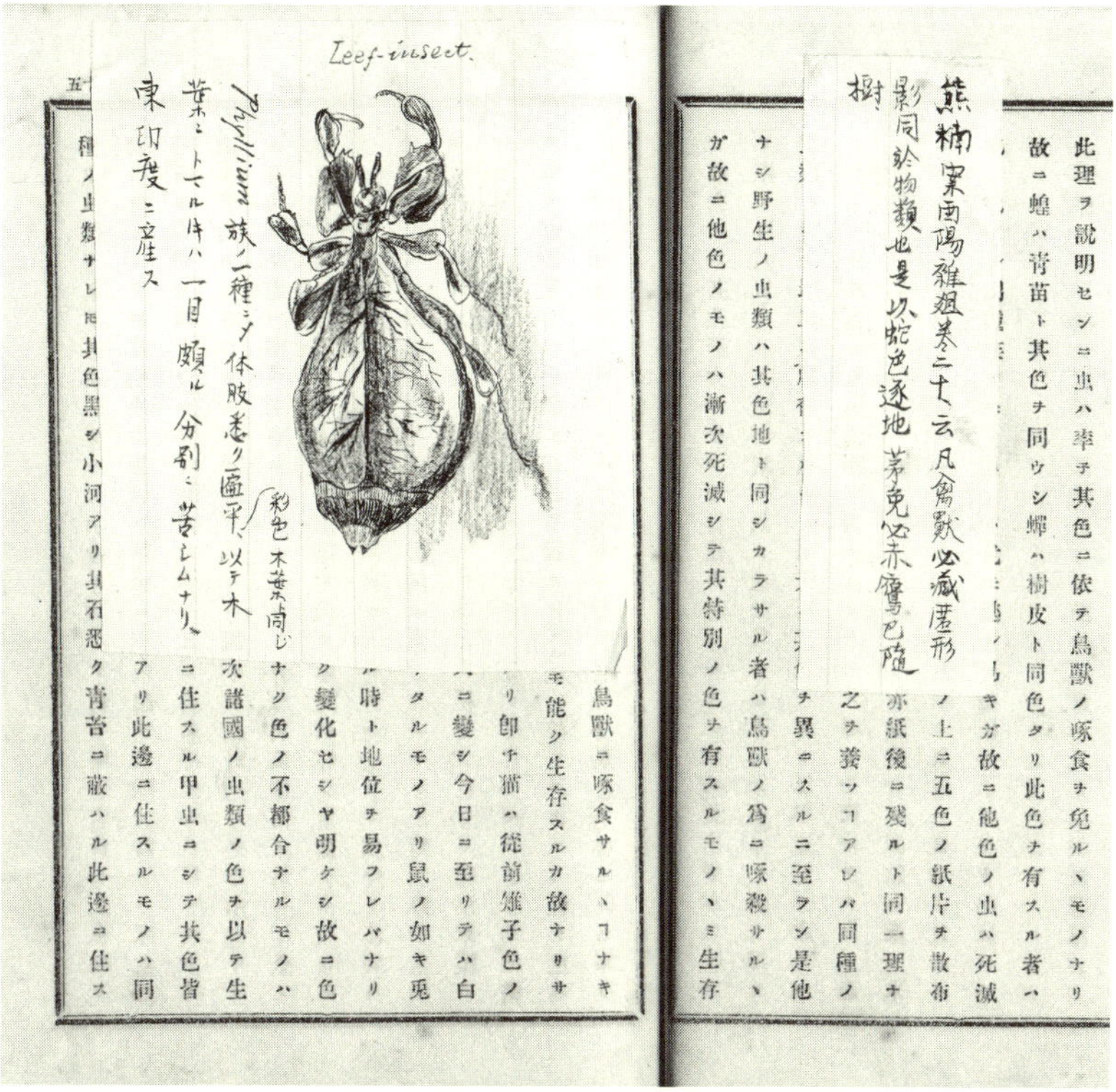

熊楠旧蔵のモース口述・石川千代松著『動物進化論』に貼りこまれたコノハムシ図。東京での学生時代に購入したもの。熊楠の筆と思われる

にしても、かなり早い時期のものではないだろうか。

一一月一四日　日本、紀伊、田辺　南方熊楠

〔訳注1〕原文は bees (or wasps) であるが、一括して「蜂」と訳した。
〔訳注2〕原文は Indian Archipelago。現在のマレー諸島にあたる。

第3章

虻と蜂に関するフォークロア

Folklore Relating Botfly, Bee and Wasp

C・R・オステン＝サッケン男爵といえば、一八九四年、馬小屋の二階（実際には馬屋街の二階）にあった熊楠の下宿を訪ねたロシアの老貴族として、熊楠ファンにはおなじみの存在である。訪問はしたものの、本と標本が散乱する下宿のあまりの汚さに驚いた男爵が、出された茶もろくに飲まずに帰ってしまったというエピソードは、何ともおかしみをさそう。

このとき、オステン＝サッケンは六六歳。ニューヨークでロシア総領事を長年務めた後、ヨーロッパに戻ってハイデルベルクを拠点にして悠々自適の生活であった。昆虫の膜翅類の研究の大家として、北アメリカ大陸での分類の業績に定評があったオステン＝サッケンは、晩年になってフォークロアの分野にも興味を示し、一八九三年に「古代人のブーゴニアと双翅類の昆虫ハナアブとの関係について」という論文を書きあげていた。「ブーゴニア」は「牛から生まれること」といった意味のギリシア語で、ウェルギリウスの『農耕詩』やワロの『農事論』で物語られた、牛の死骸から蜂が発生する説話のことである。オステン＝サッケンは、『旧約聖書』中のサムソンが獅子の死骸からミツバチが生まれるのを見たという伝説をこれと結びつけ、ハナアブ（ブンブン）という虻の一種がミツバチにきわめて近い形をしていることを手がかりに、科学的な解釈を与えようとした。つまり、サムソンの見たのは、ハナアブであってミツバチではない、とオステン＝サッケンは論じたのである。オステン＝サッケンはさらに、ギリシア・ローマの古典だけでなく、アラビアにも、同じように牛からミツバチが生まれるとする俗信の存在を見つけていた。しかし、これだけ広範囲にみられる俗信となると、アジア、アフリカなどの例も収集しなければならない。そう考えた彼は、さっそく『ネイチャー』に書簡を送って、改訂版のための資料を公募したのであった。

これに応えたのが熊楠である。オステン＝サッケンの質問から五ヵ月後、一八九四年五月一〇日付『ネイチャー』に登場した二七歳の青年熊楠は、和漢の文献に現れた蜂のフォークロアについて、興味深い例をいくつか紹介する。この最初の論文では、ミツバチとハナアブとの混同というオステン＝サッケンの求めた事例については一つしか挙げていなかったが、熊楠はその後も、私信と『ネイチャー』への投稿を繰りかえして、これを補った。その結果、ミツバチは人糞を精製して蜜を作るという、明らかにハナアブとの混同に由来する中国の俗信など、多くの関連する和漢洋の事例が発掘されたのであった。こうした一連のオステン＝サッケンと熊楠のやりとりは、昆虫学者と民俗学者による共同研究として十分に実質と成果をもつものになっていった。

オステン＝サッケン宛の熊楠の私信は、今となっては発見される可能性はきわめて低い。しかし、実はこのロシア人昆虫学者が自著の増補および補遺として出版した二冊の小冊子（左記の④⑦）には、熊楠書簡からの引用が多

カール・ロバート・オステン＝サッケン(1828–1906)。外交官としての長いアメリカ生活の間に、昆虫、特に双翅目、膜翅目の分類に関する業績を多数発表した。1903年に、回想録『昆虫学における我が生涯の業績』を出版している

く含まれており、その論の展開をかなりはっきりと再現してくれる。特に、二冊目の小冊子『古代人のブーゴニア伝説の解説への追補』などは、全体の二分の一近くを占める第六章が丸ごと熊楠の考察の紹介にあてられていて、オステン＝サッケン、熊楠の共著と呼んだほうがむしろ適当であろう。ここでは、その経緯を年代順に挙げてみることにする。

① オステン＝サッケン「古代人のブーゴニアと双翅類の昆虫ハナアブとの関係について」『イタリア昆虫学会報』一八九三年八月

② オステン＝サッケン「古代人のブーゴニア俗信についての質問」『ネイチャー』一八九三年一二月二八日

③ 南方熊楠「蜂に関する東洋の俗信」『ネイチャー』一八九四年五月一〇日（②への応答）

④ オステン＝サッケン『牛から生まれた蜂の古説（ブーゴニア）とハナアブの関係』（『牛蜂説』）一八九四年（①の大幅増補版）

⑤ 南方熊楠「琥珀の起源についての中国人の見解」『ネイチャー』一八九五年一月二四日（③からの派生論文）

⑥ オステン＝サッケン「中国と日本の文献にみえるハナアブ」『ベルリン昆虫学雑誌』一八九五年

⑦ オステン＝サッケン『古代人のブーゴニア伝説の解説への追補』（『追補』）一八九五年（⑥を増補して収録）

⑧ 南方熊楠「ブーゴニア俗信に関する注記――インドにおけるハナアブの存在」『ネイチャー』一八九八年六月二日

つまり、オステン＝サッケンの側からいえば、①を補う目的で②の質問を『ネイチャー』に出し、それが熊楠というよき協力者を引きだして、大幅増補④につながり、さらに⑥を大きく増補して⑦『追補』を刊行するに至った。

一方、熊楠の側からいえば、②のオステン＝サッケンの質問に刺激されて、『ネイチャー』およびオステン＝サッケンへの私信で論を展開し、それが③④⑤⑥⑦⑧の順に公刊されたということになる。

そしてこの一連の著作をみたときにもっとも興味深いのは、一八九四年から九八年という時期、英文論考としての第三作目からロンドン時代中期にかけて書きつがれたこの連作が、熊楠のフォークロア研究の初期の形成過程をそのまま映しだしていることである。まず、③「蜂に関する東洋の俗信」では、陶弘景《とうこうけい》、李時珍《りじちん》、段成式《だんせいしき》、謝肇《しゃちょう》淛《せい》といった、以後の熊楠の著作に何度となく登場することになるおなじみの中国の博物学者が、はじめて勢揃いしている。④⑦にまとめられたオステン＝サッケン宛の私信では、貝原益軒、寺島良安といった近世日本の博物学者が、中国の権威に対して、実証的観察に基づく独自の見解を打ちだしていたことへの賞賛がみられる。また⑤⑧という派生的なテーマを含む論考では、動植物（ここでは主に昆虫）の観察とその誤認、連想に基づいて、さまざまな俗信が生成する様子が、細かい文献探索によってたどられる、といった調子である。読者は、科学思考と俗信生成の交錯を跡づけるための格好のフィールドとして、東アジアの博物学者たちの著作を扱う熊楠の学問的基盤が、ここで急速に確立されていくのをみることができる。

おそらく、こうした展開は、途中からは熊楠独自の領域に入るものであり、もはやオステン＝サッケンの当初の意図をまったく超えてしまっていたといえるだろう。次から次へと繰りひろげられる和漢の知識、そして最後には古代ペルシア、インドの著作にまで及ぶ熊楠の筆に対して、男爵は、インドのハナアブの存在について懐疑を述べた以外は、黙って見守っている。熊楠の最後の論文では、オステン＝サッケンのテーマであったこの俗信の研究が、熊楠自身のテーマとなったような印象すら抱かせる。

しかし、ミツバチとハナアブの混同から生じるブーゴニア伝説という例を挙げ、民間伝承を自然科学の目から分析しなおすという研究の方針が、このロシアの一老貴族によって立てられたことはやはり重要である。オステン＝

サッケンがいなければ、熊楠が本草学を背景とするフォークロアの研究に本格的に踏みこむようになるのは、もう少し後になっていたかもしれない。この人物の向学心と寛容さは、類まれな能力をもつ二〇代の日本人青年が自分の力を試すに十分な機会を与えたのである。

以下本章では、オステン＝サッケンの論文については②④⑦を収録した。そのうち④と⑦は、熊楠の協力による箇所のみを抄訳した。

（松居竜五）

参考資料

古代人のブーゴニア俗信についての質問

On the Bugonia-Superstition of the Ancients

C・R・オステン＝サッケン

『ネイチャー』一八九三年一二月二八日　四九巻一二六一号

私は去る八月、『イタリア昆虫学会報』一八九三年、一八六―二一七頁に「古代人のブーゴニアと双翅類の昆虫ハナアブ *Eristalis tenax* との関係について」と題する論文を発表したが、再版にあたって、この問題に関する資料をさらに集めたいと思う。ついては、『ネイチャー』誌の読者で、この件について助言を与えてくれる人がいれば幸いである。

必要とする情報は、次の二つである。

（一）ヨーロッパの辺境かアジアを旅行して、牛から生まれるミツバチについての俗信の痕跡が、未開の人々の間に残っているのを見聞きした人はいないだろうか。

（二）東洋の文献に通じた人で、次に挙げる例のように、明らかにこの俗信と同じものを記した文献に行きあたった人はいないだろうか。

以下は、アラブ人の探検家マスウーディ（九五五年カイロにて没）が著した『黄金の牧場』のバルビエ・ド・メイナールとパヴェ・ド・クルテイユによる翻訳（パリ、一八六一年、三巻二三三頁）にみられる会話の一部で、舞台はアラビアである。

「『この蜂蜜を作ったミツバチは、それを何か大きな動物の体に貯えていたのか』とイアドが聞いた。検査官は、『海岸にミツバチの巣があると聞いて、数人の者に蜜を集めにいかせたのです。その者たちの話によると、そこには半ば腐った骨の山があり、ミツバチがその骨の山の空洞に、運んできた蜜を集めていたということです』と答えた」

拙文の抜刷りは、ロンドンの地理院、リンネ協会、昆虫学会、自然史博物館、サウス・ケンジントン博物館、アシニーアム・クラブに送ったほか、英国在住の多くの友人にも送付した。他にもこの問題に興味をもたれた方があれば、喜んで送らせていただきたい。

C・R・オステン＝サッケン

蜂に関する東洋の俗信

Some Oriental Beliefs about Bees and Wasps

『ネイチャー』一八九四年五月一〇日　五〇巻一二八〇号

『ネイチャー』（四九巻一九八頁〔一八九三年一二月二八日号〕）に掲載されたオステン＝サッケン男爵の記事をみて、東洋におけるハナアブの俗信に関する文章をいくつか紹介したいと思い、私は折にふれて自分のわずかな東洋文献の蔵書を調べてみた。私がみた限りでは、極東には牛から生まれるミツバチの伝説はないようである。しかし、これに関連して、膜翅類をめぐるいくつかの伝説を見つけることができたので、以下に分類して紹介してみたい。

（一）ジガバチの話

東洋の昆虫譚のなかでも、これは特に古くから伝わるものであろう。二〇〇〇年以上も昔、儒教の経典『詩経』によって知られることとなった。そしてその後、今日に至るまで「養子」を意味する「螟蛉《めいれい》（幼虫のこと）」のたとえとともに伝えられている。揚雄《ようゆう》（紀元前五三年―後一八年）という中国の思想家によると、この話は、「ジガバチには雌がないため、桑の木から青虫の幼虫をさらってきては、『我に似よ、我に似よ』と呪文をかけ、ジガバチの幼虫に仕立てあげる」ということである。確かに、日本ではこの虫のことを「似我蜂」と呼んでいる。しかし、これに対して陶弘景（四五二―五三六年）という道教の賢者は、この虫には自前の子供がいるのだが、孵《かえ》ったときの幼虫の餌にするために、他の虫の身体に卵を産みつけるのだと主張している。〔訳注〕

（二）一本脚の蜂

前項で引用した李時珍の書には、次のような話も載っている。「嶺南地方に見られるこの昆虫は、蜂に似ており、小さくて黒く、木の根とつながった一本の脚をもっていて、動くことはできるのだが逃れることはできない」〔『本草綱目』三九巻「独脚蜂」〕。また、一本脚の蟻に関する記述もある。植物ミツバチ（La Guêpe Végétale）の話のなかで例証されているように、これらの昆虫は、冬虫夏草に侵されたのだと思われる。

（三）キノコから生まれた蜂

段成式の『酉陽雑俎』一七巻には、次のような記事がおさめられている。「嶺南地方の夜光性の毒キノコは、雨の後、変身して巨大な黒い蜂になる。ノコギリ状の歯が並ぶ大顎の大きさは一〇分の三インチほどもあり、夜になると、人の耳や鼻の穴から体内に入り、心臓を傷つけてしまうのである」

（四）蜂から琥珀《こはく》を作ること

同じく『酉陽雑俎』の一一巻に、『南蛮記』からの次のような引用がある。「寧州の砂地には折腰蜂がおり、土手が崩れると姿を現す。土地の人々は、これを焼いて琥珀を作る」。この誤った推論は明らかに、琥珀のなかに膜翅類の昆虫の残骸がみられることに由来するのであろう。

（五）膜翅類と間違えられた双翅類

謝在杭は『五雑組』（和刻本、一六六一年、九巻四三丁）のなかで、次のように述べている。「〔楚の〕長沙で、針のないミツバチを見た。掌にのせて弄《もてあそ》んでも、まったく無害であった。蠅と変わるところがなく、なんとも不思議な話である」。間違いなく彼は、オステン＝サッケン氏が指摘しているようなハナアブ *Eristalis* の一種を見たのである。

（六）馬の尻尾になった蜂

菅茶山（一七四八―一八二七年）という日本の文人は、『筆のすさび』（東京、一八九〇年、二三頁）に次のように後記している。

「一八一七年頃、半ば朽ちたエノキ *Celtis sinensis* の幹から蜂が湧いたが、尻尾が木につながったままなので、多くは死んでしまった。生きのこったものの尻尾をはさみで切ってやると、嬉しそうに飛び去っていった。ある男が冬に薪をひと山買ったところ、なかにカシワの朽ち木があり、同じような蜂がたくさんついていた。何匹かは馬の毛に数珠つなぎになっており、そうした毛が数十本もあったという。この話を筆者に語ってくれた者は、蜂が三、四匹串刺しになった毛を一本家に持ちかえり、紙に包んでおいた。後でみると、尾は切れ切れになっており、紙は蜂に嚙みやぶられていたという。この者の言うには『蜂はおそらく朽ち木にまとわりついた馬の毛から転生したものだろう』とのことだ」

これはいわゆる「馬尾蜂《ばびほう》」として、今日でも庶民の驚異となっていて、私も日本にいたときには何度か見たことがある。実はヒメバチ *Bracon penetrator* であり、特に不思議なものではない。産卵管が異常に長いことが、このような俗信が生まれた主な理由である。

四月二〇日　W、ケンジントン、ブリスフィールド・ストリート15　南方熊楠

〔訳注〕ジガバチについての記述は、すべて明の李時珍『本草綱目』三九巻の「蠮螉《えつおう》」の項から引かれている。漢の揚雄の『法言』学行篇では、ジガバチは「蜾蠃《から》」と呼ばれていて、「我に似よ」は「似我」ではなく「類我」と書かれている。

〔補注〕この論文の末尾に付されていた「東洋の星座」に関する付記は、第1章の同論文末に掲載した。

参考資料

『牛から生まれた蜂の古説（ブーゴニア）とハナアブの関係』〔抄訳〕

C・R・オステン＝サッケン

Oxen-born Bees of the Ancients (Bugonia) and Their Relation to Eristalis Tenax a Two-winged Insect

J・ヘルニング刊、ハイデルベルク、一八九四年

『ネイチャー』誌一八九三年一二月二八日号に掲載された私の呼びかけに応じて、同誌一八九四年五月一〇日号に、過去数世紀にわたる中国の文献にみえるハナアブに関して、非常に興味深い記事が載った。著者（南方熊楠氏）は親切にも、その後も引きつづき私宛の手紙でそのときの意見を補ってくれた。

他の地域と同じように中国でも、この昆虫はミツバチと混同されていたようである。ハナアブが便所や汚水だめに行くのを見た中国の本草学者たちは、これを蜂と思い、蜜の原料を集めるためにそういう場所に行くのだと考えた。李時珍による一六世紀の『本草綱目』はこの説に肯定的な見解を掲げているが、日本の倫理学者であり博物学者である貝原篤信〔益軒〕（一六二八〔一六三〇〕－一七一四年）は、『大和本草』（一七〇八年〔訳注1〕）のなかでこれを論駁した。しかし、中国の本草学者のほとんどは、かつてこの意見を受けいれていたし、おそらく現在でもそうであろう。

一七世紀の中国の著述家謝在杭は『五雑組』〔原注〕（和刻本、一六六一年、九巻四三丁）で、「楚の長沙で、針のないミツバチを見た。掌にのせて弄んでも、まったく無害であった。蠅と変わるところがなく、なんとも不思議な話である」と言っている。ここにもやはり、ハナアブとミツバチとの明らかな混同がみられるのだ！　しかし、これより後の別の著作、一七一三年に編まれた寺島良安の『和漢三才図会』（新版、一八八四年、五三巻五四〇頁）では、すでに区別がなされており、ハナアブは次のように描写されている。

「蠅の一種で、ミツバチのような姿だがミツバチより大きい〔訳注2〕。丸く太った体で色は黄と黒である。幼虫は糞尿を食料とし、脱皮後、変態して成虫となる。カブラの花が咲く頃多く見られる。草本類の花の蜜を吸う。人を刺したり噛んだりする危害はない。ブンブンという羽音を立てながら飛ぶ。（この「ブンブン」がこの虫の日本名である）」

中国の文献を調べた南方熊楠氏は、中国におけるブーゴニア俗信の存在を示すものはまだ見つからないとしているが、氏は私宛の手紙のなかで、中国の文献の膨大さのゆえに、自分がこれまで調査しえたのは「実際には九牛の一毛にすぎない」と述べている。

（原注）「五」は、天・地・人・物・事の五象である。

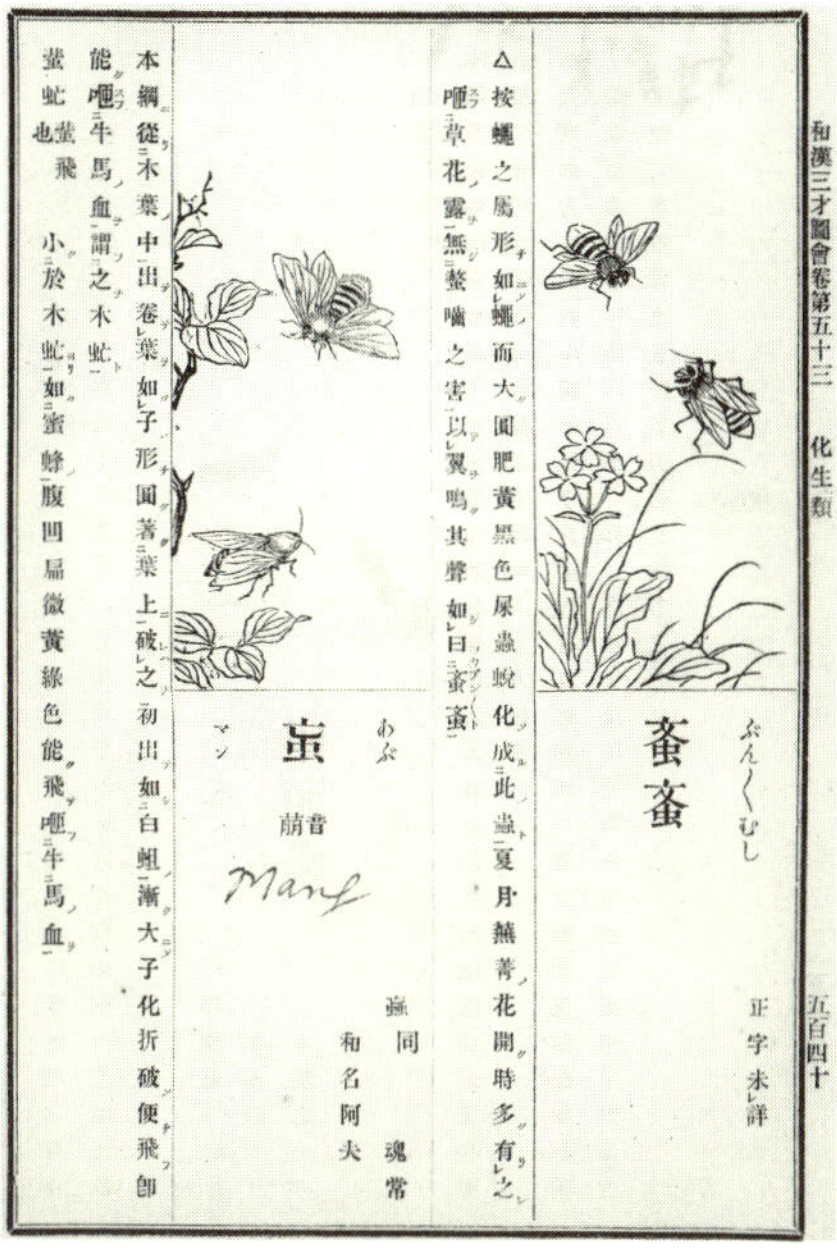

熊楠旧蔵『和漢三才図会』の「ぶんぶんむし」と「あぶ」の項。虻の中国音 Mang が書きいれられている

〔訳注1〕『大和本草』自序（一七〇八年）の日付を、熊楠は成立年として書くことが多い。同書の本文全一六巻が刊行されたのは翌一七〇九年で、さらに益軒没後の一七一五年に諸品図二巻と附録二巻が刊行され、『大和本草』全二〇巻は完結している。

〔訳注2〕『和漢三才図会』では、この部分は「按ずるに、蠅の属にして、形は蠅の如くにて大なり」となっている。熊楠は、あとのほうの蠅をミツバチと訳している。

〔補注〕ここでは、『牛蜂説』のうち、熊楠の書簡に負っていると思われる一九―二〇頁のみを訳出した。オステン＝サッケンは、この他脚注二ヵ所においても、熊楠の書簡から得た知識を披露している。そのうちの一つは、『和漢三才図会』にあるハナアブの記述の繰りかえしなので、ここでは訳出しない。もう一つの脚注は、カイコとミツバチについての記述に関する次のようなものである。

ここで、南方熊楠氏の書簡から非常に興味深い一文をぜひとも紹介したい。氏によれば、ハナアブとミツバチとカイコに関してのみ歴史的記述が存在するという私の比較調査は、「西洋の記録に関する限りは」おそらく正しい。氏の調べたところ、中国の文献には、これらの昆虫のみならず、アリ、セミ、ホタル、コオロギが非常に古くから記録されているという。一方、日本の歴史においてもっとも古くから言及されているのは、おそらくトンボであり、紀元前六三〇年という古代に、初代天皇の神武は自らの帝国を蜻蛉島《あきつしま》と呼んでいるという。

琥珀の起源についての中国人の見解

Chinese Theories of the Origin of Amber

『ネイチャー』一八九五年一月二四日　五一巻一三一七号

「蜂に関する東洋の俗信」についての拙論（『ネイチャー』五〇巻三〇頁、一八九四年五月一〇日号）のなかで、私は、琥珀は蜂から作られるという中国の俗信の由来を、琥珀中に膜翅類の昆虫が取りこまれていることによるとした。この俗信から新たに生じたと思われる誤謬として、張華（三〇〇年没）の次のような文章がある。

「『神仙伝』によれば、松や柏《はく》〔コノテガシワ〕の脂が一〇〇〇年以上地中にあると茯苓《ぶくりよう》（原注1）*Pachyma cocos* になり、これが琥珀となる。しかし、この記述にもかかわらず、泰山では茯苓を産出するものの琥珀は産出しない。一方、永昌郡〔訳注1〕では琥珀は産出するが茯苓は産出しない。また、琥珀は蜂の巣を焼くことで生ずるという説もある。これら二つの説のどちらが正しいかについては、いまだに結論が出ていない」（原注2）

琥珀の起源を説くために考案された中国の諸説のなかで、もっとも正確なものは、李時珍の著作（原注3）にみられる。

「琥珀は松脂《しょうし》から生ずる。松の枝や節が隆々と成長しているとき、日光で暖められて松脂が木肌から滲みでてくる。何日か経つと凝固して地中に埋まり、土中で変化を経た後、光沢のある物質となる（それが琥珀である）。しかし、このような状態となってもまだ樹脂の粘着力を保っており、手でこすったり、握って暖めたりすると細かい埃などを吸いとる。琥珀のなかに閉じこめられた昆虫は、松脂が地中に埋もれる前に取りこまれたものである」

　松脂のほかに、楓《ふう》 *Liquidambar maximowiczii* から滲みでる樹脂も琥珀になると主張しているのは、韓《かん》保昇《ほしょう》（一〇世紀の人物）である（原注4）。これは、エゴノキに「液状琥珀」（原注5）と命名した西洋人の発想とまったく一致する。

『世説』（五世紀の著作）〔訳注2〕には、琥珀は桃の木の樹脂が地中で変質して形成されるとある（原注6）が、これには、プリニウスが樹脂から琥珀が生ずることを述べたときに用いた、「桜の樹脂のような」（原注7）というたとえを想いおこさずにはいられない。

　その他、まったく荒唐無稽な説もある。たとえば、竜の血が地中で琥珀に化し、鬼神の血は瑪瑙《めのう》となるというもの（原注8）。また、「琥珀」という中国語の語源にしても、神話がかっている。古代にはこの語は「虎魄」と書かれ、「虎の魂」を意味した。そのため、次のような説明がなされたのである。

「虎は夜になると片目を光らせて闇を照らし、もう片方の目で物を見る。矢で射られると、虎の魂である目の光は地中に沈み、白い石と化す。……琥珀はこの石によく似ており、そのために虎魄と名づけられた」（原注9）

『淮南子《えなんじ》』（紀元前二世紀の著作）によると、「ネナシカズラ〔菟絲《とし》〕は琥珀から芽が出て生えたものである」という。[原注10] まったく意味不明の話にみえるかもしれないが、私はこれを説明するための手がかりを得ることができた。高誘《こうゆう》（二世紀の人物）は、女蘿《じょら》〔ナガサルオガセ〕*Usnea longissima*[原注11]を菟絲と同義だとしている。[原注12] このことから、昔の中国人は、ナガサルオガセをネナシカズラと混同していたことが明らかである。おそらく、二つの植物が外見上似ていることと、同じような自生地をもつことによるものであろう。[原注13] さて、紀元前二四〇年の記述に、茯苓はネナシカズラの根であるとするものがある。[原注14] これは明らかに、ナガサルオガセが松の木の上部に、また茯苓が松の木の下部によく生ずることに由来する説である。そして、この茯苓こそが、松の樹脂が琥珀へと変化する際の中間段階だと考えられていたことから（前述）、結局、ネナシカズラが琥珀から生ずるという俗信も、古代中国の学者らの理解と矛盾するものではないのである。

一月一一日　南方熊楠

（原注1）伊藤圭介『日本産物志』七巻における同定。
（原注2）『博物志』四巻「薬物」の項。
（原注3）『本草綱目』一五七八年〔訳注3〕、「琥珀」の項。
（原注4）同右。
（原注5）ルードン『植物百科事典』一八八〇年、七九八頁。
（原注6）段成式『酉陽雑俎』一一巻。

（原注7）『博物誌』英訳、ボーン文庫版、六巻四〇一頁。

（原注8）段成式、前掲箇所。

（原注9）『本草綱目』「琥珀」および「虎」の項。

（原注10）段成式、前掲箇所。

（原注11）三好〔学〕博士による同定。『植物学雑誌』三四号四三五頁、東京、一八八九年一二月一〇日。

（原注12）『呂氏春秋』和刻本、刊行日付なし、九巻九丁、高誘の注。

（原注13）張華はこれらの二種の植物をきちんと分類していたようである。彼は「女蘿は菟絲に寄生し、菟絲は木上に寄生す」と書いている。『博物志』前掲箇所。

（原注14）『呂氏春秋』前掲箇所、本文。


〔訳注1〕『博物志』原文では「益州永昌」となっており、「益州郡と永昌郡」（ともに今日の雲南省）の意味であるが、熊楠英文では「永昌」のみとなっている。

〔訳注2〕熊楠はこの『世説』を『世説新語』と見なして、「五世紀の著作」と注記したが、『酉陽雑俎』に引用された『世説』がかならずしも『世説新語』とは限らない。少なくとも、現行本の『世説新語』には、この記述は見あたらない。

〔訳注3〕『本草綱目』の著者李時珍（一五一八―一五九三年）は、同書の一巻に掲げた「歴代諸家本草」の末尾で、一五五二年から七八年にかけて三回書き改めて本書を完成したと記しており、熊楠はこの一五七八年を成立年として採用している。全五二巻の初版が翻刻刊行されたのは、王世貞の序文（一五九〇年）から時珍の次男李建元の献上書（一五九六年）までの中間にあたる一五九三年（著者の没年）前後であったとされる。一般には、この序文の一五九〇年を成立年としている。なお、同書の最初の和刻本は一六三七年に京都で刊行されている。

参考資料

『古代人のブーゴニア伝説の解説への追補』Ⅵ中国と日本の文献に登場するハナアブ（原注1）　C・R・オステン＝サッケン

Additional Notes in Explanation of the Bugonia-Lore of the Ancients, VI Eristalis tenax in Chinese and Japanese literature

J・ヘルニング刊、ハイデルベルク、一八九五年

拙著『牛蜂説』〔『牛から生まれた蜂の古説（ブーゴニア）とハナアブの関係』を指す〕（一八九四年）出版の後、筆者と文通を重ねてきたロンドン在住の優れた日本人研究者南方熊楠氏は、中国および日本の文献にみられるハナアブについて、蜂との関連で多くの新たな興味深い事例を報告してくれた。私は、南方氏がこの問題の研究においてこれまでに得た成果を、ここに紹介することは有益であると思う。

中国では、ミツバチが人の尿を用いて蜂蜜を作るという俗信が、何世紀にもわたって広く信じられてきた。この俗信は今でもまだ残っているかもしれない。南方熊楠氏は、これをミツバチとハナアブとの混同によるものであると、まったく無理なく帰結されている。人々は屋外の厠《かわや》などに群れているハナアブをミツバチと思いこみ、このような誤解が生じたのであろう。中国の文献におけるこの迷信への最古の言及は、南方氏の見いだした引用例によると、道教の隠者陶弘景（四五二―五三六年）の『名医別録』

（全七巻）であるという。陶弘景はおそらく中国最古の本格的な博物学者であり、道教の信奉者は、彼が死後に甦《よみがえ》ったという話を信じている。中国漢方医学の祖とされる伝説の皇帝神農は三六五種の薬草を使ったとされるが、陶はそれを二倍にしたと伝えられる。次の文章はその陶弘景の著作の一節である。

「一般的に、ミツバチは蜂蜜を作るためにかならず人の尿を必要とする。……人が飴《い》（原注2）を作るために麦芽を必要とするようなものである」〔訳注1〕。これを受けて南方氏は、「この俗信の起源をミツバチとハナアブの混同に帰する私の見解が正しいならば、後者〔ハナアブ〕は五、六世紀の中国にはすでに無数に存在していたことになる」とする。

「この後一六世紀には、李時珍が『ミツバチは無害な花を集めて、肥やしと合わせて蜜を作る。腐臭を放つ不快なものから気高く不可思議なものが生まれる実例である』としている。この文章では『肥やし』の正体は不明であるが、貝原〔益軒〕によれば『ミツバチ自身の糞』であるという（後述を参照）。李時珍は、中国に現れたもっとも偉大な博物学者であるといってよい。一五七八年に完成された全五二巻の『本草綱目』は、一八九二項目を活写し、まさに東アジアにおける『自然の体系』〔リンネの著作〕というべき業績である。中国、朝鮮、（またつい最近までの）日本で博物学者と呼ばれた者たちはみな、李時珍の著作の注釈者にすぎなかったほどである」

「李中梓（一六世紀？）という学者の『薬性解』にもまた、人の尿で蜜を作るという同じ話が出てくる。中国の本草学者の多くはこの説を採用してきたのであり、ことによると今でもまだかなりの学者が受けいれているかもしれない」

南方熊楠氏が『ネイチャー』一八九四年五月一〇日号で紹介した次の話（その後拙文『牛蜂説』一九頁にも引用）は、このようなハナアブとミツバチとの混同をおのずと示している。「謝在杭という一七世紀中国の学者は、『五雑組』〔訳注2〕（全一六巻、一六一〇年頃？　和刻本、一六六一年、九巻四三丁）に、『楚の長沙で、針のないミツバチを見た。掌にのせて弄んでも、まったく無害であった。蠅と変わるところがなく、なんとも不思議な話である』と記している」

謝在杭は、南方氏によれば「驚くべき知識を有する中国の博学者」だという。

「現在の福建省の一部と重なる地域である閩《びん》の生まれである。『五雑組』は、字義的には五つの表の組みあわせであり、すなわち五つの現象界の雑録を意味し、一―二巻が天、三―四が地、五―八が人、九―一二が物、そして最後の四巻分が事にあてられている。〔原注3〕太古以来のあらゆる事物を簡潔に説明しており、日本や中国で広く読まれている。第一五巻には日本の中国侵攻の意図をほのめかす記述があるが、これは一五九二年から九八年までの朝鮮侵攻というかたちで、部分的に実行に移されたものである。第四巻では一六〇九年におきた日本人の琉球征服〔訳注3〕のことが語られ、第一五巻では明朝の統治が二四〇年以上にわたって続いていることが記されている。この王朝は、一三六八年に創立されたので、その二四〇年後を中国のやり方に従って計算すると西暦一六〇七年である。しかし二四〇年以上続いているとあるので、同書の成立年は一六一〇年頃としておくのが無難であろう。一六一七〔一六一六〕年に建国された現在の満州族王朝〔清〕への言及はないので、それよりも大幅に後のことではないはずである」

南方熊楠氏が調べた中国および日本の文献の著者数は三六三人以上にものぼるが、動物の死骸から蜂が湧くという俗信は一件も見つからず、よって氏は、中国や日本ではこの俗信が広まったことはなかったとの見解を示した。また、氏は「最近インドシナの記録を調査した際にも」この俗信の痕跡を見つけることはできなかったという。とはいえ、南方氏は「中国における牛の飼育の歴史は相当古いはずである」とも述べている。つまり「牛という漢字の成立が遠い過去にさかのぼることは、これが他の多くの漢字の部首として用いられていることからも明らかである。たとえば、『犂《すき》』、『牧《うしかい》』、『犀《さい》』などがあり、州の長官を意味する『牧』も、もともとは牛飼いの長という意味である。中国人が農業と商業の創始者として仰ぎ、本草学の開祖ともされる神話上の皇帝神農は、牛のような頭をもっていたと伝えられる。古代中国では、牛を殺すのは皇帝や大公の特権とされた。この権利は、一般の貴族には、宗教的かつ政治的な公式祭典のときにのみ行使を許されていた。こうした祭典では、牛は、羊、豚とともに『三犠』とされ、これに犬、馬、鶏を加えて『六畜』とされる」。

蜂蜜の作られ方や、ミツバチとハナアブとの混同という問題に関しては、日本は周辺諸国よりもずっと先んじていた。倫理学者であり、また博物学者であった貝原篤信（一六三〇―一七一四年）は、『大和本草』（一七〇八年、京都、全一六巻、一四冊一五丁）において、〔糞尿を用いるなどという〕蜂蜜の奇妙な製造法についての中国の学者たちの記述を論駁している。貝原は、文芸復興期〔訳注4〕以降の近世日本における博物学者の先駆けである。この『大和本草』は貝原が七九歳のときに完成した。

南方熊楠氏は、ミツバチについて記した貝原の文章に、次のような逐語的な訳を与えている。

「経験豊富な養蜂家らの話を詳しく聞いたうえで判断して、私は、蜂蜜を作る過程で、ミツバチの糞、あるいは人の尿が混入されているという見方を誤りとして批判するものである。ミツバチは毎日巣を出て花（原文の通り！）を採る。口中に含んだり、羽や脚の間に抱えたりして持ちかえり、巣穴に塗りつけて蜂蜜を作る。蜂の糞は巣の底のほうに溜まるが、寄生虫が湧いて巣に害を及ぼさないようにいつも清掃されている。つまり、蜂蜜が蜂の糞から作られるのではないことは明らかである。蜂蜜は、ミツバチが自分たちの保存食料として作るものであり、生きていくために自分たちの糞を食べるなどということがありえようか。この論はまったくばかげている。また人の尿は、不潔で塩気を含む（原文の通り）ので、蜂蜜の材料になるものではない。さらに、岩蜜、木蜜、土蜜はみな山奥の閑散とした、人の尿など得ようがない場所で採れる……ということは、〔蜂蜜が蜂の糞から作られる、または人の尿を材料とするという〕二つの説はどちらも根拠がない。なるほど古代の学者は博学であっただろうが、実体験のないまま、誤った説が公刊され、それが流布してしまった場合も多いことがわかる。一人の人物が誤りを犯し、何千、何万の人々がそれを真実と思いこむ！　孟子は『本に書いてあることを全部信じるくらいなら、本など持たないほうがよい』と言った。けだし至言である。私は罪無き蜂たちのために、このことを記しておきたいと思う」

日本の文献から、もう一点紹介しておこう。寺島良安の『和漢三才図会』（全一〇五巻、一七一三年）は、おそらく日本における最高の百科全書であるが、ハナアブの説明（新版、一八八四年、五三巻五四〇頁）だけではなく、その幼虫についても非常に詳細な描写と図版がある（五二〇頁）。南方熊楠氏はこの二つについて次のように訳された。

「蝿の一種で、ミツバチのような姿だがミツバチより大きい。丸く太った体で、色は黄と黒である。幼虫は糞尿を食料とし、脱皮後、変態して成虫となる。カブラの花が咲く頃多く見られる。草本類の花の蜜を吸う。人を刺したり噛んだりという危害はない。ブンブンという羽音を立てながら飛ぶ。（この「ブンブン」がこの虫の日本名である）」

「幼虫は俗にクソムシ（オナガウジ）と呼ばれ、夏に糞尿のなかで成長する。最初はカイコのさなぎに似ており、色は白い。成長するにしたがって灰色になり、節くれだち、また長い尾（図参照）が生える。その動きに規則性はなく、〔原注4〕ダイコンの花のさやのような形状である。のちに羽が生え、ウマバエに似た大きめのアブとなり、これが一般に『ブンブン』と呼ばれる成虫である。ウジ除けのまじないの歌があり、これを書いた札を厠の入口に貼っておくと、その日のうちにウジがいなくなるというのだが、札は上下逆さまに貼るように気をつけなければならない。歌の文句は、『今年より卯月八日は吉日よ尾長くそ虫せいばいぞする〔訳注5〕』というものである。

一七一三年という古い時代にこうした俗謡があったことから、オナガクソムシ〔オナガウジ〕は、それよりもはるか以前から日本にいたことがわかる。そしてまた、オナガクソムシがブンブンの幼虫であることを、日本人は、遅くとも一七一三年頃までにはよく知っていたことが実証される。寺島がハナアブについてこのようにかなり正確な記述をしていることを考えれば、『和漢三才図会』刊行のわずか五年前、寺島と同時代に『大和本草』を出版した貝原が、蜂蜜ができる過程について記した中国の文献を

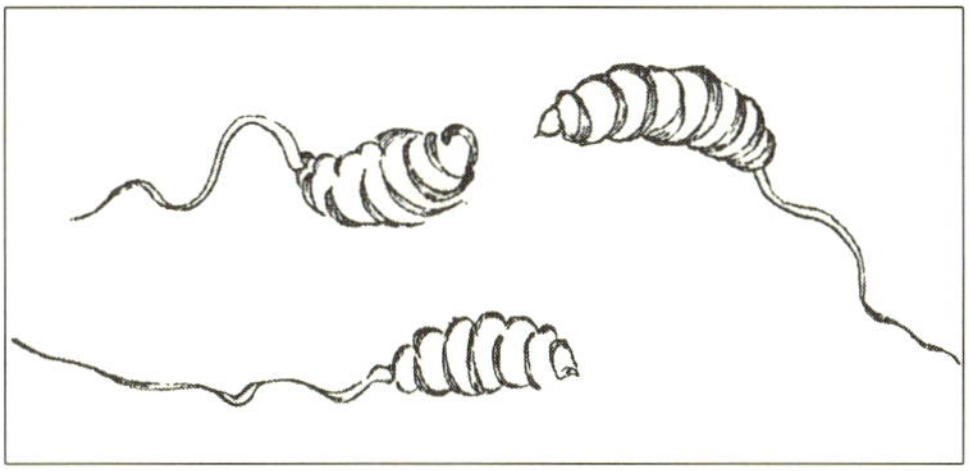
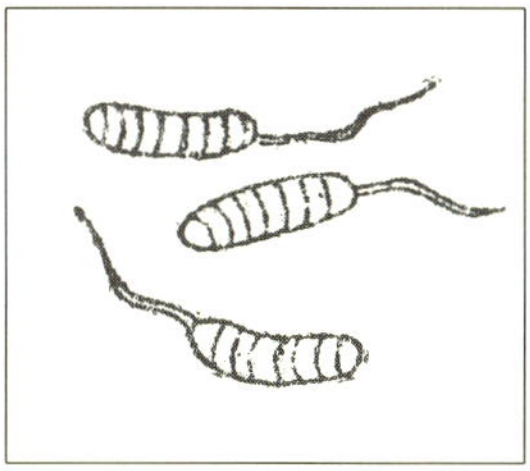

オステン＝サッケン『追補』掲載のオナガウジ図（左）。この図は『和漢三才図会』「くそむし」の項の図（右）と関係があるかもしれない

批判したにもかかわらず、これと関連してハナアブに言及していないことは、いささか不思議である。貝原がハナアブについて詳しい知識を有していたことは、同書の一四巻一二丁、『虻《あぶ》』の項の『草や木の間に多い虻は蠅のような姿をしており、やや大きめで、花の蜜を吸うが、人や牛馬にはなんの害もない。時々人を刺す（？）が痛みはない』という記述からもわかる。

現在でも地方によっては、ハナアブ *Eristalis tenax* はブンブンよりもむしろ『花虻《はなあぶ》』と呼ばれ、前記の貝原の記述もハナアブを指していることは間違いない。つまり貝原は、蜂蜜がどのようにしてできるかについて、中国の文献を論駁したにもかかわらず、その俗信の起源が、自ら『大和本草』に記録していた虻とミツバチの混同にあることまでは、気づいていなかったのである！　それに対し、寺島はウマバエとハナアブの違いを認識している。

「飛び方や羽音という点からいえば、ブンブンつまりハナアブは、ミツバチよりもウマバエ *Gastrophilus* に似ているところがあるかもしれないが、外見の印象は異なる。日本では、田舎の学童さえもが両者をきちんと見分けることができる」

以上が南方熊楠氏の教示である！

とにかく、東洋に（一）ミツバチと（二）ハナアブの混同がまずあって、それに（三）ウマバエとの混同があることから連想するのは、いうまでもなく私がこれまでに指摘を試みてきた、古代ギリシア・ローマ人による（一）ミツバチや（二）「牛から生まれた蜂」つまりハナアブ *Eristalis* と、（三）「馬から生まれた蜂」つまりウマバエ *Gastrophilus* との混同である（『牛蜂説』五三頁参照）。

別の書簡において、南方熊楠氏はサンスクリット文献に関して興味深い記述をしている。

「私の記憶が正しければ、欲張りな男が死後墓のなかで蜂に生まれ変わったという仏教説話が、日本にあったはずである。日本の寓話、特に仏教に起源をもつものの多くがそうであるように、この説話は明らかにインド起源である。よって、サンスクリット文献のなかにこれを跡づけることも期待できよう。インドでは、ゼブー *Bos indicus*［インドに生息するコブ牛］が聖獣として崇められ、また仏教書では、蜂蜜の豊かな恩恵が賞賛されてきた。よって、貴兄がワロの著作を引いて（『牛蜂説』二二頁）指摘されたような、蜂蜜との関連で牛を言祝《ことほ》ぐ詩のようなものが見つかる可能性もある。そうした例を見つけたら、すぐにも貴兄にご報告したい」

この点に関して、ここで私見を述べたい。まず、ハナアブがインドに存在するかどうかを確認しなければならない。ワロの讃歌は、このハナアブとミツバチとの混同に基づいたものであったが、はたしてハナアブがヒマラヤより南に存在するかどうかとなると、その可能性はないわけではないにしても、私は聞いたことがない。ところで、欲張り男の棺のなかに蜂が湧いたという話については、アイルランドに同じような例があり、R・パターソンが『シェイクスピア劇中にみえる虫の博物誌』（一八三八年）のなかで、古い棺のなかからスズメバチ（wasp）の巣が見つかるという例を挙げている（『牛蜂説』三頁）。

ハナアブとは直接に関係はないものの、中国と日本の文献における昆虫学上の話題にふれた南方熊楠氏の書簡を、さらに二通紹介しておきたい。「蠅の雲」について述べた『ネイチャー』（一八九四〔一八九三〕年六月一日号および二二日号）の二つの短い記事に関連して、南方氏は、日本においては六二六年と六六〇年に同じ現象が記録されていると述べている。なお、以前にも引用したが（『牛蜂説』三七頁原注）、氏は中国の文献にはミツバチやカイコのほかにも（アリ、セミ、ホタル、コオロギなど）さまざまな虫がきわめて古い時代から記録されていることにふれている。一方、氏は日本における虫の記述のうち最古のものはトンボである、とする。紀元前六三〇年という昔に、神武天皇は自ら統治する帝国のことを「蜻蛉島《あきつしま》」と呼んでいるのである。

南方熊楠氏は、本研究のために多大なる労力を払われ、拙稿の本項目にご紹介したように、多種多様な資料を提供してくださった。深く感謝する次第である。

（原注1）本項はもともと単独の論文として『ベルリン昆虫学雑誌』一八九五年、一四二―一四七頁に掲載されたものだが、不正確な箇所もあったので、修正を施したかたちで再掲し、さらに最近南方熊楠氏より受信した追加事項も併せ、ここに紹介することを有益と考える。

（原注2）「飴」は、モリソンの『中国語辞典』（ロンドンおよびマカオ、一八二三年、三巻七一八頁）によれば「米を調理してオートミールあるいは粥状にしたもの」である（南方熊楠氏による）。

（原注3）天地人物事の五象があり、「人」は、身体および精神の双方に関わるあらゆる人の特質を扱う。「物」は動物と植物と人の手で作られたあらゆる物（食べ物、飲み物、道具、家具など）、「事」は人の習慣や行動、また宗教、政治にわたる出来事一般と考えられている（南方熊楠氏による）。

（原注4）南方熊楠氏が「その動きに規則性はない」としたところは、原典の字〔滚〕に「むやみに」「無目的に」という意味も含まれているのである。

成長期後半の不潔な環境と対照的に、純白なハナアブの若い幼虫をカイコのさなぎに巧みに比した描写から、寺島の四半世紀後、フランスのレオミュールが、この幼虫の同じ状態を次のように表現したことを思いださずにはいられない。「水中にあってはその身はかくも美しく、かくも白く、かくも透明だが、またたくまに濁り、汚れ、灰色に変わる」（レオミュール『昆虫誌覚書』四巻四五四頁、一七三八年）。

〔訳注1〕この『名医別録』の記述を熊楠は、おそらく『本草綱目』三九巻の「蜂蜜」の項によっている。そこでは「一般的に、ミツバチが蜜を作るためには、人の小便を使って、諸種の花を醸《かも》しだせば、よく熟成することができる。それはちょうど飴《あめ》を作るのに麦芽を使うようなものである」となっている。

〔訳注2〕謝肇淛（一五六七—一六二四年）の『五雑組』の刊行年は不明だが、一六一六年の日付をもつ跋文に前年に読ませてもらったとあることから、一六一五年にはすでに完成していたとされる。これを熊楠は一六一〇年頃と推定している。清朝では禁書とされて流布しなかったが、最初の和刻本が一六六一年に出て以来、日本ではよく読まれ、『和漢三才図会』などにも多数引用されている。なお、このあとの本文で、熊楠が書名を解説して「五つの表」としているが、原文はFive mixed tables。熊楠は当時の慣習に従って『五雑組』を『五雑俎』と書くことが多い。正式には「五雑組」は「五つの組ひも」のことであるが、熊楠は「俎」の字から五つの食卓の組みあわせと解釈していたかもしれない。

〔訳注3〕一六〇九年の薩摩藩による琉球征服を指す。

〔訳注4〕ここでオステン＝サッケンはrevival of learningという言葉を用いている。このrevival of learningが何を指すかは定かではないが、ヨーロッパの歴史的な文脈でいえば「文芸復興」すなわちルネサンスのことになる。もし熊楠が日本の

歴史的な文脈に沿って用いた語をオステン＝サッケンもそのまま使用しているのであれば、国学勃興期の復古運動のことと解することができる。

〔訳注5〕『和漢三才図会』「くそむし」の項にみえる狂歌（一〇二頁の原注8も参照）。

ブーゴニア俗信に関する注記――インドにおけるハナアブの存在

Notes on the Bugonia-Superstitions—The Occurrence of *Eristalis Tenax* in India

『ネイチャー』一八九八年六月二日　五八巻一四九二号

牛から生まれる蜂についての民間伝承を広く求めた、『ネイチャー』（四九巻一九八頁、一八九三年一二月二八日号）掲載のC・R・オステン＝サッケン男爵の記事に答えて、私は何度か男爵宛に書簡を送った。そのほとんどは、『牛から生まれた蜂の古説とハナアブの関係』（ハイデルベルク、一八九四年）〔以下『牛蜂説』〕と、『古代人のブーゴニア伝説の解説への追補』（同、一八九五年）〔以下『追補』〕と題された男爵のその後の著作に収録されている。(原注1)さらに調査を続けた結果、私は下記に示すような記録を収集することができた。オステン＝サッケン男爵は、『追補』においてこの問題に関する結論を出し、これ以上の刊行予定はないとしている（四頁）。そこで貴誌において、この記録を掲載していただければ幸いである。

（一）髑髏《どくろ》のなかに湧くミツバチの話

すでに『牛蜂説』（それぞれ六四頁および三三頁）に引用されたヘロドトスとパターソンによる記述のほかに、一六二四年刊行のパーチャス『巡礼記』第三部三巻六二七頁にも同様の例がある。ジョージ・バークレーという英国商人（一六〇五年頃）が自分の個人的な体験をもとに語ったものである。リヴォニア地方はその頃、ロシア人によって無残に荒らされていたので、森には「人骨や死体が散乱しており、彼自身もまた、あるときそうした森のなかで、ミツバチが群れをなす人間の髑髏から蜂蜜を採って食べた。その髑髏は木の枝にかかっており、ミツバチはそれを巣にしてなかで繁殖していたのである」。

（二）ブーゴニア伝説に関連する中国の伝承

G・B・バックトン氏は、一八九五年刊行の『ハナアブの博物誌』七九頁において、『牛蜂説』を参照しつつ、日本や中国を「この奇妙な伝説の影響が多少なりともみられる」国々のなかに含めている。もしもこの一文から、牛の死骸からミツバチが繁殖した話が、日本や中国に一例でもあったとする読者がいたならば、それは大きな間違いである。『牛蜂説』には、日本と中国にはこの種の俗信が存在せず（二〇頁）、また、日本では古くから蜂とハナアブの区別が認識されていた（三三頁）という私の言明が引用されている。

とはいうものの、「ブーゴニア伝説」という言葉を、蜂と虻の混同から生ずる一切の俗信を含むほど広義に解釈するならば、バックトン氏の解説は中国の場合には見事に当てはまる。過去三年にわたる調査の結果、私は中国の文献のなかから合わせて三つの俗信の例を挙げることができた。

第一は、ハナアブをミツバチと間違えたらしい一七世紀初頭の文人の文章である（『ネイチャー』五〇巻三〇頁、一八九四年五月一〇日号参照）。第二は、蜂が蜜を作るために人の尿を利用するという、中国の著名な博物学者たちの間に伝えられてきた根強い誤解である（原注2）（『牛蜂説』一九頁、『追補』一七、一九―二〇頁)。そして第三は、『古今図書集成』(北京、一七二六年、〔暦象彙編〕四部〔庶徴典〕六八〔一六八〕巻「鶏異部彙考」一、二丁裏)に最近発見した次のような記載である。「鶏の卵が蜂になるのは、その事件がおきた街がそっくり無人になることの予兆である」

確かに中国人は、牛の死骸で養蜂しようとするような不毛な空想を抱かなかったまれな例ではあるが、実は彼らにしても、そのばかばかしさにおいて、この「ブーゴニア熱」に勝るとも劣らぬ突飛な妄想から逃れえていたわけではないことを、つけくわえたいと思う。これは張華(二三二―三〇〇年)がその『博物志』(四巻七丁表、和刻本、一六八三年)に記載しているものである。「鼈《すっぽん》 *Trionyx* の肉を裂いて碁石(碁はチェスのようなゲーム)ほどの大きさにしたものを、赤莧《せきけん》(*Amaranthus mangostanus*〔ヒユ〕の赤色種)の汁とよく混ぜあわせ、茅で何重にも包み、地中に埋めて一〇日待てば、肉片がみなまた鼈になる」。また、『埤雅広要《ひがこうよう》』という書には、次のような記述があるという。「鼈甲《べっこう》をヒユに包んで湿った地面に置いておくと別の鼈に生まれかわる。また鼈の肉を裂き、これにスベリヒユの汁を加えることがあり、こうして一〇日たてばカイコの幼虫ほどの微小な鼈になる。これは『鼈の種(種鼈)』と呼ばれるもので、池に放つ」(『淵鑑類函』一七〇一年、四四一巻「鼈」)[原注3]。交配をさせない芽体形成によって、鼈という中国人のもっとも嗜好する食品を増やそうという、こうした荒唐無稽な繁殖法は、明らかに観察の錯誤によるものであろう。つまり、信じこみやすい民衆が、腐敗した動物の肉によく群がる鼈に似た形の昆虫を、孵ったばかりの鼈の子であると思いこんだわけである[原注4]。

(三) ハナアブについての日本の伝承

「蜂蜜の作られ方や、ミツバチとハナアブとの混同（前記（二）参照）に関しては、日本は周辺諸国よりもずっと先んじていた」（『追補』一九頁）。馬の死骸から蜂が生まれるとする古代西洋の伝説にいくらか似たものとしては、私は、先の『ネイチャー』への論文で、日本の文献からただ一例を挙げたにすぎない。「馬尾蜂《ばびほう》」というこの俗信は、馬の尾の毛によく似たヒメバチの産卵管を民衆が誤認したことで、馬の毛が転じて蜂になったとされたのである。(原注5) これについて、オステン＝サッケン男爵が的確に詳述したように、馬から生まれた蜂という俗信は、どちらも古代人がアシブトハナアブ *Helophilus* とウマバエ *Gastrophilus* を、問題の膜翅類と混同したことによるものなのである（『牛蜂説』五三―五五頁）。「日本においては、ハナアブは非常に古い時代から棲息していた。……日本人は、これを蜂と混同したことはない」（『牛蜂説』三三頁脚注、『追補』二〇―二二頁参照）。世界各地に広く伝わる俗信にもかかわらず、日本人がこれに染まらなかったのは、主に日本では歴史上早い時期に養蜂が知られていなかったせいであると考えられる。(原注6) 日本に自生種のミツバチがいなかったわけではない（貝原〔益軒〕『大和本草』一七〇八年、一四巻一三丁参照）が、蜂蜜やミツバチに間接的にでも言及している古い文献が、他国に比べてほとんどないことや、六四三年に朝鮮半島からこれを持ちこもうとして失敗したという決定的な記録が国史にあること（『日本書紀』巻二四）に加え、日本語には蜂蜜を指す在来の単語がなかったという驚くべき事実は、(原注7) 日本人が古くから養蜂術に接していた可能性をはっきりと否定するものである。

この、古代における養蜂術の欠如が、日本人が蜂とハナアブを早くから区別できるようになった大きなきっかけであることは疑いがない。ハナアブは、ウシアブ *Tabanus* やアシブトハナアブ *Helophilus*、

ウマバエ *Gastrophilus* などの近似種とともに Abu「アブ」という〔羽音の〕擬音からくる一般的な呼称のもとにまとめられている。アブは、「虻」という漢字の日本語よみであるが、この字の中国語の発音は「マン」であり、これもうなるような羽音に由来している。「アブ」が、ハナアブの現代日本語の名称「ブンブン」へとつながる言葉であることは明らかである（『牛蜂説』二〇頁参照）。

日本人が、鼠のような尾をもつハナアブの幼虫を古くから認識していたことは、一七一三年に編まれた『和漢三才図会』に示されている。そこには件の虻の成虫と幼虫が、明瞭に図示され、解説されている（『追補』二〇〔二一〕頁）。昔の民間療法において、この虻の幼虫であるいわゆる「オナガクソムシ」は、佝僂病《くるびょう》（疳《かん》）に対する妙薬として処方された（原注4の寺島）。便所にいるこの虫を駆除するのに効き目があるとされる俗謡については、すでにオステン＝サッケン男爵が私の書簡から引用している（『追補』二一頁）が、地方によっては歌の詞が異なり、幼虫の名には「カミサケムシ」、「カミサケジョロウ」（神道の神を避ける虫または女郎）（原注8）というものもある。曳尾庵《えいびあん》という好古家は、このウジ除けの呪文は、熱狂的な神道家が釈迦牟尼《しゃかむに》仏に対して作ったものであろうと解している。歌のなかの卯月八日とは釈迦生誕の日であり、このいやしい虫が釈迦を表すというのである（山崎〔美成〕『世事百談』一八四一年、四一章）。この指摘が正しいとすれば、この俗謡は、日本固有の神道とインド伝来の仏教がまだ摩擦を繰りかえしていた時代にできたものであり、この「鼠のような尾をもつ幼虫」が、かくも昔から日本人にとって身近な存在であったことを示している。

（四）ミトラス教においてミツバチと牛とライオンを関連づけること

エルンスト・クラウゼ博士は、「進化史上の神話時代」（『コスモス』第四年八巻三五〇頁、ライプツィヒ、一八八〇年）において、蜂と牛と獅子という三つの生き物が互いに関連づけられたのは、キリスト教伝説と古代の物語が融合した結果であるとしている。しかしながら、キリスト教がギリシア・ローマ世界に入る以前に、すでにペルシアでこの三つの生き物の組みあわせが存在したことは、ミトラス教の儀式において、獅子の位階に進むために「牛から生まれた蜂が集めた蜜によって、手を浄めなければならない」とされているのをみれば明らかである（トマス・テイラー『ポルフュリオス選集』一八二三年、一八一頁）。また、最近発見された古代の円柱には、この獅子の儀式で司祭役を務める者たちの姿が描かれており、蜂の巣模様で覆われた胴着と法衣を身につけていたという（F・ラジャール『ミトラスの儀式および秘儀の研究』一八六七年、第二部二四〇頁以下）。

（五）ブーゴニア神話の天空論的《アストロノミカル》および元素論的《エレメンタル》解釈

オステン゠サッケン男爵は、『追補』の一二―一三頁で、関連する古典文献の注釈者による、この伝説の三通りの解釈方法を列挙している。私はここで、第四のものとして、神話を天空原理によって分析しようと試みたグベルナティスの説明をつけくわえたいと思う。「ポルフュリオスによれば、月（「ギリシア語で」セレネ）は、蜂（「ギリシア語で」メリサ）とも呼ばれていた。セレネは二頭の白馬や二頭の牛に牽《ひ》かれた姿で描かれるが、この牛の角は蜂の針に擬せられている。そして、死者の魂は蜂の姿となって、月から地上に舞いおりると考えられたのである。ポルフュリオスはこれに加えて、牡牛座は月の最高星位なので、蜂が牛の死骸から生まれると信じられた、としている。ディオニュソス（月）は、その秘儀を信奉する人々によれば、牡牛の姿でばらばらに引きさかれ、蜂の姿となって蘇生するのであり、それゆえディオニュソス（月）にはブーゲネス〔牛から生まれる〕という別名がある。……月の牡牛の代わりに、太陽の獅子の場合もある」（「グベルナティス」『動物神話学』ロンドン、一八七二年、二巻二一七頁）

もし五番目の解釈がありうるとするならば、それは前述のラジャールの著作のなかに現れるような、「元素論的」な神話をブーゴニア伝説のなかに求めるものであろう。この権威によれば、「牛」と「獅子」は、この古代ペルシアの信仰における象徴として、中国人の「陰」「陽」と同じものを表していたようである（『ネイチャー』五一巻三二頁、一八九四年一一月八日号に掲載の拙文〔第4章「北方に関する中国人の俗信について」〕も参照）。ミトラス教における獅子の位階と蜂蜜の結びつき（前節参照）は、蜂蜜が蜜蠟という非常に燃えやすい（中国的な思考法からいえば非常に「陽性の」）ものを含んでいることからも説明できる（「ラジャール」二四二頁）。同じミトラスの儀式のなかに、蜂と牛とを関連づける発想が存在した可能性もかなり高いと思われる（テイラー、前掲箇所も参照）が、これはペルシアの創世神話からも例証されることであろう。それによると、原初の牡牛は、アフラ・マズダがあらゆるものに先だって創造した最初の被造物であったが、これを妬んだアーリマンに殺されてしまった。しかしその魂であるイゼド・ゴスホルムは左の肩から抜けでて、地上の牡牛の精液を集めて月に携えていき、それはすべての生き物の種となったという（ラジャール、四九頁参照。上記（五）のディオニュソス譚も参照）。

（六）インドにおけるブーゴニア伝説

本文で言及されている図版2点の熊楠による筆写（「ロンドン抜書」巻22）。上がカーマデーヴァ、下はライオンの口から牛と蜂が誕生する図

私はかつて、オステン＝サッケン男爵への書簡のなかで、インドの文献中にこの種の俗信の痕跡が見つかる可能性を示唆したことがある。しかし男爵は、主にインドの動物相のなかにハナアブが存在することを示すはっきりした記録がその時点ではなかったことから、これに対して否定的であった（『追補』末尾）。ところが最近、N・ミュラーの著作のなかに、カーマデーヴァ（愛の神）がトトマ（力の神）を創造している様子が刻まれた銀の器の描写があることがわかった。幼い姿の神［カーマデーヴァ］が自分の(原注9)矢筒の上に乗り、その矢筒からは獅子が飛びだそうとしている。一方、矢筒自体は蜂の背の上に

あり、周知のように、鎖のように連なる蜂の群れが、この神の弓の弦である。同じ著者による、トトマ誕生神話の別の描写では、蜂の群れと牛を口から吐きだしている獅子が描かれている(『古代ヒンドゥー教の信仰、思想、美術』マインツ、一八二二年、一巻五五三頁以下、および図版頁一の一一図、一二図)。これらの図版からみて、ヒンドゥー教徒たちもブーゴニア神話にある程度影響されていたようである。もしそうだとすれば、この神話はいつ頃からインドに存在したのだろうか。この疑問に関しては、貴誌読者のご教示を仰ぎたい。(原注10)

(七) インドにおけるハナアブの存在

前節の補遺として、私は大英博物館(自然史)のE・E・オースティン氏のご好意による書簡を紹介したい。

「ハナアブ *Eristalis tenax* L. については、(少なくともこの名前による) インドからの報告はこれまでに一例もない。しかし、私の手元には現在、鑑定のために、ボンベイ博物学協会所蔵の双翅類の標本類があり、そのなかには、私のみたところ、明らかにこの種に属すると思われる標本が四例含まれている。今すぐ詳細な検査を行う時間はないのだが、これらの標本は、ヨーロッパの普通種の特徴と完全に一致している。なんらかの違いがあったとしても、重大な種の違いを意味する可能性はないだろう。問題の四例のうち一件はラベルがなく、残りの三件はそれぞれ「北西地域」、「ヒマラヤ」、「ムスーリー」と記されている。また、このボンベイ博物学協会の標本類のなかにはエリスタリス・ペルティナクス *Eristalis pertinax* L. の標本も五例(いずれも詳しい採集地のラベルなし)含まれていることを述べておこう。ハナアブに酷似し、同一の生態を有する種で、英国では、しばしば前者よりははるかに数多くみられる種である。

一八九七年一一月一六日　（署名）Ｅ・Ｅ・オースティン」

中国の仏教百科全書（道世〔訳注1〕『法苑珠林』六六八年完成、一八二七年版、二八巻一二―一三丁）には、『譬喩《ひゆ》経《きょう》』の引用として、次のようなくだりがある。王舎城《おうしゃじょう》の近くに池があり、城内のあらゆる下水汚物はここに流れこんでいたが、この池のなかに、巨大なウジ虫がいるのを阿難が見つける。胴の長さは数十フィートで、手も足もなく、汚水のなかで戯れるように身をくねらせ、浮き沈みしていた。いかなる因果によってこのような気味の悪い虫が生じたのかという〔阿難の〕質問に対して、仏陀が答える。ウジ虫の遠い前世をたどってみると、ある貪欲な寺主であり、善良な僧侶たちに向けて悪態の限りを吐いて罵ったために、このような嫌悪すべきものに生まれかわってしまったのだ、と。この汚物中のウジ虫については非常に簡単な記述のみで、大きさも誇張されているが、その姿から私が連想したのは、日本の文献にある「オナガクソムシ」に関する記述（『追補』一二頁参照）である。これから、インド人は古くから、ある種のハナアブ類の幼虫に鼠のような尾をもつウジ虫がいることに気づいていたのではないか、とみることもできる。

（八）ハナアブ以外の針のない蜂

以下に挙げる例から明らかなことだが、いわゆる「針のない蜂」をすべてハナアブと同定するという早合点をしないよう、読者諸氏の慎重な態度を求めたい。イエナ大学のＡ・メルクス教授は、Ｊ・ルドルフが『エチオピア史』（一六八一年、一巻一三章）で記しているエチオピアにいる針のない蜂を、ハナアブと同定することが可能であると示唆している（『牛蜂説』六七頁）。しかし、次の文章から、この同定は正しくないことが明白である。

「これによってエチオピア人たちは野生の蜂蜜を得る。……しかし、本物の針をもたないので、これらの蜂がその身を隠す巣は地下に作られ、その入口は非常に狭いので、人の眼には同じような形の蜂の頭五、六個でいっぱいにみえる。それほど巧みに、もっとも鋭い眼をも欺くのだ」

西半球における「針のない蜂」の生態については、フェルナンデス・オヴィエド（一四七八―一五五七年）とH・シュミルデル（一五三四年頃―一五五四年）による二種の記録がある。ともに、木のなかに巣をかけて、白色の良質の蜜を作るとしている（ラムージオ『航海と旅行』ヴェネチア、一六〇六年、五一丁A。パーチャス『巡礼記』第三部七巻四章）。アストレーの『新航海旅行記大全』（一七四五年、二巻三五五頁）を読み、「（南ギニアの西海岸にある）村々にしばしば現れる、……蜜をまったく作らないという」蜂とはきっとハナアブのことだろうと思う読者もいるだろう。しかし、原文をよく調べると、次のような記述があることから、これは別の虫であることが確認できる。「（その虫は）こちらから何もしない限り人を刺すことはない。しかし、これを刺激していったん刺されると、ひどい炎症をおこす」（チャーチル『旅行記』所収、J・バルボ『ギニア誌』一七三二年、一巻一一六頁）。

SW、ウォーラム・グリーン、エフィ・ロード7　南方熊楠

スペインのベネディクト会修道士ベニート・フェイホーの『世界学芸の総批評』（マドリッド、一七三四年、四巻一九八頁）が、その一章をブーゴニアのために費やしていることを挙げておくのも有益だろう。フェイホーは、ヴュルテンベルクで家畜の疫病が流行っていた際、シュペーアリングが牛の死骸から蜂を探そうとして見つからなかったと語っているが（『牛蜂説』六一頁参照）、それに続けて次のようにも記しているのである。

「ドン・ジョゼフ・オルティス・バローソはウトレラの博識な医者であったが、セヴィリアが二度、疫病に襲われたときに同じことを試みて失敗した。このことは、シュペーアリングの失敗を、ヴュルテンベルクの気候が蜂にとって寒すぎることに帰そうとするザックスの結論と矛盾する。アンダルシアは、かなり暖かい地方なのに、蜂はやはり見つからなかったのだ。また一方では、ロシアやポドリア〔ウクライナ西部〕など北方の厳寒地方にも蜂がたくさんおり、蜂蜜や蜜蠟が非常に安く売り買いされているという」

K・M

（原注1）便宜上、本論考ではこれらの作品を『牛蜂説』『追補』と略記する。

（原注2）中国の生んだ偉大な博物学者の一人である李時珍は、「不快な悪臭から神々しいものが生まれる」と蜂を礼讃した『本草綱目』（一五七八年、「蜂蜜」の項）が、この言葉は、サムソンの謎かけのときの口調に通じるものがある。

（原注3）劉安《りゅうあん》（紀元前一七九年頃―一二二年）の書とされる『淮南万畢術』は、おそらくは、鼈《すっぽん》に対する莧の交感能力を記載した現存最古の著作である。莧は、ヒユ属 *Amaranthus* のすべての種のほかにスベリヒユ *Portulaca oleracea* をも含んでいるが、なかには、莧をスベリヒユとのみ解する学者もいる。彼らは、『易経』のなかで莧と商陸 *Phytolacca*（この植物に

ついては、『ネイチャー』五四巻三四三頁、一八九六年八月一三日号の拙論〔第6章「マンドレイク」〕参照）が魔力をもつ植物の典型とされていることについて、スベリヒユの驚異的な耐乾性に加えて、死んだ鼈を甦らせるとされることが魔力と見なされたためと説明する（張爾岐《ちょうじき》『蒿庵閒話』一巻。呉其濬《ごきしゅん》『植物名実図考』、小野〔職愨《もとよし》〕編、三巻一九丁裏）。

スベリヒユの英名のアマランスが、ギリシア語の、ア＝「〜ない」、とマライノー＝「枯れる」に由来しているのは奇妙な偶然である（ルードン『植物百科事典』一八八〇年、七八七頁）。また、中国の俗信では、「鼈瘕《べつか》」と呼ばれる内臓の病は、鼈の肉を莧と一緒に食べることで生ずるとされている（『淵鑑類函』前掲箇所および前掲張爾岐）。この誤謬は、おそらくなんらかの平らな寄生虫を鼈と取りちがえたことからくるのであろう。

（原注4）プリニウス『博物誌』一一巻二〇〔一一巻二三〕によれば、「ロバから甲虫《スカラベ》が、という具合に、自然の変化によっていろいろなものから他のいろいろなものが生じる」。中国の辞典には、鼈と似ているとされる甲虫が多数記されている。「鼈の種」の話のもとになったのは、おそらく水生の異翅類の一種（たとえば *Belostoma indica*）だと思われるが、これは、日本では「タガメ」つまり「田亀」と呼ばれている（寺島『和漢三才図会』一七一三年、五三巻）。

（原注5）ヒメバチとスズメバチの混同については、プリニウス『博物誌』一一巻二四の、「ヒメバチと呼ばれるスズメバチ」がある。中国には「馬蜂」があるが、この「馬」は「大きな」という意味を表す形容辞である（貝原、前掲書九巻一〇丁裏）。

（原注6）一六世紀になっても、少なくとも西日本地域では、養蜂は行われていなかったようだ。その事実が、九州のある大名からローマに遣わされた日本の使節の記録に特筆されていることからもわかる。「それらの国々にはミツバチはおりません。それゆえ、蜂のもたらす蜂蜜という極上の実りもないのです……」（『日本という島国についての短報』ローマ、一五八二年。大英博物館蔵書一〇〇五五a、一巻二丁表）

（原注7）honey を表す言葉として日本で唯一用いられているのは「みつ」（古くは「みち」）だが、これは中国語の「蜜《ミー》」の転訛である。honey-bee にあたる言葉は異なる二語を組みあわせたミツ・バチである（一〇世紀に書かれた『和名〔類聚〕抄』一六巻および一九巻）。

（原注8）この歌のある地方の異伝に次のようなものがある。「年々の四月八日は吉日よ神さけ女郎せいばいぞする」〔訳注2〕

（原注9）この関連として、次の事実は重要である。「イタリア語で carcasso『死骸』はまた矢筒をも意味する。矢筒は円筒形で複数の鉄の箍をはめてあり、これが人間の死骸のあばら骨と似ているからである」（『ウェブスター辞典』）

（原注10）四年ほど前に、私の真言の師である土宜法龍師を大英博物館に案内した際、師がオーガスタス・フランクス卿（当時はフランクス氏）に語った話によれば、カーマデーヴァ（ヒンドゥー教におけるエロス神）と真言宗の愛染明王とは、非常に似通った神格であるという。愛染明王の明瞭な図像的特徴は、獅子の首を象った冠にあり（『仏像図彙』新版、一八八六年、二巻二〇丁表参照）、この金剛に捧げられた『愛染経』〔訳注3〕が、獅子から生まれたことの名残をとどめている可能性は大いにあるのだが、今、当地で『愛染経』を確認することはできない。

〔訳注1〕原文 **Tau-ngan** は「道安」と思われるが、『法苑珠林』の編者は道世（字は玄惲）である（一七三頁参照）。東晋の道安の名も同じ第7章（一七六頁）に現れるので、ここは混同を避けるため訂正した。

〔訳注2〕山崎美成『世事百談』（熊楠の挙げる一八四一年は成稿年で、刊行は一八四三年）では、初句が「今年より」である。ここでは熊楠の英語訳に従った。

〔訳注3〕原文 Aizen-kyô がどの経典を指すのかはっきりしないが、たとえば『金剛峯楼閣一切瑜伽瑜祇経』第五愛染王品（愛染明王の本軌とされる）の偈《げ》には、「首髻師子冠」などの文字がみえる。

第4章

中国古代文明に関する小論

Essays on Ancient Chinese Civilization

ロンドンに到着する前の一年間は、フロリダおよびキューバで隠花植物採集に打ちこんでいた熊楠であるが、それ以前はミシガン大学で有名なアメリカ中部のアナーバーにいた。二〇歳から二四歳にかけての数年間、熊楠はミシガン大学自体には所属しないものの、そのお膝元にあるアナーバーの学生街で過ごしたのである。この間、熊楠は古本屋が立ちならぶ全米屈指の学問都市で、欧米の最先端の社会科学にふれる機会を得ている。「それからむちゃくちゃに衣食を薄くして、病気を生ずるもかまわず、多く書を買うて、神学もかじれば生物学も覗い、希拉《ギリシア・ラテン》もやりかくれば、梵文にも志し、……」（一八九二年八月推定、中松盛雄宛書簡）という乱読の生活である。

このときの読書体験は、熊楠が自分のなかに欧米の学問体系をとりこむために決定的な役割を果たしたといってよい。その後、二五歳でロンドンに到着した熊楠が、翌年には『ネイチャー』に論文を発表して、研究の世界に躍りでることができたのは、アナーバー時代の蓄積がものをいったからだ。アメリカ時代に読んだ欧米の社会科学を、ロンドンでの熊楠は、自らの理論的な枠組みとして用いていった。

なかでも、この時期の熊楠が傾倒したのが、進化論の社会学への適用によって知られるハーバート・スペンサー（一八二〇―一九〇三年）である。アメリカ時代以降、帰国後に至るまで、スペンサーの名は熊楠の文章のなかにしばしば登場し、その影響力の大きさがわかる。また、ロンドン滞在中の一八九八年に友人のチャールズ・リードが民俗学者ジョージ・ゴンムに宛てた書簡には、熊楠の紹介として「ハーバート・スペンサー氏およびその学問の研究家」という言葉さえみえる（二二九頁図版参照）。

ここでは、熊楠の『ネイチャー』掲載論文のなかから、スペンサーの説を引用している三本の投稿を選んで、訳

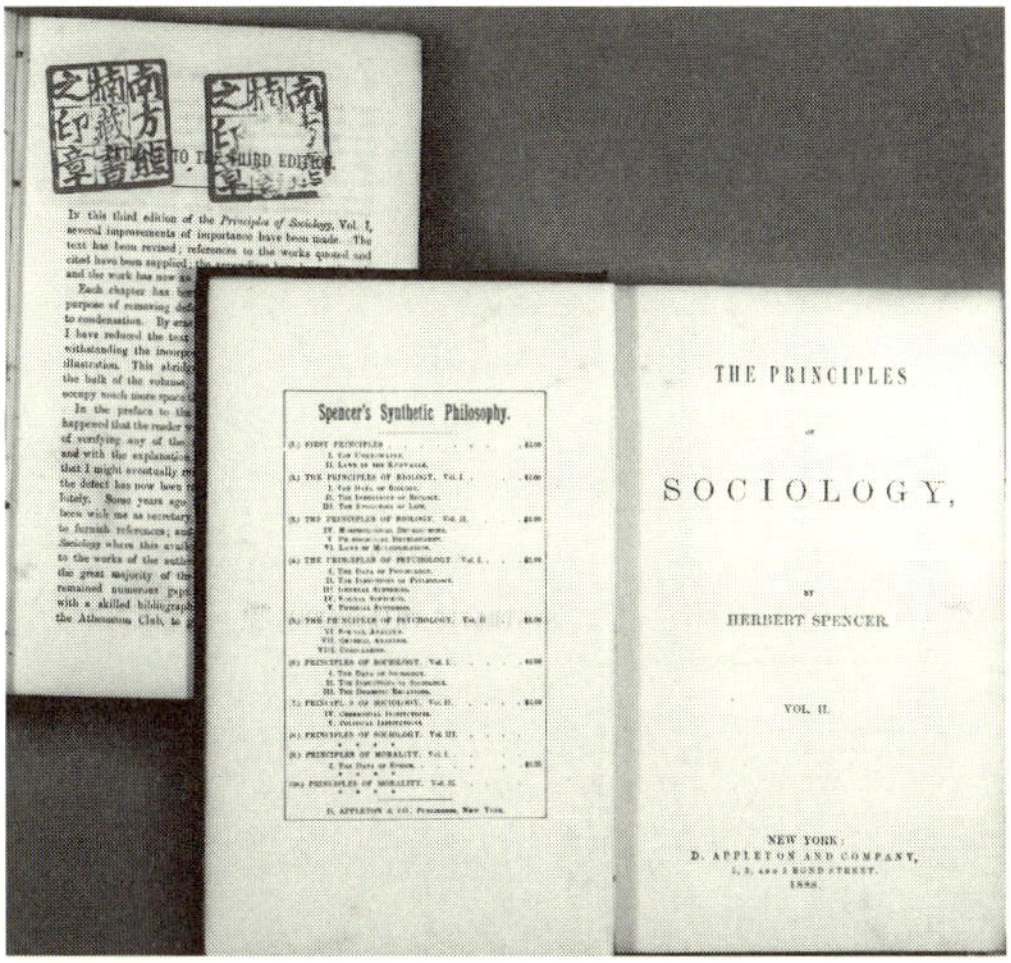

熊楠旧蔵のスペンサー『社会学原理』第１、２巻。熊楠の蔵書印が押されている

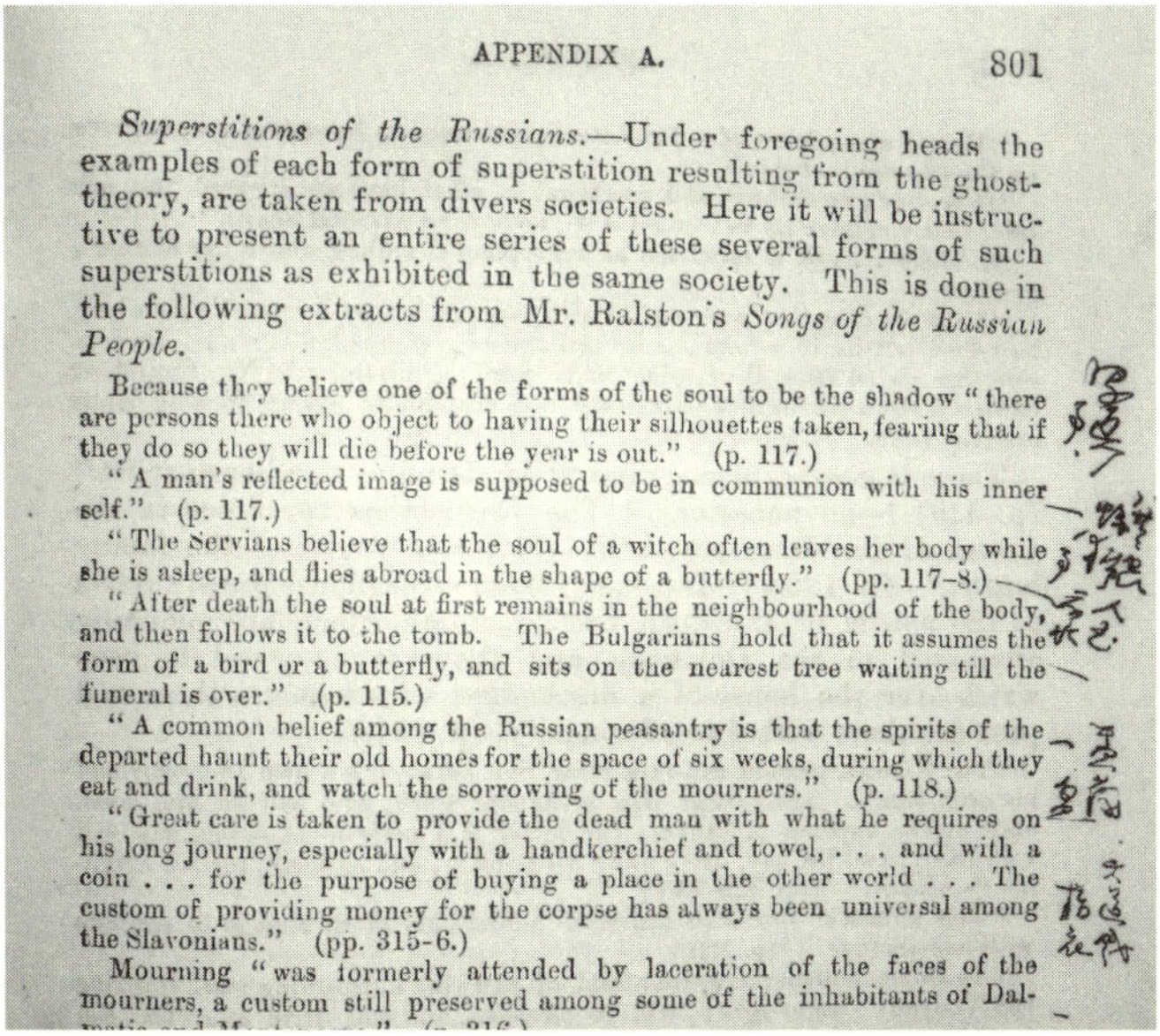

APPENDIX A. 801

Superstitions of the Russians.—Under foregoing heads the examples of each form of superstition resulting from the ghost-theory, are taken from divers societies. Here it will be instructive to present an entire series of these several forms of such superstitions as exhibited in the same society. This is done in the following extracts from Mr. Ralston's *Songs of the Russian People.*

Because they believe one of the forms of the soul to be the shadow "there are persons there who object to having their silhouettes taken, fearing that if they do so they will die before the year is out." (p. 117.)

"A man's reflected image is supposed to be in communion with his inner self." (p. 117.)

"The Servians believe that the soul of a witch often leaves her body while she is asleep, and flies abroad in the shape of a butterfly." (pp. 117–8.)

"After death the soul at first remains in the neighbourhood of the body, and then follows it to the tomb. The Bulgarians hold that it assumes the form of a bird or a butterfly, and sits on the nearest tree waiting till the funeral is over." (p. 115.)

"A common belief among the Russian peasantry is that the spirits of the departed haunt their old homes for the space of six weeks, during which they eat and drink, and watch the sorrowing of the mourners." (p. 118.)

"Great care is taken to provide the dead man with what he requires on his long journey, especially with a handkerchief and towel, . . . and with a coin . . . for the purpose of buying a place in the other world . . . The custom of providing money for the corpse has always been universal among the Slavonians." (pp. 315-6.)

Mourning "was formerly attended by laceration of the faces of the mourners, a custom still preserved among some of the inhabitants of Dal-

『社会学原理』への書きいれ（死後の魂や他界の観念を論じた箇所）

出した。ロンドン時代初期のもの二篇と、ロンドンを去る半年前のもの一篇である。

① 北方に関する中国人の俗信について　一八九四年一一月八日
② 洞窟に関する中国人の俗信　一八九四年一一月一五日
③ 幽霊に関する論理的矛盾　一九〇〇年四月一二日

特に①と②は、人類の起源や未開人の信仰に関するスペンサーの『社会学原理』における議論を正面から受けとめて、古代中国への応用を企図した意欲作である。『社会学原理』は、一八七〇年代から九〇年代にかけて書きつがれたもので、スペンサーの『総合哲学体系』全一〇巻のうちの、六―八巻にあたる。現在の南方邸蔵書には、アメリカで購入したと思われるニューヨーク版の二巻本が残されているが、そこには多くの書きこみがみられ、①②の論文への引用もこの本からなされたようである。

スペンサーはこの本の第一部において、人間社会の進化の歴史を、常に「退化」への動きもはらむ複合的な進化（超有機的進化）と位置づけ、未開人から現代人に至る思考法の展開について分析する。そこには、スペンサーが後に徹底して批判される理由となった、「文明」を絶対とする価値基準の一面性が見え隠れするものの、生命と死、夢、霊魂、他界、聖性、信仰、神といった事象に関わる概念の発生に関して、膨大な人類学・宗教学的知識をもとに手際よくまとめられている。

熊楠の①と②の論文は、この『社会学原理』中の「死と再生に関する観念」の章、および「他界に関する観念」の章における議論を、古代中国に関する文献の解釈へと応用したものであった。特に後者の他界観念についてのスペンサーの議論は、熊楠の論文全体のなかで理論的な骨格をなす重要な役割を果たしている。

内容をみてみよう。スペンサーは「他界に関する観念」の章で、森林や山と洞窟といった未開人のもつ死後の世界のイメージを示したうえで、「移住してきた民族は、父祖が居住していた地域を、死後に向かうべき他界と見なす」という仮説を提示する。つまり、ある民族が移動すると、もといた場所に対する憧憬の念がおこり、それが他界観念に発展するという説である。未開人においては、夢や死は現実や生と未分明であるため、新しい居住地でもといた場所を夢見た際には、そここそが死者が行く国であると理解されたのではないかと、スペンサーは推論する。

これを受けて熊楠は論文①において、多くの中国の文献で北方が死者の国とされていることを取りあげ、この事実は、古代中国人が北方から南方に移動したことを示すとしている。論文の着想は、シムコックスの『原始文明』の『ネイチャー』での書評を受けたかたちをとっているが、そこには、当時高名であった東洋学者のテリアン・ド・ラクペリが中国文明の西方起源説を唱えていることが紹介されていた。そこで熊楠は、スペンサーの民族移動

フレデリック・ヴィクター・ディキンズ（1838–1915）。英海軍医官として開港直後の横浜に滞在、その後弁護士に転じて、1871年に再来日した。1879年の離日までの間に日本文学と美術の研究を深めた。帰国後、多くの日本文学作品の翻訳を行った。『方丈記』（1905）を熊楠と共訳で発表するなど、後期には文通による共同作業も多い

による他界観念の発生説と中国の文献に表れる北方他界を結びつけて、北方起源説こそ正当であると主張したのであった。

さらに論文②も同じスペンサーの学説に依拠したものである。こちらでは、穴居人の子孫たちは、地下または洞窟に他界があるとする信仰をもつようになるという説が取りあげられている。熊楠はそれを補って、自分たちの祖先が洞窟で生まれたとする少数民族の例、および極楽を「洞天」と呼ぶ道教の例を挙げている。

この二本と比べると、論文③は、同じ『社会学原理』の一節を取りあげながらも比較的通俗的な論となっている。現代人が抱く非科学的な考えを「幽霊が服を着ているはずがない」という例で説明するスペンサーに対して、王充はすでに千数百年も前に同じことを考えていたと応じたものである。

土宜法龍宛の書簡などをみると、熊楠は、スペンサーに対して評価・批判の両面の意見をもっていたことがわかる。しかし、特に英国滞在中は、スペンサーという規範を通して、他の学者との知的議論が可能になったことは疑いない。たとえば、一八九六年以降、英国における熊楠の最大の理解者として長く盟友の関係を結ぶことになるロンドン大学事務総長のF・V・ディキンズとの縁も、スペンサーを契機として生じたものであった。その最初の出会いについて熊楠は、「この者、予が『ネーチュール』に一書を投じ、故ハーバート・スペンセルに一本（ちょっとしたことながら、なかなか他の日本人にそんな勇気なかりし）試みしを壮なりとし、予を招き語る」（柳田国男宛書簡、一九一一年一〇月一七日夜、平凡社版全集八巻一九七頁）と記している。

ここで紹介している「一書」とは、おそらく論文①あるいは②を指したものであろう。確かに論文①を読むと、熊楠の初期の英文論文としては例外的に、文末に詳細な書誌を付していて、ある種の力みを感じさせる。英国社会学の当代の権威に「一本試み」るという緊張感をもって、熊楠は、この論文を馬屋街の下宿で認めていたのであろう。

（松居竜五）

北方に関する中国人の俗信について

On Chinese Beliefs about the North

『ネイチャー』一八九四年一一月八日　五一巻一三〇六号

先月〔九月〕二七日付『ネイチャー』（五二二頁）の書評によって、私は「中国人の北方起源説」が学識者の間で定説となりつつあることを知るに至った。もしそうだとすれば、書評を読みながら私の心に浮かんだ考えも、この説によって補強されるはずである。

中国の古典学の大家にして宰相でもあった司馬光（一〇八六年没）は、親が死んだ場合に、遺体の服を着替えさせる前に行われた「復《フー》」（呼びもどすの義）という古代の儀礼について、次のように詳述している。

「遺体のための清浄な衣服を持って屋根の棟に上り、北に向かって三度『還りたまえ』と唱える。それから衣服をたたみ、持って下りて、遺体に着せる。こうして還ってきた霊魂を留まらせるために、絹（絹の帯）で衣服をきつく締め、埋葬までは生前と同じように敬意を込めて、食事と日用品を供える」（1）

この儀礼には、三つの原始的な俗信の痕跡がまとまって残されている。第一に、死者の霊魂が呼ばれれば戻ることがありうるというもので、現在でもホー族（インド）やバンクス島の部族やフィジー人の間にみられる俗信である（2）。第二に、死者に語りかけながら着衣をきつく締めると、霊魂が去るのを防ぐことができるというもので、これは、過ぎゆく魂、すなわち鬼火を見たときの日本の古い言い伝えにもある（3）。第三点として、この儀礼は、古代の中国人たちが、クーキー人の場合と同じように（4）、北方に他界があると信じていたことを示している。

古代中国の宇宙観は、儒教と道教という今では相容れない二つの宗教の文献に、それぞれ断片的にではあるが、同じように残されている。それによると、「玄冥」（他界に入るという義）と呼ばれる北方の神格がかつてあった（5）。

宰相にして博学の百科全書家であった張華（三〇〇年没）は、その著作のなかで、他界は二〇万里四方もの広さがあり、北方の地下にあるという道教の俗信について述べている（6）。九世紀に書かれた別の道教の終末論には、「北方の偉大な帝王である炎帝がすべての神々を支配する」とある（7）。こうした俗信とおそらく関連すると思われるものに、生を司る「南斗」と、死を司る「北斗」がある（8）。ここから、北斗の星の神に賄賂を贈って、一九歳の寿命を九九歳まで延ばしてもらったという趙顔《ちょうがん》の民間説話が生まれたのである（9）。

中国密教瑜伽《ゆがぎょうは》行派では、北は「すべての活動の終焉《しゅうえん》が運命づけられている地点」であり、したがって「入寂《にゅうじゃく》の地点」とされる（10）。この場合に、はたして中国仏教が中華的解釈の影響を完全に免れているのか疑問の余地もあるが、これについては、私は意見を述べる立場にはない。

さて儒教文献に話を戻すと、孔子自身は、他界に関してはまったくの不可知論をとっていたようである。そのことは、たとえば、死とはどんな状態のことかと子路に尋ねられた際の、「生について知らないのに、死について知ることができるだろうか」という答えに表れている（11）。また、死者に意識はあるかと子貢に尋ねられた際には「それは死ねばわかる。それからでも遅くはない」とも答えている（12）。しかし儒教の教えに暗黙裏に含まれるいにしえの賢人たちの教えによれば、北方に冥界があるとする古代中国の信仰は非常に強く、「死に関連するありとあらゆるものが北の方角と結びつけられる」に至ったことが示唆されている。そこで、祖先の位牌を祀《まつ》るための部屋は「北堂」とされ（13）、「北の丘」といえば、常に墓地を意味するようになったのである。

「檀弓《だんぐう》」（『礼記』の一節）によれば、孔子は魯の都の北方に埋葬されたが、「街の北側に埋葬することは三つの『古代王朝』、すなわち夏・殷・周に一貫した風習であった」（14）。このことからわれわれが思いおこすのは、ダマラ族が、自分たちはもともとどこから来たかを思いだすために遺体の顔を北に向けることや、インカ族が、自分たちのやってきた方角の地に死者を還らせるために遺体の顔を東に向けたことである。この風習は、ペルーの先住民族にはなかった（15）。実は、中国の記録にも変則的な例があり、これらは、本来中国人とは異なる民族集団によるものであったことを示唆していると思われる。たとえば、匈奴の子孫である沮渠《しょきょ》の王子の墳墓で発見された一組の男女の遺体は、頭を東に向けていたという（16）。

ハーバート・スペンサー氏は、幅広く収集した資料を用いて分析を行った結果、次のように述べている。「移住してきた民族は、父祖が居住していた地域を、死後に向かうべき他界と見なす」(17)。中国人がこの一般的な法則の例外でない限り、北方に霊界があるという俗信が昔からあったことを、その古い習慣や伝統が大いに明らかにしている以上、中国人は、北方から現在の領土に入ってきたはずである。

さらに、古代中国の思考においては、北方は「陰」という生成原理の貯蔵庫または源泉とされ、停滞、曖昧、破壊などあらゆる負の性質と結びつけられてきた。よって五行説では、水と冬の位相は北方にあるとされ(18)、天空を九つに分ける際には、北天と北西天はそれぞれ「玄天」、「幽天」(暗黒の天と陰鬱な天)とされた(19)。皇帝たちの崇拝の対象とされた五つの山のなかで、もっとも北にある山が「恒山」(永遠の山)とされたのは、万物が北方で永遠の眠りにつく定めにあるからである(20)。また、「北方は殺伐の域」という当時受けいれられていた公理に基づき、孔子は、子路が琴で「北鄙《ほくひ》の調べ」を弾いたことを咎めた(21)。

ありとあらゆる負の性質をもつものとして、思いあたるものは「死」にほかならない。そこで、中国で北方と負とが結びつけられていることの起源を、北向きに死者を埋葬する風習にたどるのはまったく理にかなっていると思われる。その風習の起源はまた、古代の中国人が北方から移動してきたことに由来すると、容易に推論することができる。

一〇月一六日　W、ケンジントン、ブリスフィールド・ストリート15　南方熊楠

書誌〔訳注〕

（1）熊沢〔蕃山〕『葬祭弁論』東京、一八九〇年、四頁。
（2）スペンサー『社会学原理』三版、一巻八三章。
（3）寺島〔良安〕『和漢三才図会』一七一三年、五八巻「人魂火《ひとだま》」の項。
（4）スペンサー、一一二章。
（5）班固『白虎通』七九年、二巻一章。
（6）〔張華〕『博物志』一巻二章。
（7）段成式『酉陽雑俎』二巻。
（8）謝在杭『五雑組』一六一〇年頃、一巻。
（9）『三国志演義』金〔聖嘆〕本、一六四四年〔序〕、三五巻〔六九回〕四―五丁。
（10）印融『曼荼羅私鈔』一四九一年、一巻。
（11）『論語』第一一章、『エンサイクロペディア・ブリタニカ』九版、六巻二六五頁〔「孔子」の項〕。
（12）応劭『風俗通』二世紀、九巻九章。
（13）『荀子』紀元前二五五年頃、一八章。
（14）『白虎通』四巻一〇章。
（15）スペンサー、一一二章。
（16）李石『続博物志』一三世紀、八巻。
（17）スペンサー、一一五章。
（18）『白虎通』二巻一章。

(19)『呂氏春秋』紀元前二三九年頃、一三巻一章。
(20)『風俗通』一〇巻一章。
(21) 劉向『説苑』紀元前一世紀、一九巻。

〔訳注〕この「書誌」は、熊楠がつけたものである。

洞窟に関する中国人の俗信
Chinese Beliefs about Caves

『ネイチャー』一八九四年一一月一五日　五一巻一三〇七号

ハーバート・スペンサー氏は、『社会学原理』（三版、ニューヨーク、一巻二〇七頁）のなかで、アジアのトダ族〔インド南部〕やアフリカのバスト族〔現レソト〕、さらにアメリカの〔先住〕民族の少なくとも半数以上に、人類は地下、あるいは洞窟のなかで誕生したとする俗信がみられると述べている。同様の俗信を、私は最近中国の記録のなかに発見した。李石の『続博物志』（一三世紀、和刻本、一六八三年、二巻三丁）には、下記のような『寧国論』からの引用文がある。

「獠犍《りょうけん》はもともと蜀（現在の四川）にはいなかった。〔訳注〕この部族は徳陽山の洞窟の赤土から生じた。土の塊が転がりだし、転がるたびに大きくなり、ついには夫婦となって、多くの子を産んだ」

別の項でスペンサー氏は、「平地定住民で穴居人を祖先にもつ者たちは、自分たちはその出生の地である地下の冥界へ帰ると考える」（前掲書、二一三頁）と述べている。このことから私は、中国の先住民族たちに広まっていたものと同じ俗信が、道教において復活し、極楽を「洞天」と呼ぶようになったことを示唆しておきたい。たとえば段成式は、「洞天〔の六宮〕」は周囲一万里、高さ二六〇〇里であるとしており（『酉陽雑俎』和刻本、一六九七年、二巻一丁）、李石は中国に「天」と称される洞窟が三六ヵ所あることを挙げている（前掲書、一巻八丁）。

一一月二日　W、ケンジントン、ブリスフィールド・ストリート15　南方熊楠

〔訳注〕原文は there was no Liáu-Kién であるが、これは熊楠の誤読で、Liáu（獠）までが少数民族の名で、Kién（犍）は犍為《けんい》という地名の一部。『続博物志』では、「獠はもともと蜀にはいなかった。犍為や徳陽の山中にある洞窟で……」となっている。

幽霊に関する論理的矛盾
Illogicality concerning Ghosts

『ネイチャー』一九〇〇年四月一二日　六一巻一五八九号

ハーバート・スペンサー氏は、未開民族の幽霊譚にしばしばみられるさまざまな論理的矛盾について指摘しながら、次のように述べている。

「これほど極端な非合理性が現れる理由については、われわれ自身の内なる非合理性を思いおこせば理解できる。たとえば……幽霊を信じる人が陥りがちな理不尽さを挙げると、服を着た幽霊を見たと言うときには、服の幽霊というものの存在も認めたことになるのだが、そんな理屈には気づきもせずに言っているのである」（『社会学原理』三版、一巻一〇四頁）

興味深いことに、中国の王充（二七―九七年頃）という哲学者は、すでに一九〇〇年も前に、同じように幽霊は非論理的だとする見解を示している。王充は、それまで中国で伝えられてきたあらゆる種類の伝統に関して懐疑的な見解をまとめて、『論衡』すなわち「論議の天秤」と題する有名な作品を著した人物である。

同書二〇巻（一四―一五丁、三浦版、京都、一七四八年）で、王充は次のように述べる。

「この世の始まりからの死者の数は膨大なものであり、現在生きている人の総数よりもはるかに多い。だから、人はみな死後に幽霊になるというのならば、道を一歩行くごとに一体の幽霊に出会うようなことになり、死の瞬間に幽霊を見るというのであれば、ただ一体や二体などではなく、無数の幽霊がそこらじゅうにひしめいているのを見るはずである。

人が殺されると、生命の精気である血は、いわゆる鬼火となる。鬼火は、その人の姿とは似ても似つかず、小さくまとまった不定形のかたまりであり、光る火の玉のように見える。これは血の幽霊であり、生きている人の血とはまったく異なるものである。生命の精気がいったん肉体を離れてしまったのだから、生きているときの姿を取りもどすことはできない。

もしも幽霊がみな、死体の姿で現れるならば、幽霊の正体は死者ではないかと疑うだけの理由もあることになる。……また同様に、生きている友人が生き霊となって訪ねてきたなどと病人が言うのもありうることだろう。しかし、すでに死んでいる人に、しかもその人が生きていた当時の姿で出会うなどということが、いったいありうるのだろうか。……火が消えた後でも、灰がまだ温かいうちはもう一度火をおこすことが可能であるように、死人が生前と同じ姿で現れる可能性もありそうだと考えるのは、ある程度理にかなっている。しかし、完全に消えてしまった火は決してもとのように燃えだしたりはしないのだから、過去に死んだ人が幽霊になるはずはないのである。

それでは幽霊とは何なのか。死者の霊魂のことだと、誰もが言う。そうであるならば、幽霊が人の目に見えるときには素っ裸でいっさい衣服を着ていないはずである。衣服には霊魂はなく、死者の霊魂を覆うことなどできないからだ。また死者の霊魂には現実の肉体がないから、現実の衣服をまとうことはできない。

霊魂とはすなわち血気の発露である。生きている間は不可分ではあるが、霊魂と肉体は明らかに異なるもので、したがって肉体が死滅しても霊魂が幽霊として残るということは、なお考えられるところではある。しかし、衣服は糸や綿や麻や絹でできているにすぎず、着ている人の肉体に属する血気とはまったく別物であるし、血も通っていなければ息があるわけでもない。だから、死後まだ形が残っていても、衣服には死骸同様、霊魂が宿っていない。そのようなものがどうやって、完全に朽ちてしまった後に、再び生前の形をとることができるのだろうか。そういうわけで、衣服を着た幽霊が現れたというのならば、その幽霊には肉体があると認めざるをえないのだが、この考え方自体が幽霊の定義と矛盾する。その場合の幽霊とは、肉体の幽霊と衣服の幽霊の組みあわせということになり、それは死者の霊魂とは本質的に異なるからである」

幽霊が裸でなら現れることが可能だなどと考えている点で、王充自身がかなり論理的に矛盾しているのは奇妙である。王自身の命題によれば、霊魂は血気のなかにのみ存在している。一方、肉体は生きている間は霊魂と不可分であるが、死後は切りはなされてしまって、命も魂ももたない衣服のようになるという。幽霊が現れるときは決して着衣ではないはずだとするならば、同時に肉体もないはずではないか。

四月二日　　南方熊楠

第5章

拇印考

“Finger-Print” Method

熊楠の初期英文論文のなかで比較的知られているものに、一八九四年一二月から『ネイチャー』誌に掲載された三篇の論文、通称「拇印考」がある。指紋を個人の異同の識別に用いる制度の歴史という問題に、熊楠はどのように取りくんだのだろうか。

シャーロック・ホームズ・シリーズの注意深い読者ならお気づきのことだろうが、名探偵は二、三の例外を除くと、捜査のうえでの証拠として指紋をほとんど用いていない。現代の捜査法のようにせかせかと現場の指紋を採ったりはせず、パイプ片手に注意深く思索をめぐらす姿が目立つ。それもそのはずで、一八九〇年代の前半、このシリーズが精力的に書かれていた頃は、ちょうど英国内で指紋が個人識別に役立つことが議論されはじめていた段階で、スコットランド・ヤードはまだこれを採用していなかったのである。本格的な実用化は二〇世紀に入ってからのことであり、一九〇六年の『イヴニング・ポスト』紙には、「警察、インドから学ぶ」と題された指紋による国際犯罪摘発の初期の例が記されている。

ここでインドが登場していることは、西洋における指紋法および拇印制度の歴史と深く関わっている。指紋法は、ウィリアム・ハーシェル卿（同名の高名な天文学者の孫）によって、一九世紀にインドではじめて個人識別のために用いられたというのが、現在でも通用している定説だからである。だが、その植民地執政官としての卓見はさておき、この方法そのものは、本当にハーシェルがはじめて考案したものなのかどうか。これが、熊楠が関わった指紋法についての論争の中心点であった。

ハーシェルはまず、一八八〇年に『ネイチャー』（一一月二五日号）に報告を送り、署名に信頼のおけない現地人の個人識別のために、自分は指紋法を取りいれてきたとした。ハーシェルによれば、彼は一八五八年以来、個人識別のための指紋を研究してきたのだが、この年同じ着想を得た医師のヘンリー・フォールズが『ネイチャー』（一〇月二八日号）でこれを報告したため、実践例の報告として投稿したのであった。また、これに先立ってフォールズから手紙をもらっていた優生学の提唱者フランシス・ゴールトン卿は、指紋はそれぞれの個人に特有のものであり、また一生を通じて不変であるという観察・実験の結果をのちに『指紋』（一八九二年）と題する著書にまとめ、指紋法を世に広く知らしめることとなった。

しかし一方では、この方法は東洋では普通に用いられてきた、とする意見も出はじめていた。一八九四年九月の『一九世紀』誌に掲載されたスピアマンの論「警察による個人識別」は、「もともと指紋法は中国人が発明したもの

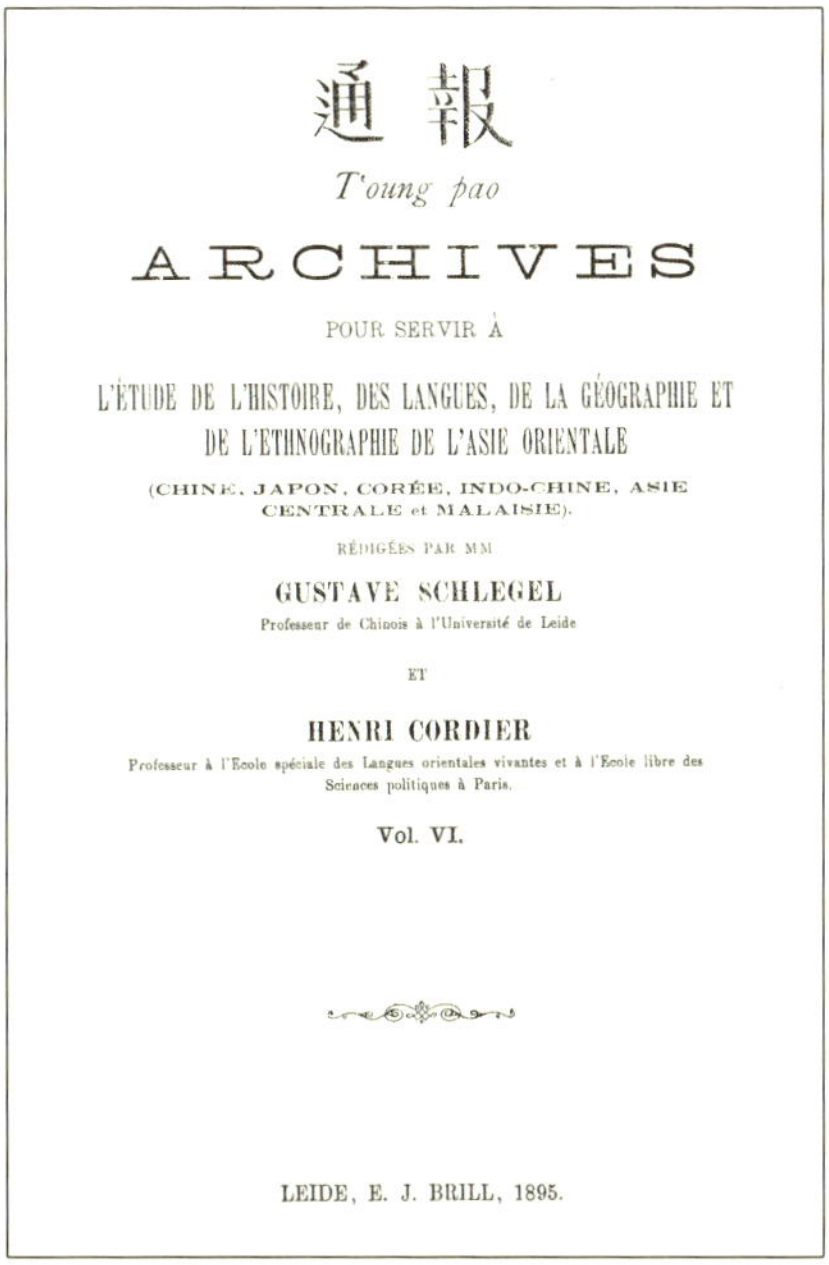
通報
T'oung pao
ARCHIVES
POUR SERVIR À
L'ÉTUDE DE L'HISTOIRE, DES LANGUES, DE LA GÉOGRAPHIE ET DE L'ETHNOGRAPHIE DE L'ASIE ORIENTALE
(CHINE, JAPON, CORÉE, INDO-CHINE, ASIE CENTRALE et MALAISIE).
RÉDIGÉES PAR MM
GUSTAVE SCHLEGEL
Professeur de Chinois à l'Université de Leide
ET
HENRI CORDIER
Professeur à l'École spéciale des Langues orientales vivantes et à l'École libre des Sciences politiques à Paris.
Vol. VI.
LEIDE, E. J. BRILL, 1895.

ライデン大学の東洋学誌『通報』。熊楠の「拇印考」と「マンドレイク」が紹介・転載された6巻

である」という興味深い説を掲げた。そこでハーシェルは、その二ヵ月後の『ネイチャー』上において、これを言下に否定し、「この説を少しでも支持するような証拠には、まったく出会ったことがない」とする文章を発表した。

ここで、熊楠が登場してくる。拇印は日本では古くから用いられてきた署名の代用であり、それは中国に由来するものである。そうした当時の日本人にとってはありふれた知識が、この論争では求められていた。一年前の「東洋の星座」でのデビュー以来すでに数篇の論文を『ネイチャー』に送っていた熊楠にとっては、まさにもってこいの話題であったに違いない。律令、『水滸伝』、『大唐西域記』、江戸期の資料などを用いて、古代中国、インドから近世日本までの拇印について、熊楠は第一論文「『指紋』法の古さについて」で述べている。さらに、この論は翌年の、『風俗画報』誌からの引用による近世日本の例（第二論文）、翌々年の、アラビア人スレイマンの九世紀中国への旅行記録からの引用による唐代の例（第三論文）によって補強された。

詳しい内容は本文にゆずるとして、この論文の反響および評価に話を進めたい。

まず反響について。実は、熊楠の論文以前に、中国で拇印が古くから用いられてきたことに言及した東洋学者がいた。オランダ、ライデン大学教授のグスタフ・シュレーゲルである。二年後のロスマ論争で、熊楠と決定的に対立することになるシュレーゲルは、しかし、この時点ではむしろこの若い日本人学者に好意的で、自ら率いる『通《トン》報《パオ》』六巻（一八九五年）において、熊楠がハーシェルの「奇妙な主張」を見事に論駁したとの賞賛を送っている。この短評のなかで、彼は自分もかつて『中国・オランダ語辞典』において、「手掌為記」「打手印」という中国の拇印の習慣について述べたと語っている。

だが、同じライデンのヨハネス・シュメルツが『国際民族誌報』八巻（一八九五年）に載せた論評は、シュレーゲルの指摘に基づきながらも、熊楠論文に対する批判を含んでいる。

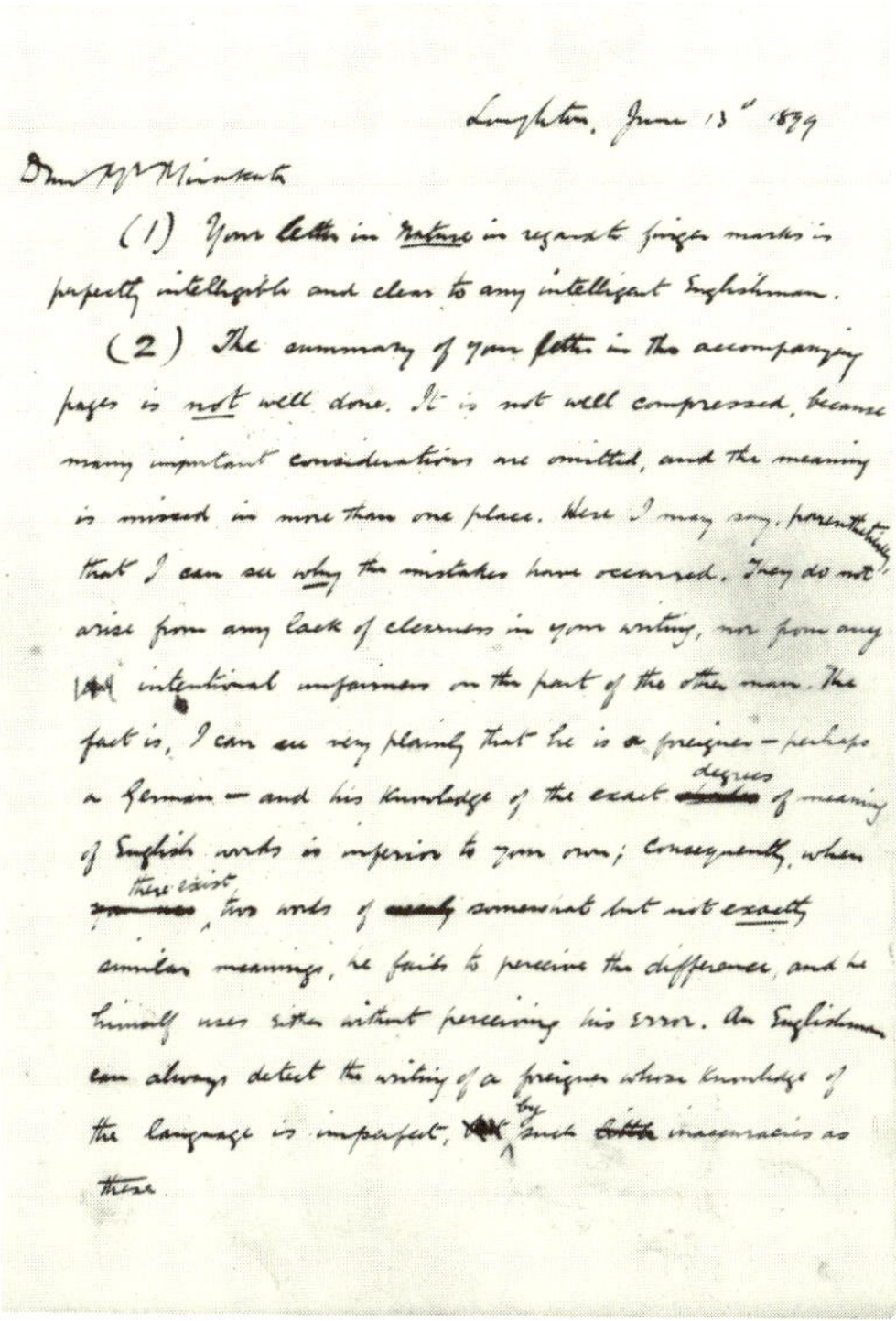

Loughton, June 13th 1899

Dear Mr Minakata

(1) Your letter in Nature in regard to finger marks is perfectly intelligible and clear to any intelligent Englishman.

(2) The summary of your letter in the accompanying pages is not well done. It is not well compressed, because many important considerations are omitted, and the meaning is missed in more than one place. Here I may say, parenthetically that I can see why the mistakes have occurred. They do not arise from any lack of clearness in your writing, nor from any intentional unfairness on the part of the other man. The fact is, I can see very plainly that he is a foreigner — perhaps a German — and his knowledge of the exact degrees of meaning of English words is inferior to your own; consequently, when there exist two words of somewhat but not exactly similar meanings, he fails to perceive the difference, and he himself uses either without perceiving his error. An Englishman can always detect the writing of a foreigner whose knowledge of the language is imperfect, by such inaccuracies as these.

作家で友人のアーサー・モリソンから熊楠に宛てた書簡（1899年６月13日付）。「拇印考」を第三者が要約・紹介した文章について、内容が「歪曲」されているのではないかという熊楠の懸念に対してモリソンが答えたもの。モリソンは、熊楠自身ではなく、要約者の英語力に問題があるとしたうえで、それもおそらく外国人だからであって、悪意からではないだろうと、熊楠をなだめている。シュメルツによる「拇印考」論評に関係すると思われる

東洋人が古くから拇印という習慣を用いてきたとする点では、南方氏の指摘は確かに正しい。しかし、同じ形が別人にも現れうる手相見の際の印と、一人一人に固有であることから個人の特定のために書類に押される拇印という、二つの異なるものを混同している点で、氏は誤りを犯している。

一八九九年四月一三日の熊楠の日記には、「予の『拇印論』を氏が『アーキブ』に出せしを駁せんとする故、其後なにも異論なきか否を聞んとす」とあり、この批判に対する反論を行おうとしたようだが、そのなりゆきは現在

では定かではない。ただ、熊楠がどう反論したかはわからないものの、私には、このシュメルツの批判はある程度当たっているように思われる。指紋に関しては東洋が先んじているという主張を押しとおすためにやや性急な熊楠の論は、個人識別の科学的手段としての指先の模様の活用、という指紋法の厳密な定義からは逸れる傾向がある。

しかし、このあいまいさは、実はシュレーゲルの指摘についてはより強く非難されるべきものである。「手掌為記」「打手印」について記した彼の辞典での報告は、手形のことをいっているのか拇印のことなのか判然としない。「同僚」ともいうべきシュレーゲルをかばうシュメルツの論はこの点をぼかしてしまっているが、二〇世紀初頭の米国の著名な中国学者B・ラウファーの「指印法史」は、そこをしっかりと突いている。

ハーシェルが無造作に投げつけた挑戦の手袋は、すぐに二人の学者の拾うところとなった。日本の南方熊楠氏と、ライデンのおなじみの論客シュレーゲル教授である。ともに中国と日本における指紋法の古さを証明せんと情熱を傾けたこの二人の学者は、しかし、ともに指紋法のなんたるかをとらえ損ねたことから、これに失敗している。つまり、彼らは指印を、掌に走る手相のことである手印と混同してしまっているのである。この二つはまったく別のものであり……。(『スミソニアン博物館年報』一九一二年、ワシントン)

このラウファー論文は、中国、日本だけではなく、チベット、インドまでをも含めた東洋の指紋法について、実物の写真などを交えて証明したものである。ここでラウファーは、ハーシェルの発見もまた、インドでの拇印の習慣を見聞して、それに示唆されたものではないかという仮説を述べている。もう一人の発見者とされるフォールズが実は長年医師として日本に滞在しており、その際に拇印による個人識別のヒントを得ていたことを考えれば、大きな流れとしては、指紋法は、東洋での習慣が一九世紀末に西洋で個人の識別法としての科学的根拠を得たものと

ベルトルト・ラウファー（1874–1934）。ドイツ・ケルンに生まれ、ベルリンとライプツィヒで東洋学を修めたのち、1898年渡米。民族学者として経歴を重ね、1908年シカゴ市のフィールド博物館（今日のシカゴ自然史博物館）東アジア部次長となる。熊楠と文通をしていた頃は同館人類学部長。後にはアメリカ東洋学会会長、科学史協会会長も務めた中国研究の大家

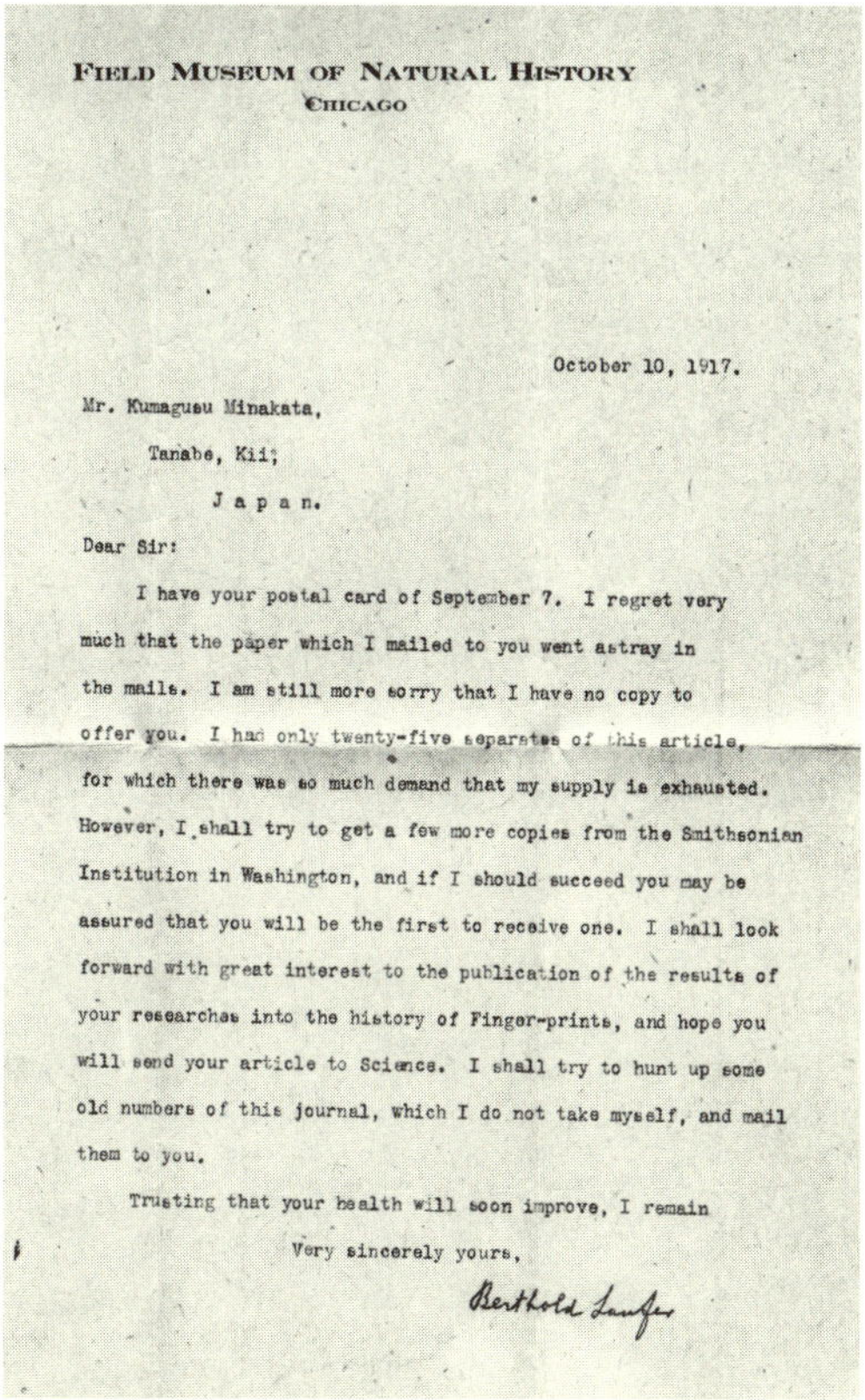

FIELD MUSEUM OF NATURAL HISTORY
CHICAGO

October 10, 1917.

Mr. Kumagusu Minakata,
Tanabe, Kii;
Japan.

Dear Sir:

I have your postal card of September 7. I regret very much that the paper which I mailed to you went astray in the mails. I am still more sorry that I have no copy to offer you. I had only twenty-five separates of this article, for which there was so much demand that my supply is exhausted. However, I shall try to get a few more copies from the Smithsonian Institution in Washington, and if I should succeed you may be assured that you will be the first to receive one. I shall look forward with great interest to the publication of the results of your researches into the history of Finger-prints, and hope you will send your article to Science. I shall try to hunt up some old numbers of this journal, which I do not take myself, and mail them to you.

Trusting that your health will soon improve, I remain

Very sincerely yours,

Berthold Laufer

熊楠宛ラウファー書簡（1917年10月10日付）。指紋利用の歴史について情報交換を求めたもの

結論づけてもよさそうである。

前記のように、熊楠の論証の甘さへの指摘はあるものの、ラウファーの説は全体としては、熊楠の「拇印考」を骨格としながら、さらにさまざまな資料で学問的に裏付けたものという印象を受ける。実は、ラウファーの著作をよくみていくと『飛行の古代史』（一九二八年）や『ジャガイモ伝播考』（一九三八年）などといった、熊楠とよく似た発想のものが目につく。『ネイチャー』誌上での熊楠の議論に影響されていたのではないかと推測したくなる。

結局、西洋近代社会における指紋法の導入を、ハーシェルやフォールズの功績に帰するのであれば、その東洋起源の証明は、熊楠とラウファーによるものとされるべきであろう。実際に、欧米の研究では、『水滸伝』など熊楠の挙げた論拠が、古代中国での拇印利用例として使われるようになっていく。熊楠自身は、『拇印考』などは、今に列国で拇印指紋に関する書が出るごとに、オーソリチーとして引かるるものなり」（「履歴書」）としているが、これは決して誇張ではない。ラウファー論文の抜刷りは、著者自身の寄贈によって熊楠の手にもたらされ、現在も南方邸蔵書のなかに残されている。

なお、原文では指紋を指す言葉として finger-print, finger mark, finger impression などが用いられている。本章では、現象としての「指紋」と個人識別のための「拇印」を使いわけることとし、文脈に沿ってそれぞれを用いた。

（松居竜五）

「指紋」法の古さについて①

The Antiquity of the "Finger-Print" Method

『ネイチャー』一八九四年一二月二七日　五一巻一三一三号

ウィリアム・ハーシェル卿は、『ネイチャー』への投稿（一一月二二日号、七七頁）で、個人識別のための「指紋」法を最初に発明したのは中国人である、とする『一九世紀』誌の記述（二一一号三六五頁）への疑問を表明している。スピアマン氏によるこの記述が何に基づいているのかはわからないが、私はいくつかの史料から、中国人発明説を裏付けると思われる事実を収集している。

今、参照すべき記録を挙げることはできないものの、一八六九年に終焉を迎えた旧体制《アンシャン・レジーム》〔訳注1〕を経験している年配の日本人はみな、「親指による印」（拇印）を法的書類に押す制度が当時普及していたことをよく覚えている。これは、一般的に親指の爪の縁に墨をつけるために、広く「爪印」と呼ばれていた。一方、誓いの言葉をともなう厳粛な約定の文書には、薬指に血を滲ませて「血判」を押す必要があった。（原注1）

日本の文献学者である桂川中良（一七五四―一八〇八年）は、この件に関して次のように書いている。「戸令によると、妻を離縁する際には、夫は離縁に至った事情を七つの理由（原注2）から選んで離縁状に記し、妻に与えなければならない。……（離縁状は）すべて夫の自筆でなければならないが、字を書けない場合は拇印によって署名する。この部分は、古注によると『夫が字を書けなければ、人を雇って離縁状を書かせ、……夫の名前の後に自分の人差し指で捺印しなければならない』となっている。おそらくこれは、指紋法に関する（日本の文献のなかでの）最初の言及であろう」（1）。この「戸令」は七〇二［七〇一］年発令の『大宝律令』の一部である。そして多少の例外はあるものの、『大宝律令』は、中国の「永《えい》徽令《きりよう》」（六五〇―六五五年頃）〔訳注2〕からの借用や転用によってできているから（2）、七世紀の中国人もすでに指紋法を有していたのであろう。

上記の引用に続き、桂川は次のように述べる。「中国人が『手模印』と称して、五指の先端の跡を離縁状に押していたことが『水滸伝』などに出ている」（3）。この『水滸伝』は、現代中国でももっとも広く愛読されている小説の一つである。たとえば、私が西インド諸島で出会った中国人労働者の多くがこれを所持していたということからも、その人気が知れよう。主人公たちは一一六〇年頃に活躍し、著者は一二世紀あるいは一三世紀に生きた人物である（4）。他の多くの例と同じく、この『水滸伝』は、主人公や著者、あるいはその両方が生きていた社会にみられる習慣の細部について、多くの正確な情報をわれわれにもたらしてくれる（5）。私はこの小説を丹念に調査してみたが、その結果からいえば、一二、三世紀の中国人が離婚の際だけではなく、犯罪がおきた場合にも拇印を用いていたことは確かだと断言できる。たとえば林冲が妻を離縁したことを記した章には、次のような一文がある。「林冲は自分の口述を代書人に筆記させ、その後、花押を記して『手模』を押した」（6）。また別の場所では、武

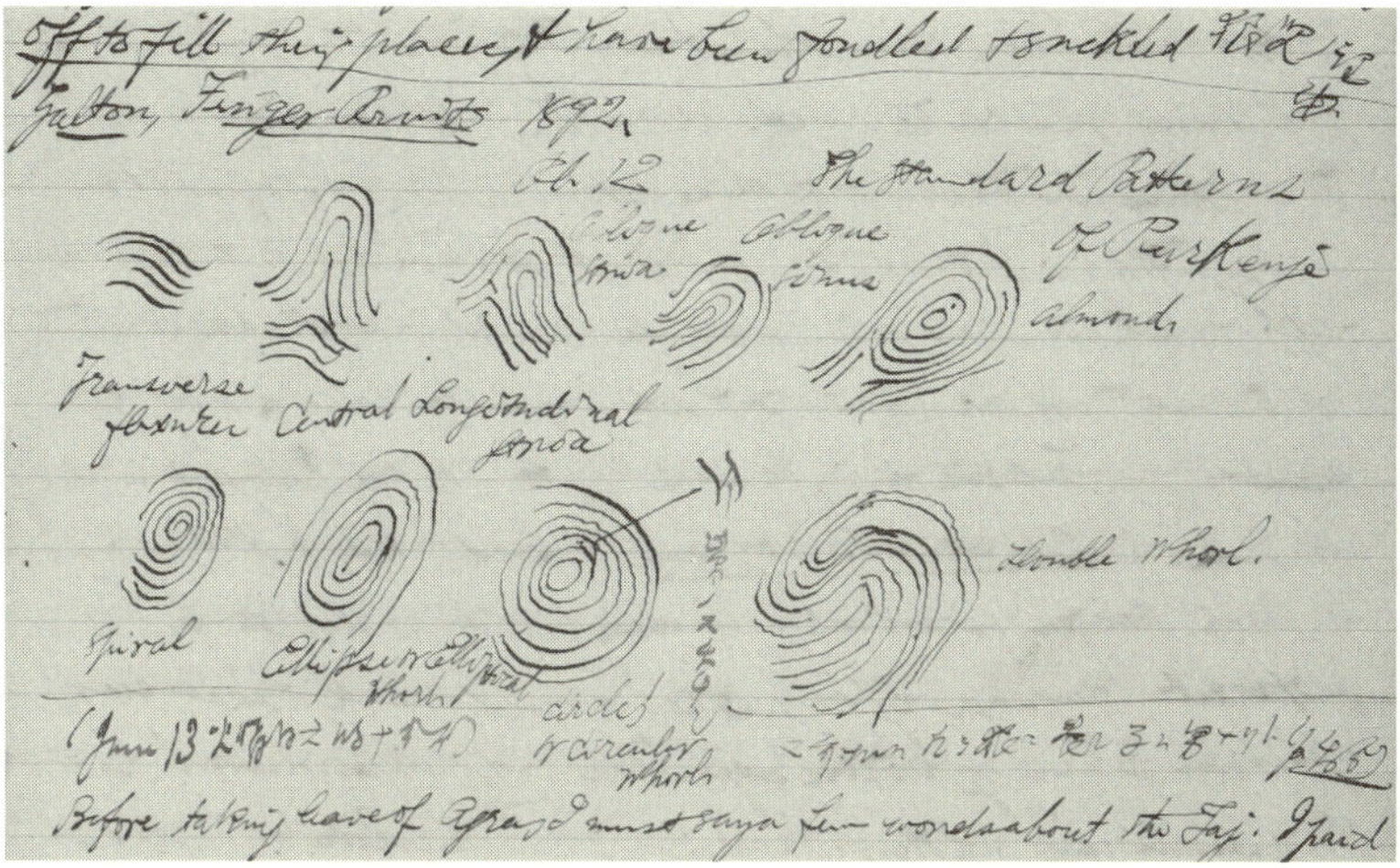

ゴールトン『指紋』から描き写した図（「ロンドン抜書」巻41）

松が彼の兄を殺した二人の女を捕らえた様子の描写のなかに、「彼は二人の女を前に引き出し、指に墨をつけて印を押させた。また、近所の者たちにも名前を書かせ（指で）押印させた」とある（7）。

最近、私の友人中村貞太郎氏は、「拇印」は単に掌による押印の省略形なのではないかという考えを示した。かつて日本では、掌による押印は非常に普及していたので、文書類のことを一般に「手形」あるいは「押手」と呼ぶようになったほどである〔原注3〕（8）。この見解が中国の場合にも等しくあてはまることは、彼らが拇印を指していまだに「手模印」という言葉を使っている（前述）ことからもわかる。この「手印」が古代南インドの王国でも用いられていたことは、中国の文献のなかに証拠がある〔訳注3〕（9）。

結局、日本、中国、インドという三つの異なる国で、手形は個人識別の手段として古くから用いられてきた。またインドでは歯型さえもが広く利用されていて、アシヨカ王の正式の継承者であった太子は、偽りの書にもかかわらず、王の歯型を見たとき、〔その書の命じている通り〕ためらわずに自分の目を刳《く》り抜いたという〔訳注4〕(10)。こうしたことを考えると、わずかな例外を除いては「直筆の署名」という方法をもたなかった古代の国家にあって、身体の一部で多少なりとも不変的な部分を個人識別のために用いる方法が考案されたことは、まったく自然ななりゆきであった。

さらに、中国人が指紋に細かな注意を払っていたことは、呪術や占いの集大成として広く普及していた「大雑組」〔訳注5〕に分類図表があることからもよくわかる。これは、あらかじめ定められた、つまり変えることのできない自分の運命を知って、未来を予見するためのものだった(11)。また、手相見の技術については、紀元前三世紀のある政治論のなかにほのめかされており(12)、われわれとしては、それほど古い時代の中国人が、すでに「永久、不変的な」指先の模様について明確にとはいわないまでも、ある程度認識しつつあったと想像してもよいのではないだろうか。

一二月一八日　W、ケンジントン、ブリスフィールド・ストリート15　南方熊楠

参考文献

(1)『桂林漫録』一八〇〇年、新版、一八九一年、一七頁。
(2)萩野〔由之〕『日本歴史評林』一八九三〔一八九七〕年、六編二、二四頁。
(3)(1)に同じ。
(4)滝沢〔馬琴〕『玄同放言』一八一八年、二巻四一章。

(5) デイヴィス『中国』二巻一六二頁、および〔A・P・L・〕バザン『中国の芝居』序文、五一頁を参照。
(6) 施耐庵（？）撰『水滸伝』金〔聖嘆〕本、広東、一八八三年、一二巻〔七回〕四丁。
(7) 同右、三〇巻〔二五回〕一八丁。
(8) 寺島〔良安〕『和漢三才図会』一七一三年、一五巻「券《てがた》」の項を参照。
(9) 段成式『酉陽雑俎』九世紀、一四巻。
(10) 玄奘《げんじょう》『大唐西域記』「呾叉始羅《たつしゃしら》国」の項、および平田〔篤胤《あつたね》〕『印度蔵志』写本、二二巻一〇―一一、二六丁。
(11) 寺島、前掲書、七巻「相人《にんそうみ》」の項。
(12)『韓非子』一七巻「詭使」の項。

（原注1）「拇印」は正規の印鑑（実印）と同等の価値をもつものと見なされていたが、「血判」は個人識別とはなんの関係もなかった。「血判」の様式については、大田〔南畝〕『一話一言』（新版、東京、一八八二年、一三巻三九頁）参照。

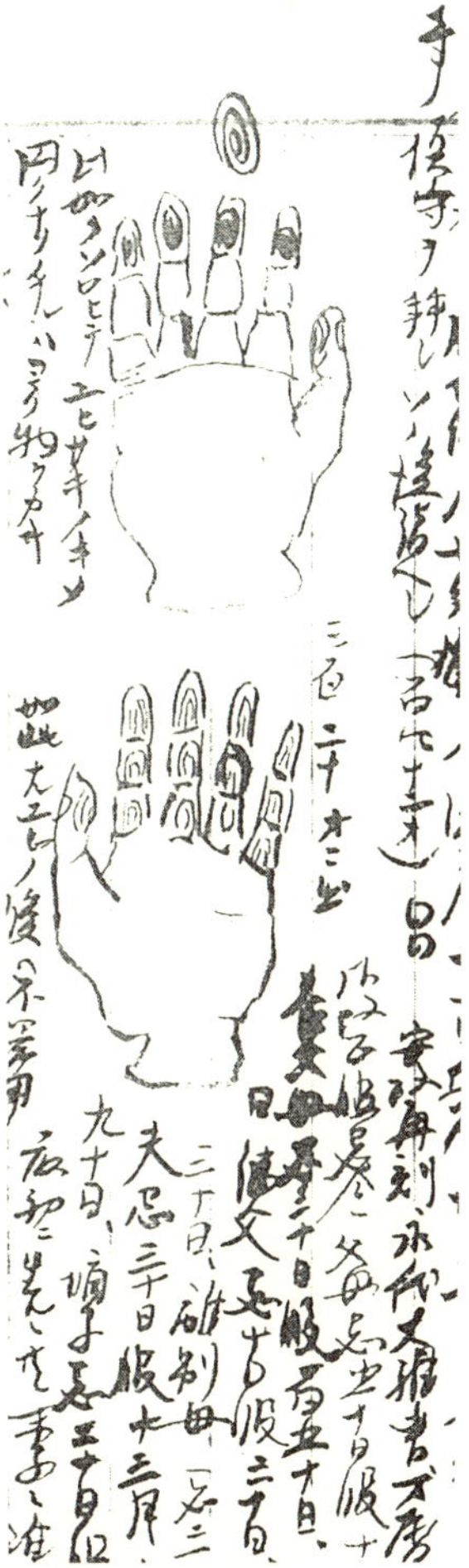
指紋図（「課余随筆」巻9）。
『永代大雑書』の書名がみえる

（原注2）妻を離縁する際の七つの理由〔七出〕とは、（一）両親への不服従、（二）子を産まないこと、（三）淫蕩、（四）嫉妬、（五）悪疾、（六）多言、（七）窃盗である。

（原注3）「拇印」が導入されるとすぐに「手形」が駆逐されたと考えるのは早計である。一七世紀においてさえ、手形がしばしば使用されたことは、東京近郊の寺院に保存された加藤清正（一五六二―一六一一年）の文書などからもわかる。喜多村信節《のぶよ》『嬉遊笑覧』新版、一八八二年、四巻一六頁。

〔訳注1〕大政奉還は一八六七年、明治の年号が決まったのは一八六八年である。一八六九年の出来事としては、戊辰《ぼしん》戦争の終了、版籍奉還などが挙げられる。

〔訳注2〕唐代に「貞観律令格式」に続いて制定された「永徽律令格式」（六五一年公布、六五三年には注釈の「律疏《りっそ》」も完成したという）を指す。

〔訳注3〕『酉陽雑俎』一四巻には、ガンダーラ国の国王が、織物に染めだされた「手印跡」が妃の乳の部分にあたるのを恨みに思い、その産地である南天竺国を攻めて、その王の手足を切りおとしたという話がある。原文には「手印跡」のほか、「手跡」「手印」などの語がみえる。

〔訳注4〕『大唐西域記』呾叉始羅国の項によると、アショカ王は、自分の「歯型」を詔書のサインとして使っていた。その息子であるクナラ太子に言いよって拒否された継母（すなわち王妃）は、王の眠っているすきに、その「歯型」を偽造し、太子に眼をえぐる刑を科した。

〔訳注5〕日本でも江戸時代には、「三世相」あるいは「大雑書」と呼ばれる日常的な吉凶占いの書物が広く普及していた。原文 Tá-tsáh-tsú は「大雑組」の中国音と思われるが、熊楠の念頭にあったのは、こうした日本の書物と思われる。

「指紋」法

"Finger-Print" Method

『ネイチャー』一八九五年一月一七日　五一巻一三二六号

この件に関する拙文（『ネイチャー』一八九四年一二月二七日号、一九九頁）のなかで、私は「今、参照すべき記録を挙げることはできない」と条件文をつけたうえで、昔の日本人が法的書類に「拇印」を用いていたことを紹介しておいた。その後調査を続けた結果、この説を裏付ける文章を見つけることができた。東京発行の一八九三年二月一〇日付『風俗画報』五〇号六頁で、旧体制《アンシャン・レジーム》における刑罰であった敲《たたき》について次のように描写されている。

「容疑者の罪が確定し、法廷で書類に『拇印』を押すと、裁判官の『追って沙汰する』という言葉とともに牢屋に送られ、その言葉を合図として刑罰が下される日を待つことになるのである」

一八九四年一二月三一日　　南方熊楠

「指紋」法の古さについて②

The Antiquity of the "Finger-Print" Method

『ネイチャー』一八九六年二月六日　五三巻一三七一号

『ネイチャー』（五一巻一九九頁、一八九四年一二月二七日号）に掲載されたこの件に関する拙文のなかで、私は、昔の日本における離縁状の拇印は、おそらく唐王朝第三代皇帝の治世下に発令された「永徽令」（六五〇―六五五年頃）から取りいれられたのではないかという意見を示しておいた。ただ、この「永徽令」は今では失われており、（原注1）これ以上調査を進められる可能性はほとんどなかった。しかし、最近、同じ唐王朝の時代に拇印が個人識別の手段として広く用いられていた、とする私の見方を裏付ける別の文献を発見することができた。

アラビア人による『旅の記録』〔『シナ・インド物語』〕（レノー訳、パリ、一八四五年、四二―四三頁）のなかで、九世紀中頃（前述の唐王朝が衰退しつつあった時代）、中国とインドに何度も旅行したスレイマンという商人は、次のように語っている。

「中国人は、商取引や司法行為において公正を重んずる。ある者が一定の金を他人に貸すときは、その旨を証文に記す。一方借りたほうも証文を作り、中指と人差し指の二本で印を押す。（原注2）これらの二枚の証文を重ねて折り畳み、両紙の合わせ目に特定の割字を書いた後、再び広げる。そして、借り手が負債を認める旨記した証文が、貸し手に渡される。もし後になって、借り手が借金を否定することがあれば、『貸し手の証文を出せ』と要求される。それでも借り手が、証文などまったく持ってはいない、または証文を書いて署名したり印を押したりした覚えもない、あるいは証文はもうないとしらを切るときには、『お前が借金に関係ないことを文書で記せ。しかし、もし貸し手が借金があることを証明したならば、お前は背中に二〇回の叩きを受け、銅貨二万（ファックージュ〔一ファックージュは銅貨千枚〕）を罰金として払わなければならないぞ』と言いわたされるのである」

二月三日　　南方熊楠

（原注1）『日本歴史評林』（東京、一八九三年、六編二四頁）の小中村〔清矩〕の解説による。

（原注2）ルノード版の訳（パリ、一七一八年、三三頁）、そしてそれを収録したピンカートンの『新航海旅行記集成』ロンドン、一八一一年、七巻一九二頁では、この文章は次のように記されている。「誰でも訴訟をおこすときには、請求を文書として書きとめる。被告は抗弁内容を書きとめ、署名をして、『指の間に持っておく』」。ここでは、拇印に関してはなんの言及もなく、代わりに意味のない文章が挿入されている。レノーは、ルノードがその訳のなかでいくつか誤りを犯しているという（序文、二頁）が、これはその一例であろう。〔訳注〕

〔訳注〕藤本勝次訳注『シナ・インド物語』（関西大学出版広報部、一九七六年）では、この部分はレノーの誤訳であるとし、アラビア語原典からの訳は「中指と人差し指の間に〔筆を入れて〕証文にしるしをつける」としている。ただし、実はこれは

「画指《かくし》」と呼ばれる「無筆者が行う自署の代用で、文書に指節または指形を書きあらわすところのもの」であり、指印ではない。

〔補注〕熊楠は「ロンドン抜書」巻一の最初の筆写として、一八九五年四月三〇日にムーラ『カンボジア王国』(一八八三年)第一巻を引き、「火王ニ贈物スルニ拇印受ル事」という見出しをつけている。このカンボジアの指紋法のことは、おそらく「神跡考」(『ノーツ・アンド・クエリーズ』一九〇〇—一九〇三年)に用いるために「拇印考」から省かれたと思われるが、資料としては重要である。和文の「拇印の話」(南方熊楠口述、『牟婁新報』一九一〇年一一月二七日付)では、次のようにハーシェルに対する直接の論駁の証拠として、この資料が挙げられている。

またハーシェル男は、明治十年にインド洋航行中、始めて拇印を個人鑑別に用いたと自慢するが、仏人ムラの『カンボジア志』によれば、其より二十五年前、嘉永二年にカンボジア王「アン・ヅオン」貸借法を定め、官人は彫印、人民は左手の食指を押さしむ、この国人苗字なく、同名すこぶる多きに、幸いに国人指紋を鑑別することすこぶる精しければ、この改革もっとも有益なりしと見え、この国に古くより拇印行われしは、この国と安南の界の蛮族中に火王あり、人に面会せず、三種の奇宝を蔵し、国に福を与うと信ぜらる。毎年カンボジア王厚く贈り物する礼に、蠟燭一本進上す。その上に火王の中指を印し、年々同じ指紋なるより、火王の生存を認め得しなり、まずは是きり左様。

第6章

マンドレイク

The Mandrake

南方熊楠のロンドンでの学問生活を語るうえで欠かせないのが、大英博物館図書館での膨大な筆写作業である。フランクスに迎えられて博物館美術部への出入りを始めてから一年半後の一八九五年四月に、熊楠は図書館の入館証を取得する。このとき、助手のリードとともに一五〇万冊を有する世界最大級の大円形ドーム図書館に入った熊楠は、「自分のいちばん望んでいたところに来た」（南方文枝へのインタヴュー『熊楠研究』三号、二〇〇一年）と感じたことを、後に述懐している。そしてこの後、日曜日を除いてほぼ連日、昼頃から始めて午後八時の閉館時間まで、この図書館で「ロンドン抜書」と呼ばれる稀覯書《きこうしょ》の写本を続ける生活をすることになった。

この大英博物館の図書館は、一八世紀中頃の開館以来の伝統をもつが、独立した存在として脚光を浴びるようになったのは、一八五七年のドーム型閲覧室の完成が大きなきっかけであった。以来、徹底して読書人のために作られたこの図書館は、英国内外の学者が集まる世界の知的中心地となる。一八八〇年代までは閲覧室の主のような存在であったカール・マルクスが、名物司書の協力を得て『資本論』を書きつづけていたし、熊楠と同時期にはクロポトキンやコナン・ドイル、バーナード・ショーといった人物が、文字通り机を並べて仕事をしていたはずである。

その学問の聖地で数年間にわたって学問三昧の日々を続けられたことは、文献探索に非凡な才をもっていた熊楠の能力を最大限に開花させることになった。ロンドン時代中期から後期にかけての熊楠は、「ロンドン抜書」の作成によって、古典古代から大航海時代を経て一九世紀末までのヨーロッパ世界が蓄積してきた知識を駆使して、独自の比較民俗学を展開するようになる。稀覯書をこれでもかと羅列する熊楠の叙述のスタイルを支えた膨大な知識のかなりの部分が、この時期の博物館図書館での筆写によって蓄積されたものである。

「ロンドン抜書」巻１表紙

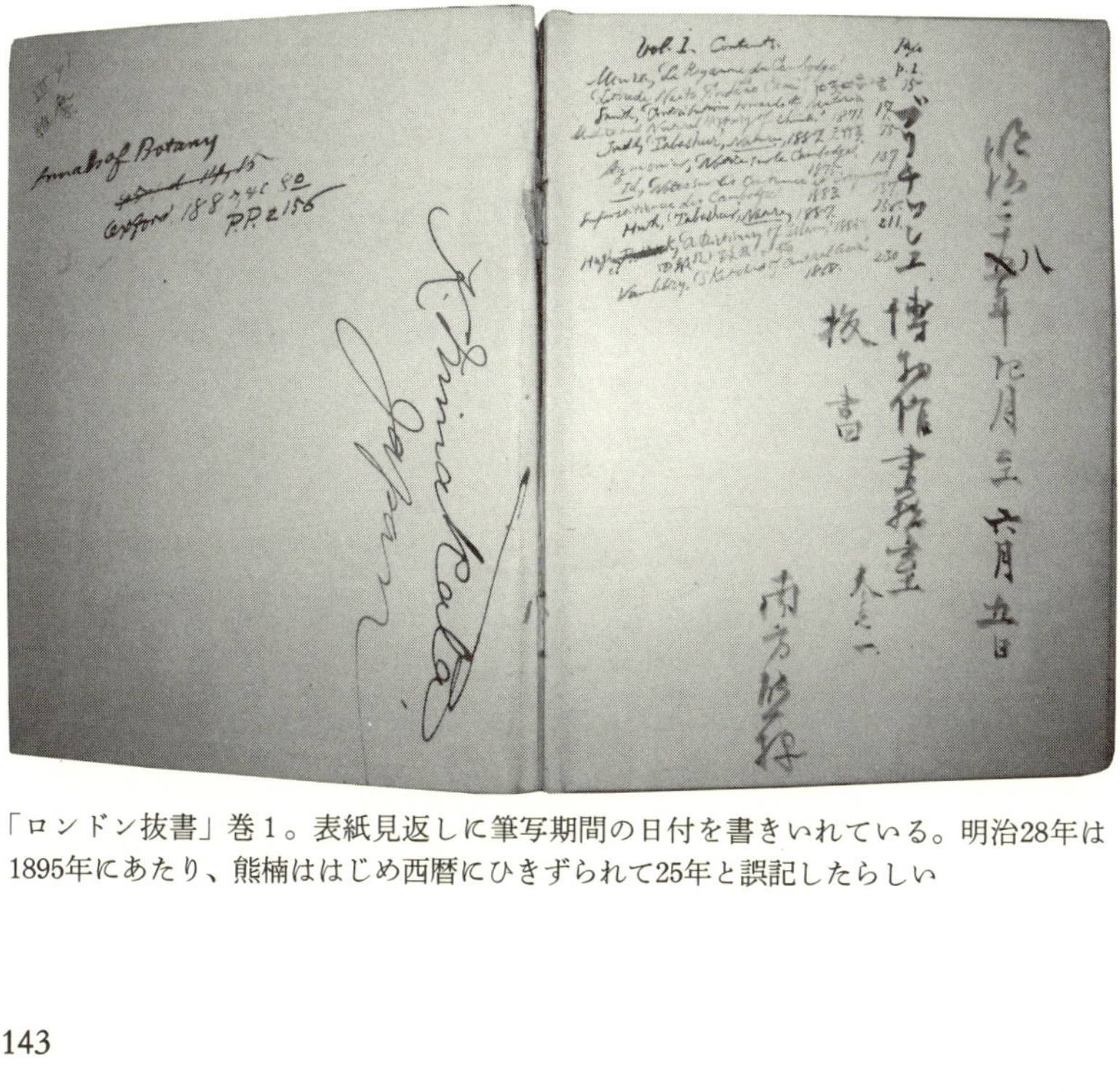

「ロンドン抜書」巻１。表紙見返しに筆写期間の日付を書きいれている。明治28年は1895年にあたり、熊楠ははじめ西暦にひきずられて25年と誤記したらしい

さらに一八九五年一〇月には、熊楠は東洋書籍部長のロバート・ダグラスとも親交をもち、こちらにも頻繁に出入りするようになった。当時の大英博物館では、中国・日本などの書籍は他のアジア諸語とともに、ヨーロッパ語中心の図書館とは別に東洋書籍部に配架されていた。したがって、円形閲覧室と東洋書籍部を往復することは、熊楠にとって、とりもなおさず膨大な東西文献を比較対照していく作業を意味したはずである。熊楠はまた、この東洋書籍部では、自らの調査だけでなく、ダグラスに協力して中国語・日本語文献の目録作成にも力を注いでいる。

こうした一八九五年以降の熊楠の文献探索範囲の充実は、同時期の英文論考にも着実に反映されていく。その初期の成果としては、この年の四月と一一月の『ネイチャー』に発表された「マンドレイク」「さまよえるユダヤ人」の二つの著作が、代表的なものとして挙げられるだろう。

まず「マンドレイク」である。当初、この論文は、『ネイチャー』の誌面では一〇行余りの短い報告としてのみ発表された。その内容は、『五雑組』のなかに西洋の妖草マンドレイク（マンドラゴラ）と同じような性質をもつと記述された「商陸」という植物があることを報告しただけのものであった。しかし、筆写によって熊楠はさらに素材を収集し、ヨーロッパと中国の民俗を結ぶこの論考は、翌年には大きく拡充されて、再度『ネイチャー』に投稿されることになる。

この間の文献探索を具体的にみてみると、一八九六年六―七月頃に筆写された「ロンドン抜書」の巻一四から巻一六にかけて、『エンサイクロペディア・ブリタニカ』、クルーデン、ピカーリング、ディオスコリデス、ヨセフス、カンドールなどの書物からの引用が、「マンドレークノ事」「商陸ノ事」といった見出しとともに散見される。また、論文中に頻繁に引用されている中国書、とりわけ「大英博物館蔵書」と記されているものなどは、東洋書籍部の蔵書を縦横に渉猟した結果として見いだしたものであろう。こうして執筆された『ネイチャー』一八九六年八月一三日号の長文論文「マンドレイク」は、まさに大英博物館のさまざまな書庫から熊楠が掘りだしてきたばかりの資料

III. Die Mandragora. — Im Anschluss an das was durch weiland Prof. VETH in dieser Zeitschrift Bd. VII pg. 81 & 199 sq. über diese Pflanze und den damit verknüpften Aberglauben mitgetheilt worden, brachten wir in Bd. VIII pg. 49 eine von Herrn KUMAGUSU MINAKATA in der Wochenschrift Nature (London) veröffentlichte Notiz über denselben Gegenstand auf Grund chinesischer Quellen; derselbe hat jetzt in demselben Organ zwei weitere Mittheilungen als Ergebnis seines Studiums der chinesischen Litteratur veröffentlicht, während wir in der Zeitschrift für Oesterreichische Volkskunde (Bd. II pg. 353 sq.) einem Aufsatze über „Die Mandragora im südrussischen Volksglauben" von JULJAN JAWORSKIJ mit einem Nachtrag in Bd. III pg. 63 & 64 begegnen.

Da Nature in ethnographischen Kreisen weniger verbreitet ist, so bringen wir vorerst die beiden Mittheilungen des Herrn MINAKATA hier zum Wiederabdruck:

„In an anonymous work in Chinese, „Tiau-sieh-lui-pien" [1]*) nine plants are named as frequently to assume the human or animal figures, viz. Cypress,

熊楠「マンドレイク」②③のシュメルツによるドイツ語解説文の一部（『国際民族誌報』12巻）。『ネイチャー』は民族誌研究の世界ではあまり読まれていないので、ここに転載すると説明している（最後の3行は「マンドレイク②」の冒頭）

を駆使した作品なのである。

内容的にみると、この第二論文は、単にマンドレイクと商陸の類似点をより精密に分析しただけではなく、ヨーロッパと中国をつなぐ地としての、中東地域に焦点を合わせていることでも注目される。つまり熊楠は、一三世紀の周密《しゅうみつ》や一七世紀の方以智《ほういち》の西域に関する記録のなかに「押不蘆《ヤプルウ》」や「押不蘆薬《ヤプルヨ》」と呼ばれる植物を見いだし、これらをアラビア語の「イブル」やパレスチナで用いられる「ヤブロチャック」などの言葉と同定するのである。

これで、ユーラシア大陸の東西に分布するマンドレイク伝説の連続性が確かめられたことになる。

この熊楠の論文は、英国だけでなくオランダでも民族学者たちの注目を集めることになった。この間の事情については、熊楠自身が「樟柳神については、過ぐる明治二十八年四月二十五日の『ネイチュール』(五一巻六〇八頁)に、予その説〔「マンドレイク①」〕を書き、シュメルツこれを自分発行の『インテルナチョナル・アルキヴ・フュル・エツノグラフィエ』へ、シュレッゲルこれをその『通報《トンパオ》』に転載し、大もてだったので、次年さらに予一世一代の長文〔「マンドレイク②」〕を『ネイチュール』に出した」(平凡社版全集四巻四三三頁)と書いている。実際、『国際民族誌報』の八巻(一八九五年)と一二巻(一八九九年)、および『通報』の六巻(一八九五年)には、熊楠の論文がそのまま転載されている。

実は、熊楠が第一論文を書くきっかけとなったフェート教授のオランダ語論文は、『国際民族誌報』七巻(一八九四年)に掲載されたものだった。同誌編集者のシュメルツやその僚友シュレーゲルは、そうした経緯からも熊楠の論文に注目したのであろう。翌一八九七年のロスマ論争では、シュレーゲルを相手に大立ち回りを演じる熊楠であるが、長文の第二論文を投稿したのは、こうしたオランダでの評価に後押しされたものだったのである。

なお、この主題については、のちにB・ラウファーが「マンドラゴラ」(『通報』一八巻、一九一七年)で浩瀚な比較伝承論を展開した。そこでラウファーは、熊楠については注の一つでふれるにとどめて、熊楠の論文は一報告にすぎず、マンドラゴラと商陸の類似性の指摘は「心理上の並行例であって、歴史的関係ではない」と批判した。しかしこれに対して、宗教学の泰斗ミルチア・エリアーデは、初期の論文「マンドラゴラと奇跡の誕生の神話」(彼の主宰した個人誌『ザルモクシス』三巻、一九四〇年)の第三章「マンドラゴラと中国の魔術的植物」で、先行文献としてラウファーを第一に挙げつつ、中国文献は熊楠が最初に翻訳紹介したことを指摘し、本書一四八頁の原注1をそのまま転記するなど熊楠論文を大きく援用して、これに依拠する形で、商陸の伝説とマンドラゴラのそれとの類似性を論じた。

(松居竜五)

マンドレイク①
The Mandrake

『ネイチャー』一八九五年四月二五日　五一巻一三三〇号

マンドレイクについてのフェート教授の網羅的な論文（『ネイチャー』四月一一日号、五七三頁で言及）に関連して、中国の文献にも同様の俗信があることを指摘しておくのは、フォークロア研究者にとって有益ではないかと思われる。ここでは、マンドレイク *Mandragora officinarum* に代わって *Phytolacca acinosa*（商陸）が登場する。一六一〇年頃に書かれた謝在杭の『五雑組』（和刻本、一六六一年、一〇巻四二丁）には次のような一節がある。

「商陸が生えていれば、その地の下には死体が埋まっている。そのため、その根の多くは人間の形をしている。（原注1）……静かな夜に、人目を避けて採集する。油で炙《あぶ》ったフクロウの肉を供えてこの植物の精を鎮めると、やがて鬼火が群がってくる。その後、根を掘りおこして家に持ちかえり、一週間呪符を添えて調合すると、言葉を話すようになるという。商陸はまた、〔夜に叫ぶという〕その奇怪な性質から『夜呼』とも呼ばれている。（原注2）二つの種類があって、白いものは薬用に用いる。一方、赤いものは悪霊を制するが、あやまって人間が服用すると死ぬ」

四月一六日　　南方熊楠

（原注1）ここで著者は、「俗に樟柳根（呪術の木の根）という」としている。この名称は、商陸の根がマンドレイクと同じように、呪術に用いられていたことを示す（ホーン『イヤー・ブック』「一二月二八日」の項参照）。

（原注2）この名称の由来に関しては、商陸の実が熟しきる頃まで、夜ごとにカッコーが鳴きつづけるからだとする異説もある（謝在杭、前掲）。しかしながら、マンドレイクの叫び声に関する俗信が、かつてヨーロッパで広くみられたこと（『エンサイクロペディア・ブリタニカ』九版、一五巻四七六頁〔「マンドレイク」の項〕）を考えると、「夜呼」という中国の名称も同じような起源をもつとするのが妥当であろう。

マンドレイク②

The Mandrake

『ネイチャー』一八九六年八月一三日　五四巻一三九八号

作者不詳の『調燮類編《ちょうしょうるいへん》』（1）という中国書には、しばしば人や獣の姿をとるといわれる植物が九種類挙げられている。すなわち、柏木《はくぼく》、楠木《なんぼく》（原注1）、蕪菁《ぶせい》、菘芥《しょうかい》、枸櫞《くえん》、茯苓《ぶくりょう》、枸杞《くこ》、商陸《しょうりく》および人参《にんじん》（原注2）である〔訳注1〕。

これら九種類のうちでもっとも有名な植物は疑いもなく人参である。その薬効は根が人間の形をしていることに関連するようである（2）。しかし、マンドレイク譚との類似した伝説を多くもつという点では、真っ先に商陸 *Phytolacca acinosa* が挙げられるであろう。

私は本稿と同じ表題で、『ネイチャー』（五一巻六〇八頁、一八九五年四月二五日号）誌上に、マンドレイクと商陸の伝説の間に存在する類似点についての小文を発表した。このなかで、私は次の二点を指摘しておいた。

（一）これら二種の植物の根は人間の形をしているといわれている。

（二）ともに叫び声をあげることができるとされている。

その観点から調査を続けた結果、私はさらなる類似点として、次に述べるような事柄を見つけることができた。

(三) 商陸は死体が埋まっている地の上に生えるとされている。一方、マンドレイクは絞首台の下に生えるという記述がある(3)。

(四) 商陸が人語を話す能力を得る際には、鬼火がその周りに群がるとされているが(4)、マンドレイクについてもリチャード・フォーカードが次のように述べている。「一〇世紀あるいは一一世紀のアングロ・サクソンの写本のなかに、マンドレイクは夜ろうそくの火のように光るとある。夜に光るこのような姿から、アラブ人はマンドレイクのことを『悪魔のろうそく』と呼ぶ……」(5)

(五) 一七世紀中国の文人張爾岐《ちょうじき》の記述によれば、「呪術師たちは商陸の根を人の形に彫り、呪文をかけて予言ができるようにする」という(6)。この記述からは、マンドレイクの根から作る占い用の小さな像にまつわるヨーロッパの古い俗信を思いおこさずにはいられない(原注3)(7)。

(六) マンドレイクは人を狂気に至らせ、理性を封じるという言い伝えがあるが(8)、同様に赤い花をつける商陸の変種は(原注4)、蘇恭《そきょう》(六五六年頃)の記述によれば、人に悪鬼を見させる(錯乱状態に陥らせる)ほどの毒性があるという(9)。

(七) 神話上の皇帝神農の作とされ、中国最初の本草書である『本草経』には、商陸は悪鬼を殺す力があると記されている。また、陶弘景(四五二―五三六年)は、商陸が「悪い虫」に効くこと、つまり「悪い虫」に取りつかれたらこれで退治できることを語っている(10)。道教で商陸を「鹿脯《ろくほ》」(シカの干し

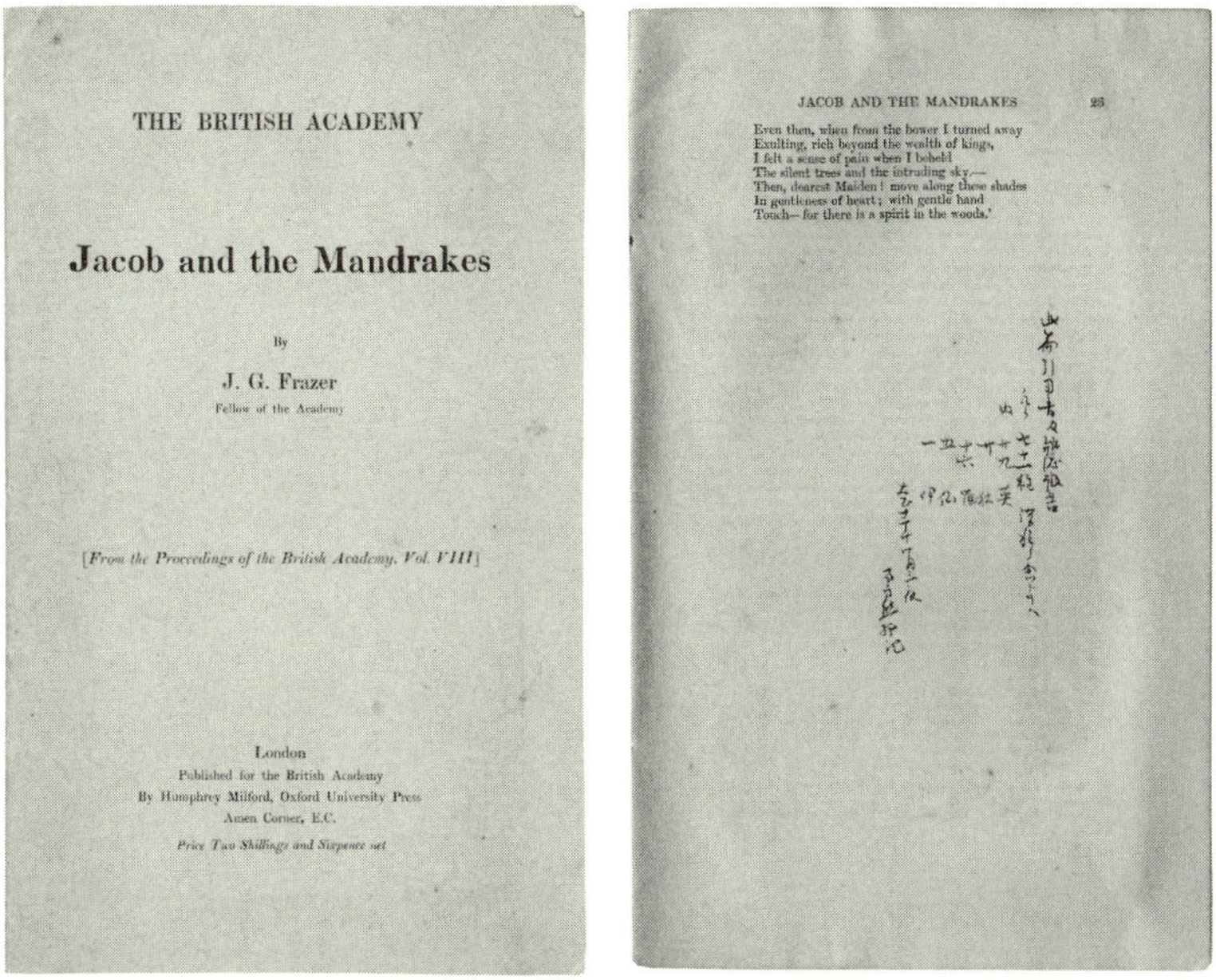

熊楠旧蔵の、フレイザーの論文「ヤコブとマンドレイク」抜刷り（『旧約聖書のフォークロア』の一部となったもの）。熊楠がこの抜刷りを手にしたのは大正年間だが、この論文中でフレイザーが引用した文献を言語ごとに数えあげ、対抗意識をみせている

肉の意）という名で用いる主な理由が、この効用にあることは明らかである（11）。その後、大明（九六八年頃）も、商陸は「蠱毒《こどく》（原注5）」を取りのぞくと評価している（12）。これに相応するものとしては、古代ユダヤの俗信においてバアラス（マンドレイクのこと）には悪霊を払う力があるとされていたこと（13）が挙げられる。

（八）張爾岐が『易経』から引用した処方（14）には、商陸を惚れ薬として用いる中国の習慣があり、これはマンドレイクが同じ理由で広く知られていたことと合致する（15）。

（九）「古来、東方ではマンドレイクは不妊を治す力があるといわれてきた。故に『旧約聖書』で」ラケルはルベンが見つけた植物を得たいと願う」（16）。一方、黒く熟した商陸の実が多産をもたらすものとして農家の女性に珍重されているという記述が、中国の本草学書のなかにある（17）。

（一〇）これらの植物がもつ薬学的効果のなかには、双方に共通するものもある。マッティオリはガレノスを参照して、マンドレイクの解熱効果について語っており（18）、李時珍も商陸に同じ性質があることを指摘している（19）。これらの植物が、ともに下剤の機能をもつことはよく知られており、また無痛性腫瘍とリンパ節腫瘍や腺肥大にも処方される（20）。

ここまで、マンドレイク譚と商陸譚の多くの類似点をみてきたが、これらによって、二つの植物にまつわるフォークロアが、起源はともかく、まったく別々に成長したという可能性は否定されるものだろう。

さらに、古代のヨーロッパ人が、人間の形をした人参についての知識をおぼろげながらももっていた

（21）一方で、中世の中国人が同じように、迂遠ながらもマンドレイクに関する認識を有していたことは注目に値する。この事実は、周密（一二三二―一三〇八年）の次の文章に、はっきりと記されている（22）。

「回教国の西へ数千里、（原注6）その地の産物のなかにきわめて有毒なものがあり、わが国の人参のように人の形をしているという。これは『押《ヤ》不《ブ》蘆《ルウ》』と呼ばれ、土中数丈（一丈は一〇尺）の深さに生ずる。もし人がうっかりその表皮を傷つけたりすると、その毒が身体に付着し、死に至る。これを採集する唯一の方

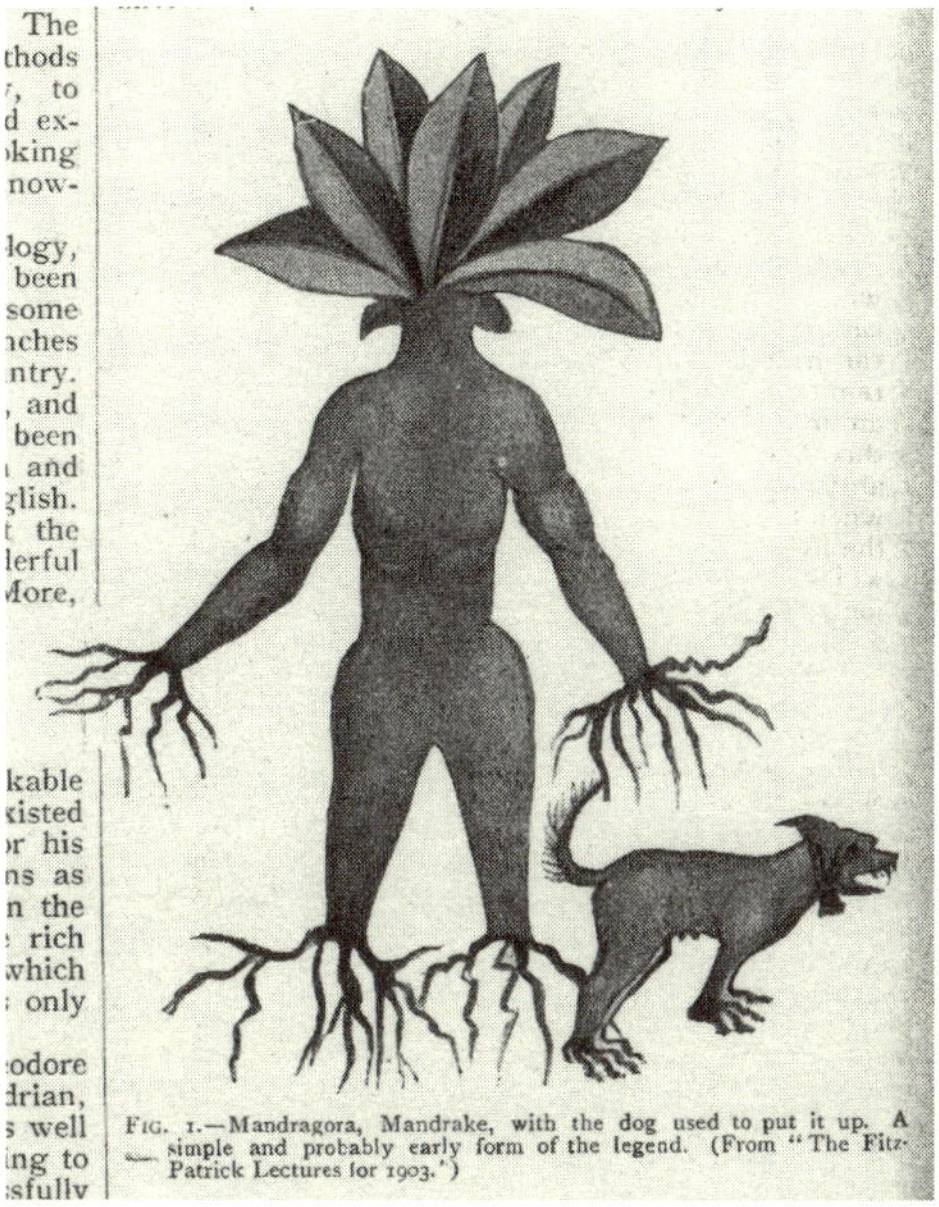

マンドラゴラ（マンドレイク）図（『ネイチャー』1904年９月22日号）。人の形をしており、地面から引きぬくのに使われる犬も一緒に描かれている。『アングロ・サクソン時代英国の医学』の書評に転載された、同書所収の図版

法は、まず周囲を掘り、人が入って作業できるほどの深さの穴を作る。次に革ひもの一方の端をこれに軽く巻き、もう一方の端は大きな犬の脚につなぐ。そこで、犬を鞭打つと、犬は難を逃れようと走りだすので土から引きぬかれる。だが、犬は即座に死んでしまう。こうして得られた物は別の場所に埋め、一年後に取りだし、干してから他の薬と調合する。これを酒に混ぜてほんの少し服用するだけで、すぐに倒れふして昏睡状態に陥り、刀や斧で切りつけても気づかない。しかし、別のある薬を三日以内に服用すれば意識を回復する。有名な華佗《かだ》（三世紀に活躍した外科医）が、伝説にいうように、内臓を洗浄するために、痛みなしで患者の体を切開するときにだけ、わずかにこの薬を用いた〔訳注2〕、というのはいかにもありそうなことである。今日では、宮廷の病院でこの薬を二錠所有していることが知られている」

右の文章を読んだ人には言わずもがなのことだが、この話は明らかにヨセフスとディオスコリデスの記述（23）と同じ内容であり、また「押不蘆《ヤブルウ》」という名称は「イブル」、つまりアラビア語の「マンドレイク」という語に他ならない（原注7）（24）。

七月一六日　W、ケンジントン、ブリスフィールド・ストリート15　南方熊楠

参考文献

（1）『海山仙館叢書』第四六冊（一八四七年）、一巻一六丁裏。勅撰の百科全書『淵鑑類函』一七〇一年、随所。
（2）『エンサイクロペディア・ブリタニカ』九版、一〇巻六〇五頁〔「人参」の項〕。
（3）フォーカード『植物の昔話、伝説、歌謡』一八八四年、四二七頁および前掲『ネイチャー』の拙稿も参照。

（4）前掲『ネイチャー』拙稿所引の謝在杭『五雑組』一六一〇年頃、和刻本、一〇巻四一丁裏。
（5）フォーカード、前掲箇所。
（6）『蒿庵間話』大英博物館蔵書一五三一六a、一巻四丁裏。
（7）（5）および（8）に同じ。
（8）『エンサイクロペディア・ブリタニカ』一五巻四七六頁〔「マンドレイク」の項〕。
（9）（10）李時珍『本草綱目』〔一七巻〕「商陸」の項。
（11）鄭樵《ていしょう》『通志』大英博物館蔵書一五二八一a―d、六五巻二八丁表。
（12）（9）に同じ。
（13）ヨセフス『ユダヤ戦記』トレイル訳、一八五一年、七巻二三〇頁。
（14）（6）に同じ。
（15）（16）フォーカード、前掲書。
（17）呉其濬『植物名実図考』一八四八年頃完成、小野〔職慤〕編、東京、一八八四年、二四巻一六丁。
（18）『博物学論争』ヴェネチア、一五六八年、一一三六頁。
（19）（9）に同じ。
（20）W・リンド『植物誌』一八七四年、五五二頁を参照。
（21）クルーデン『旧約・新約聖書総索引』二〇版、四三六頁ほか。
（22）『志雅堂雑鈔』大英博物館蔵書一五三一六a、一巻四一―四二丁。
（23）ヨセフス、前掲箇所。マール・マテ『ディオスコリデス著作集』リヨン、一五五九年、四巻六五章二七四頁。
（24）ピカーリング『植物年代誌』ボストン、一八七九年、二四七頁。

付記

拙論執筆に際して、『ネイチャー』(五一巻五七三頁〔一八九五年四月一一日号〕)でも言及されている、故フェート教授の浩瀚なマンドレイクの説話論を参照できなかった。たいへん残念なことに、私の理解の及ばないオランダ語で書かれているためである。

K・M

(原注1) 日本の植物学者のなかには、中国の楠《なん》をトウダイグサ科の植物ユズリハ *Daphniphyllum macropodium* と同定する者もいる(たとえば松村〔任三〕『日本植物名彙』東京、一八八四年、六四頁)。この同定が妥当なものかどうかは、私には判断しかねる。

(原注2) ここに挙げられた植物の大半は、根や地下茎が人に似た形をしているようである。ただ、枸櫞だけは、そのような形の果実をつける場合がある。また、樹木についていえば、乾陵産の柏木は、木目がそのまま菩薩や雲や人や獣の姿に見えることがあるので、古来材木として珍重されていた(前掲『淵鑑類函』四一三巻「柏」の項)。一方、楠の木に現れる人の形というのは、明らかにその幹や枝の部分が人のように見えるからである(H・ランスデル『シベリアを越えて』一八八二年、一巻一五八頁)。

(原注3) 古来、中国人は楓《ふう》 *Liquidambar maximowiczii*〔訳注3〕に関してマンドレイク譚と似た二つの伝説を伝えてきた。第一に、任昉《じんぼう》の『述異記』(六世紀、王本、二巻一〇丁裏)には次のような一節がある。「南中には楓子鬼というものがある。楓木の老木で、人の形をしている」。第二に、楓の老木に瘤が生ずることを、他の諸家が述べているくだりがある。雷雨の後、瘤は三尺から五尺の高さになるという。呪術師はこの瘤を削って人の形を作り、商陸の場合と同じようなやり方で呪法を行う。しかし、瘤を採集するときに正しい手続きを踏まないと、瘤は飛びさってしまい、目的をかなえることはできない(嵆含《けいがん》『南方草木状』四世紀、大英博物館蔵書一五二五五a五、中巻一丁表。呉其濬、前掲書三五巻二丁表。謝在杭、前掲書一〇巻四丁参照)。後者の俗信と関連があるかどうかはわからないが、私の記憶をたどれば、日本の老人たちが、銀杏の木の瘤から巧み

に作られた大黒、すなわち富の神の像のご利益をありがたがっていたことが思いだされる。

(原注4)淡い赤褐色の萼《がく》をもつ変種である。一〇世紀の本草学者韓保昇は、商陸について次のような所見を述べている。「赤い花をつけるものは根が赤く、白い花をつけるものは根が白い」(飯沼〔慾斎〕『草木図説』新版、一八七四年、七巻八九丁裏。李時珍、前掲箇所参照)。

(原注5)「江南地方には蠱《こ》がはびこっている。蠱を得ようとする者は、五月五日に、大は蛇から小はシラミまで、大きさの異なる一〇〇種類の生き物を器のなかに入れておく。するとそのまま互いにむさぼりあい、もっとも強い者だけが生きのこる。これを、蠱として家で飼育する。飼い主が亡き者にしようと思う人物がいれば、その者の内臓に蠱がはびこるのである。やがてその者は死に、財産は蠱の主の家に移る」など(焦竑《しょうこう》『焦氏筆乗』大英博物館蔵書一五三一六a、二帙五巻〔続集六巻〕二四丁表に所引の、七世紀の書『隋書』。鄭樵、前掲書三三巻一一丁裏。モリソン『中国語辞典』ロンドンおよびマカオ、一八二三年、三巻一部二八八頁も参照)。蠱に関する話のなかには、マンドレイクと対応する事柄がいくつかある(フォーカード、前掲。李時珍「金蚕」の項。喜多村〔信節〕『嬉遊笑覧』新版、東京、一八八二年、八巻二三丁参照)。マンドレイクや商陸と同じように、莨菪《ろうとう》(*Scopolia sp.?*)と呼ばれる薬草は人を狂気に至らせるが、同時に悪霊を退治すると考えられている(呉其濬、前掲書二四巻七七丁裏。およびヨセフス、前掲箇所参照)。

(原注6)同じ著者の『癸辛雑識』は、李時珍が前掲書の「押不蘆《ヤブルウ》」の項〔一七巻「坐拏草」附録〕で引用している書であるが、この草が「沙漠の北方にある回教徒の住む地域」に生えていることを述べ、さらに「重い罪に問われた貪官汚吏が(自殺を装うために)毒薬として飲む」と指摘している。勅撰の前掲『淵鑑類函』四一一巻には、こういうことわざがある。「押不蘆という名の薬草は食べれば死ぬ、だが、本当に死んだわけではない」

(原注7)方以智は、中国のキリスト教徒のなかでもっとも博識の人物であるが、一三世紀(?)の『方輿勝覧』を参照しつつ、麻酔性の押不蘆薬の産地をメディナ地方としている(『通雅』一六四三年、四一巻八丁裏)。この名称は、普通に考えると押不蘆という名の薬と解されるが、私はむしろパレスチナの言葉でマンドレイクを示す「ヤブロチャック」と関連があるように思う(ピカーリング、前掲箇所)。

〔訳注1〕この部分の訳は、出典としている『調燮類編』の漢字名を挙げた。ただし「人葠」のみ「人参」と改めた。原文では、cypress, Nan-tree, turnip, mustard, citron, *Pachyma cocos, Lycium chinense, Phytolacca acinosa*, and ***Panax ginseng*** となっている。このうち、cypress は地中海などにみられるヒノキ科のイトスギ（ホソイトスギともいう）だが、中国の柏木は、同じヒノキ科イトスギ属で、枝先が垂れるシダレイトスギである。Nan-tree と記された楠木は、中国南部に生育するクスノキ科の喬木で、香気があり、建築材や家具材として珍重される。学名は ***Phoebe nanmu*** で、日本にもあるクスノキ（樟、香樟。学名 *Cinnamomum camphora*）とは別属別種であり、原注1のユズリハとも違う。楠の字は同音の枏で表記されることもあったが、現在では楠が常用される。材木としては、楠木属の数種を含めて楠木と呼ぶこともある。mustard と訳された菘芥は、菘が菘菜《シャクシナ》、芥が芥菜《カラシナ》を指し、カラシナのなかには根茎を利用して搾菜《ザーサイ》のような漬け物にするものも含まれる。ミカン科のシトロンは、その特異な形からブッシュカン（仏手柑）とも呼ばれる果実で、その母種が枸櫞とされる。「人参」は、薬用のチョウセンニンジンを指す。

〔訳注2〕原典漢文は「きっとこの薬を用いていたであろう」で、多少相違がある。

〔訳注3〕楓の現在の学名は *Liquidambar formosana* である。

マンドレイク③

The Mandrake

『ネイチャー』一八九八年三月三日　五七巻一四七九号

同題の拙文（『ネイチャー』五四巻三四三頁、一八九六年八月一三日号）の脚注で、私はしばしば人や獣の姿をとるといわれる九種類の植物を中国の文献から引用した。そしてそれらの植物の大半について、根や地下茎が人や獣の形をしていると説明しておいた。しかし最近になって、いくつかのものに関しては、この説明がかならずしも正しくないことに気づいた。すなわち、菘芥《しょうかい》と蕪菁《ぶせい》である。中国では、これらの植物は、寄生されて花の部分に奇形がおきることで、人や獣の形になると想像したようである。沈括《しんかつ》（一〇三一—一〇九四年）による『夢渓筆談』中の次のような文章から、このことがはっきりとわかる。

「蕪菁や菘芥といった野草が干ばつで傷むと、その花房の多くはハスの花のようになったり、龍やヘビに似た形になる。これはよくあることで、とりたてて不思議なことではない。熙寧年間（一〇六八—一〇七七年）、李及之は潤州の知事であったが、庭の野草がすべてハスの花の形になって、それぞれに一体ずつの仏像が鎮座していた。数えきれないほどの仏像が、まるで彫りきざまれたように並び、しかも花が枯れた後も姿をとどめていたという。李家がたいへん熱心に仏教を奉じたので、このような不思議な出来事がおきたとする者もいた」

二月二一日　南方熊楠

第7章

さまよえるユダヤ人

The Wandering Jew

「さまよえるユダヤ人」は「マンドレイク」と並ぶ、文化伝播に関するロンドン時代の熊楠の代表的な論考である。当初、一八九五年の『ネイチャー』に短い報告として掲載されたものが、一八九九年から翌年にかけて『ノーツ・アンド・クエリーズ』誌上で詳細に展開されることになった。おそらく、この第二論文以降の投稿先の変更は、インドからヨーロッパへの説話の伝播を扱った論文のテーマが、自然科学を専門とする『ネイチャー』ではなく、フォークロアの情報交換を目的に発刊された『ノーツ・アンド・クエリーズ』に向いているとの判断が働いたためであろう。

マンドレイクの伝承の場合と同じく、この「さまよえるユダヤ人」の物語も、当時のヨーロッパに深く根づいていたものであった。話の内容は、アハスエルスというユダヤ人の靴屋が、ゴルゴタの刑場に向かうイエス・キリストを冷たく追いはらったために、罰として永久に地上をさまようことになる、というものである。熊楠の説明を少し引用しておこう。

さて西洋諸国に、常漂猶太人という話がある。「パレスチナ」の靴工《くつや》であったが、キリストが磔《はりつけ》されに行く途上、この靴工の戸口に息《やす》むのを見て靴工大いに怒り、汝ごとき奴が死際《しにぎわ》に息んだって何になるか、速く往ってくたばれと罵った。キリスト顧みて「予《われ》はただいま刑せられて、常楽の天国で永く息むが、汝は永世この苦しい世界に生きて息みなしに奔走せよ」と言うて、立って刑場へ往った。それからこの靴工、今に二千年近く死ぬことがならず、知った人が皆死んでしまうに自分ばかり生きて面白いことまったく無く……。（「びんずるさんの話」

『紀伊新報』一九一三年二月二七日、全集未収録)

中世から存在が確認されているこの説話は、一九世紀になると、反ユダヤ主義の隆盛ともあいまってヨーロッパ全土に普及した。死ぬこともできずに地上をさまようその悲哀をテーマにした詩がさかんに作られ、ウージェーヌ・シューの『さまよえるユダヤ人』が、新聞小説のはしりとしてフランスで大評判になった。母国をもたずに各地に点在するユダヤ人は、実はキリストによってさまようことを運命づけられた存在である、といういかにもこじつけたような解釈は、異民族への差別と憐憫《れんびん》の入りまじった感情をもつ人々の心をくすぐるものであったのだろう。熊楠の論考「さまよえるユダヤ人」は、当時のヨーロッパに流布していたこの物語が、実は仏典に起源をもつことを論証したものである。一八九五年の『ネイチャー』の記事は、仏陀によって地上をさまようことを義務付けられた賓頭盧《びんずる》の話を、「さまよえるユダヤ人」に関連するものとして引用した短文（「さまよえるユダヤ人①」）であるが、一八九九年の『ノーツ・アンド・クエリーズ』掲載の論文②ではかなりの量に拡充され、両者の詳細な比較と、日本など東アジアで賓頭盧がどのようにとらえられているかという紹介がされている。

この第二論文の結論として、熊楠は、二つの説話の異同を述べた後、ヨーロッパの「さまよえるユダヤ人」の異伝同士もかなり食いちがっているのだから、賓頭盧譚との異同は許容されうる範囲であると述べている。ここからは、熊楠がこれら説話の類似が、インドからヨーロッパへの直接の伝播の結果であると考えていたことがはっきりと読みとれる。この論文は、「マンドレイク」などで熊楠が展開してきた文化伝播の考え方を、仏教説話を用いて実証したものだともいえる。

実は、熊楠のいた当時の英国では、こうした伝播主義の考え方が、人類学や説話研究においてさかんに用いられはじめていた。シンデレラ物語などの異話《ヴァリアント》に関する調査が広汎に行われ、その伝播経路が研究上の焦点となっていた。一八九一年にロンドンで行われた国際フォークロア学会では、伝播主義の導入こそが説話研究の中心となるべきであるというジェイコブズによる発表が話題となっている。おそらく、「拇印考」「マンドレイク」「さまよえるユダヤ人」と続く、文化伝播の考え方に基づく論考も、こうした英国学界の動向に影響を受けたものであったろう。

さらに熊楠の場合は、英国の多くの学者が参照することのできない漢籍資料を用いて、日本や中国、中央アジア、古代インドの情報にアクセスすることが可能であったため、その伝播の領域をユーラシア大陸の東西へと広げることができた。当時の学界の流行に、東洋の目新しい資料を組みあわせて視野を広げるような試みこそが、熊楠の初期英文論文の評価を確立させた最大の要素だったといえる。

ただ、熊楠の「さまよえるユダヤ人」連作を詳しくみていくと、第三・第四論文において少々異なるニュアンスが生じてもいることに気づく。第三論文で熊楠は、三世紀に著された張華の『博物志』という、仏教流入以前の中国の文献において、「インドの賓頭盧に関する諸譚よりも、ヨーロッパの伝説にはるかに近い説話」がみられることを紹介している。賓頭盧譚以前に中国に類話があった事実は、この説話が、インドから東へ西へと広まったという全体の構図を突きくずしかねない。また第四論文の逸話は、六世紀の『洛陽伽藍記』を中心にしており、時代的には仏教流入後の説話であるものの、中国での独立した系統の説話群の存在を浮かびあがらせている。

こうした要素は、「さまよえるユダヤ人」における伝播説の根拠をむしろ脆弱なものにしてしまっている。そして、このことは、帰国後に熊楠がこの説話群を考える際に、大きな転換をきたすことにつながったと考えられる。すなわち、一九〇八年の『早稲田文学』に発表された「『大日本時代史』に載する古話三則」において、熊楠は、「さまよえるユダヤ人」と賓頭盧の関係についてはじめて日本語で紹介しているのだが、ここでは両説話の関係は、なぜか「偶合」、すなわち、それぞれに独立発生したものがたまたま似通っている例に分類されてしまっている。

かのキリスト刑場に牽かるるとき、罵言を加えしユダヤ人が、今に至って死所を得ず、四方に奔走して瞬間も住《とどま》るをえずといえる、あまねく欧州に行なわるる譚のごときは、『雑阿含経《ぞうあごんきょう》』『請賓頭盧経《しょうびんずるきょう》』等の賓頭盧尊者の伝、また張華の『博物志』などにみえたる蘇生の奴常に走る談と、いずれも命終わりえずして不断走り廻ることのみ同一にして、委細の顚末はなはだ相異なるものなれば、三話偶合というべきのみ。（傍線部引用者）

「三話偶合」という限りは、張華などの中国説話はもとより、賓頭盧譚とユダヤ人の話に関しても独立発生とする見解以外には考えようがない。熊楠は、この文章の後にカッコ入りで一八九五—一九〇〇年の『ネイチャー』『ノーツ・アンド・クエリーズ』への自分の関連論文を参照文献として挙げており、これだけを読むと、熊楠は最初から独立発生説を唱えていたようにみえてしまう。しかし、前述したように、この論考の骨子である第二論文では、はっきりと賓頭盧からユダヤ人への伝播の筋道が語られていたのである。

つまり、ロンドン時代からこの一九〇八年の間に、このテーマに関する熊楠の考えが伝播から独立発生に変わったということになる。ところが熊楠は、一九一一年六月一二日の柳田国男宛の書簡では、今度はさらに逆戻りして「小生はキリスト教のWandering Jewが仏経の賓頭盧の訛伝ならんとの説を出してより」と書いている。「訛伝」とは「まちがった言い伝え」であるから、この場合はもとの話からの派生譚という意味のはずであり、伝播説に基づいていることになる。この「訛伝」という言葉は、一九一四年五月一〇日付の柳田宛書簡でも「また、小生、明治三十二年ロンドンで『漂泊ユダヤ人考』を出し、この話は賓頭盧尊者の訛伝ならずやと論じ候」と繰りかえされることになる。これを字義通りにとれば、

一八九五—一九〇〇年　伝播説

一九〇八年　　　　　　　　独立発生説
一九一一・一九一四年　　　伝播説

という変遷が読みとれる。

もともと、中国の類話を取りいれた時点で、すべてを伝播説で割りきることは怪しくなっていたのであり、こうした変化はおこりうるべくしておこったともいえよう。しかし、それぞれの時期に見解の変化が生じた原因としては、いくつかの理由が考えられる。その一つとして、最初の独立発生説への転向に関しては、一九〇五年から文通が始まった英国のボッカチオ研究者A・コリングウッド・リーの影響があったかもしれない。リーは、熊楠宛の手紙のなかで、「世界の笑話は二三のパターンしかない」という説を紹介して、熊楠を驚かせた人物である。二〇世紀初頭のアールネとトンプソンによるフォークロアの類型研究を踏まえたものであり、熊楠もこうしたヨーロッパでの研究に刺激されたわけである。

さらに、二度目の転向についても、一九一四年五月一〇日付の柳田宛書簡に、熊楠自身が示唆的な出来事を記している。

しかるに、昨年正月に至り、フィラデルフィアの男、一論を出し、イタリアにて漂泊ユダヤ人を賓頭盧の名で呼ぶ所あるから、件《くだん》の日本人（小生のこと、欧州の学者がややもすれば、日本人を姓名呼ばずに、ある日本人、件の日本人などいう、失敬千万、また卑劣千万なことなり）の説、正鵠を得たるを知る、ただし賓頭盧が漂泊ユダヤ人の話の根本たることは、四十年前ビュルノフすでにこれをいえり、と公表せり。

この「フィラデルフィアの男」とは、ペンシルヴァニア歴史学会会員のアルバート・J・エドマンズのことで、熊楠がここに紹介している論考は、『ノーツ・アンド・クエリーズ』一九一三年一月一八日号に掲載されたものであった。ここでエドマンズは、イタリアで採集された「さまよえるユダヤ人」譚のなかに、ブッタデオあるいはアッリブッタデウといった仏教との関連を思わせる名前の主人公が登場することを取りあげ、この話が明らかに仏教説話を起源としていると論じていた。

熊楠は自分をA Japaneseと記し、あまり関係のないビュルヌフについてはきちんと言及するエドマンズの書きぶりが不満だったようで、柳田には「まけおしみ強く、かかる言を吐く」と不満を述べているのだが、内容的にはさまよえるユダヤ人が賓頭盧譚の「訛伝」であるという熊楠の主張を強力に援護するものとなっている。実は熊楠は、この柳田国男宛書簡より以前、エドマンズの説を読んだばかりの一九一三年二月二七日付『紀伊新報』に載せた「びんずるさんの話」のなかでも「予の論出てから十四年経って、今年一月、米国ペンシルヴァニア史学会のエドモンズ氏、予の論をいよいよ確立せしむる論を出した」ことを話題にしている。そして、こちらのほうでは、「日本人たる予の論を米国人がたしかめたとは嬉しい嬉しいと、乞食日誌体で一筆し置く……」と、すなおに喜びを表しているのである。

もっとも、このエドマンズ論文は、熊楠が最初に柳田宛に「訛伝」という言葉を用いた後に書かれたものであるから、独立発生説から伝播説への熊楠の「再転向」の直接原因であったとはいえない。しかし、この一九一四年書簡の書き方からは、エドマンズの論に支えられるかたちで、最終的に「さまよえるユダヤ人」が賓頭盧譚の伝播であることを確認したことがうかがえる。

こうしたエドマンズ論文への言及などをみると、熊楠がロンドンでの雑誌上における自分の評価を、帰国後も強く意識していたことがよくわかる。そして、「さまよえるユダヤ人」に対する自説の揺れも、多分にその当時の欧米の学界の動向に呼応したものだったと推測できる。考えてみれば、そもそも「マンドレイク」や「さまよえるユダヤ人」が、一八九五年の短文報告から長文の本格的な論文へと書きたされた経緯からして、無名の少壮学者であった熊楠を、オランダなどの学界の評価が後押しした結果であった。伝播説と独立発生説という、一九世紀末から二〇世紀初頭の欧米の人類学・民俗学における議論を、ロンドン時代以降の熊楠が自分の研究に反映させていったもともとの文脈を考えるならば、こうした熊楠の反応も、むしろ当然であったといえる。

（松居竜五）

さまよえるユダヤ人①

The Story of the "Wandering Jew"

『ネイチャー』一八九五年一一月二八日　五三巻一三六一号

私の乏しい読書の及ぶ範囲では、「さまよえるユダヤ人」を主題にした著作で、この話と関連するインドの物語に言及したものはみたことがない。そのため、次の仏教説話について、民俗学研究者諸氏の注意を喚起しておくことには、多少なりとも意味があるのではないかと思う。これに関して私は、日本の篤学なパーリ語学者の村山清作氏が、私に代わって直接漢籍を調査するために、わざわざ出かけてくださったことに感謝申しあげておきたい。

件の説話は『雑阿含経《ぞうあごんきょう》』（求那跋陀羅《ぐなばつだら》訳、四三五―四四三年頃、福州版、一六〇九年、一三巻三〇丁）にある。

（賓頭盧《びんずる》が阿育《あいく》王の質問に答える場面の一部である。）「世尊が舎衛《しゃえ》王国に五〇〇人の阿羅漢とともに留まられたときのことです。給孤独《ぎっこどく》長者の娘が、たまたま富楼那跋陀那《ふるなばつだな》国におられ、世尊と比丘僧たちをそこへ招いてくださいました。そこで、比丘僧たちはみな空を飛んでそこへ向かったのですが、私は神力を用いて大山を持ちあげ、かの国へ行ったのでした。すると世尊は、このようにおっしゃって私をお咎めになったのです。『お前はなんのためにこのような神力を見せたのか。罰としてお前は、永久にこの世に留まり、涅槃《ねはん》に入ることを禁ずる。そして、わが正法《しょうぼう》を護持せよ』と」

一一月二二日　W、ケンジントン、ブリスフィールド・ストリート15　南方熊楠

さまよえるユダヤ人②
The Wandering Jew

『ノーツ・アンド・クエリーズ』一八九九年八月一二日　九集四巻

古代インドの仏教説話と中世・近世ヨーロッパの「さまよえるユダヤ人」の物語との間にある緊密な関係について、私が一般の関心を引こうと試みてからすでに三年以上の月日が流れた（『ネイチャー』五三巻七八頁、一八九五年〔一一月二八日号〕）。この件に関して、私は、日本の優れたパーリ語学者である村山清作氏と協力しながら最近まで進めてきた追加調査の結果、大多数の民俗学者が今までほとんど注目しなかったような題材をさらに多く得ることができた。『ノーツ・アンド・クエリーズ』誌の編集部が、貴重な誌面を割いて、この件についての私の総合的な論考を読者に提供してくださるものと信ずる。

まず、この私論のために、『ネイチャー』誌（前述）ではかなり切りつめて紹介した『雑阿含経』（求那跋陀羅による漢訳、四三五―四四三年頃、福州版、一六〇九年、二三巻）の文章を引用しておきたい。この文章は、仏教教団におけるコンスタンティヌス大帝ともいうべき阿育王（前二五〇年頃）の所行の詳述から始まる。数々の残虐非道の後に、阿育王は一人の超人的な僧によって改心させられる。この僧には、阿育王が作った人造地獄の責め苦もまったく効きめがなかったのである。そしてあるとき阿育王は、仏教第四祖の優波崛多《うばくった》に率いられた、三〇万人に上る比丘僧たちを王宮に招きいれた。ところがそのなかの誰一人として最上席につこうとしないのを見て、阿育王が理由を尋ねたところ、耶舎《やしゃ》という者が、それは賓頭盧を敬して、彼のために空けてあるのだと答えた。賓頭盧は、仏陀と実際に接したことのある者のなかで、唯一今も生き長らえている人物であり、まもなく弟子たちとともに王宮にやってくるはずだという。「そのとき」、と物語は続く。

「阿羅漢(原注1)賓頭盧が、無数の阿羅漢たちに付きしたがわれて会場に姿を現し、すべての列席者の最上席に座った。髪は真っ白で、眉があまりにも長く伸びて垂れさがっているため、王に拝謁する際には、それを持ちあげなければならなかったほどである。どこから見ても、傑出した縁覚(原注2)であることが一目瞭然であった」

王とかわした会話のなかで、彼は次のように言った。

「世尊が舎衛《しゃえ》王国に五〇〇人の阿羅漢とともに留まられたときのことです。給孤独《ぎっこどく》長者(原注3)の娘が、たまたま富楼那跋陀那《ふるなばつだな》国におられ、世尊と比丘僧たちをそこへ招いてくださいました。そこで、比丘僧たちはみな空を飛んでそこへ向かったのですが、私は神力を用いて大山を持ちあげ、かの国へ行ったのでした。するとと世尊は、このようにおっしゃって私をお咎めになったのです。『お前はなんのためにこのような神力を見せたのか。罰としてお前は、永久にこの世に留まり、涅槃《ねはん》に入ることを禁ずる。そして、わが正法《しょうぼう》を護持せよ』と」

「どこに住んでおられるのか」と王から尋ねられ、賓頭盧は次のように答えている。

「今は、北のほうにある揵陀摩羅《けんだまら》という山の上に住んでおります。六〇〇〇人の阿羅漢たちとともに暮らしております」

中国で六六八年に道世が編んだ『法苑珠林』という仏教事典（大英博物館蔵書一五一〇一d四、四二巻一一二丁）には、この伝承の次のような異伝がある。

「昔、（王舎城に）樹提伽《じゅだいが》長者という大商人がいた。ある日、長者は栴檀《せんだん》でできた高価な鉢を作らせ、これを袋に入れて背の高い象牙の杭の上に掛けた。そして、婆羅門《バラモン》であれ仏教徒であれ、梯子やさおを使わずに取ったものにこれをやろう、と言った。大勢の者が試みたが、誰一人成功しなかった。賓頭盧はこれを聞いて、目連《もくれん》（その神通力は、仏陀その人を除けば何人にも劣らなかった）にこう言った。『あなたは師の弟子のなかではもっとも力がある。行って、取ってみてはどうか』。仏陀の戒律を恐れる目連が、この説得に従わないのを見て、賓頭盧は自舎にこもり、禅定《ぜんじょう》に入った。そして、神通力の手によって鉢を取った。また、『四分律』によると、賓頭盧はこのとき巨大な岩の上で座禅を組んでいたが、突然空を飛び、またたくまに鉢を取ったとなっている。賓頭盧が収穫品を得て戻ると、仏陀は彼を戒めた。『仏の弟子であるお前が外道の木の鉢（原注4）を取るためだけに、まだ戒律を受けていない人々の前で神通力を見せてしまったとは何事か。これより永久に南の世界であること閻浮提《えんぶだい》（原注5）に住むことを禁ずる』。そこで賓頭盧は、仏陀の命によって西方の瞿耶尼《くやに》に赴き、しばらくの間仏法を広めることに努めた。そのうちに、この世〔閻浮提〕の仏弟子はみな、ぜひともまた賓頭盧に会いたいと願うようになり、仏陀に賓頭盧を呼びもどしてくださるよう嘆願した。仏陀もついにこれを聞きいれたが、賓頭盧が涅槃に至ることはやはり禁じ、他の世界へ追放する代わりに、将来何世にもわたって仏教の信徒たちを助けることを命じた。賓頭盧もまた、教えのためにと請われたならば、どんなところにでも赴くことを誓った」

この仏教の尊者に関するさらに詳細な記録は、慧簡《えかん》訳『請賓頭盧経』（賓頭盧を招請する経文）（四五七年）にまとめられており、次の通りである。

「インドの在家信徒たちは、国王や長者たちも含め、仏教僧のために一切会を設ける際には、賓頭盧頗《びんずるは》羅堕誓《らだじゃ》をかならず招請した。賓頭盧は字《あざな》で、頗羅堕誓は姓である。彼は樹提長者の前で神通力を軽率に披露したために、仏陀に涅槃に入ることを禁じられ、後世の信徒たちのために仏の教えを護持するよう命じられたのである。

賓頭盧を一切会に請ずるために、招待主は静かな場所で香を焚き、天竺の摩利《まり》山の方角に向かって誠心を込めて次のように唱えなければならない。『大徳賓頭盧頗羅堕誓よ。あなたは仏陀により、後世のすべての信徒を助けるように命じられた。願わくばわが招請を受けたまえ』

新しい家が完成したときには、たいてい賓頭盧を招請するものである。また、僧たちに澡浴《そうよく》を勧めるときには、次のようにして賓頭盧を招請することが望ましいとされた。招請する日の未明に、香湯、浄水、楊枝、（身体を洗うための）豆の粉を用意する。湯は適温にしておく。戸を開いて招請の言葉を唱え、その後あたかも誰かが浴室に入ったかのように戸を閉じる。こうして賓頭盧を請じた後に、すべての僧を招きいれる。

会食であれ、澡浴であれ、招かれた僧たちはみな疑念や暗愚を払い、清浄な心でひたすら救済を求めなければならない。そうしてはじめて、賓頭盧を請じいれることができる。

近年、盛大な宴会を設けて、心を込めて賓頭盧を請じようとした長者がいた。会食のための部屋では、絨毯《じゅうたん》の下に花を撒いておき、賓頭盧が来たかどうかを確かめようとした。僧がみな食事を終えて、絨毯を上げてみたとき、花はみな枯れて黄色くなっており、長者は大いに落胆した。数人の高僧に相談した後に、もう一度盛大な宴会を設けて賓頭盧を招請したが、やはり花は枯れてしまった。三度目の試みも同じ結果であった。四度目に、長者はついに一〇〇人を超す法師たちを招き、賓頭盧はなぜやってこないのかと、その理由を彼らに繰りかえし訊ねてまわった。

すると、上座の僧たちに紛れて座っていた一人のみすぼらしい姿の老人が言った。『三度の招請に応じて、わしは三度ともこの家の門まで来た。しかし、わしが老いぼれでぼろぼろの服を着ているのを見て、一度目はお前の家来たちに杖で打たれ、それで右の額にこの傷ができた。二度目にやってきたときにも同じことをされて、額のまん中にこの傷ができた。左の額の傷は三度目のときのものだ。自分自身で三度とも内に入れないでおきながら、わしが宴会に来なかったなどと嘆いてなんになる』

この言葉を吐くや否や、目の前にいるのが賓頭盧その人であることを主人がさとると同時に、この老人は忽然《こつぜん》と消えてしまった。それ以来、仏教僧のために宴会を設ける者はみな、訪れた者がどんなにみすぼらしく見えようとも、誰一人として追いかえしたりしないようになったのである。

賓頭盧が食堂《じきどう》にやってきたときは、彼が座った席の下に撒かれた花は、常にみずみずしく咲き誇ったままである。賓頭盧は、新居が完成したときや、新しい閨房《けいぼう》が調えられたときにも請じいれられる。後者の場合には、香湯を地面に撒き、香油を灯火に燃やし、新しい寝台には新しい敷布を敷き、その敷布の上にはよくなじんだ柔らかい綿を当て、さらにこれを白い絹の敷布で覆わなければならない。そして、型通りに賓頭盧を請ずる言葉を唱え、自分の部屋の戸を閉じて静かに待つ。決して覗き見をしたりしてはならない。しかるべき誠心と敬意を払って請ずるならば、賓頭盧はほどなく現れるはずだからである。寝室に賓頭盧が来たかどうかは、敷布のくぼみでわかり、浴室に入ったかどうかは、湯を使った形跡によって確かめることができる。

会食に招いたときには、賓頭盧は他の僧たちに紛れて現れる。上座にいることもあれば、中座や、下座にいることもある。賓頭盧が立ちさった後になってはじめて、ある席の下に撒いてあった花が萎れていないことから、そこにいたと判明するのである」

寺島良安という日本の百科全書家は、『和漢三才図会』（一七一三年、八一巻）「食堂《じきどう》」の項において漢文経典を引用しながら、賓頭盧は若い頃、憍賞弥《きょうしょうみ》国の王である優塡《うてん》の家臣であったと記している。

優れた仏典の翻訳者であった道安（三八五年没）は、自分が終えた訳文に万に一つでも間違いがあるならば、なんらかの前兆が現れるようにと誓願を立てていた。〔訳注1〕ある夜道安は夢に、白髪で眉が長く伸びた天竺の老僧を見た。その僧は道安に語った。

「お前の訳はすべて正確である。しかし、これからはわしがお前を助けてやろう。その代わり、わしに食べ物を供えてくれ」

この翻訳者が見た老僧こそ、実は賓頭盧であった。これ以降、すべての寺院では、食堂で賓頭盧に食べ物を供えることが習慣となった。かつては、この尊者のためにわざわざ席を一つ空けておき、その前に器に盛った食事を供えていた。後に宋の泰至時代（一二〇一―一二〇四年の嘉泰か？）〔訳注2〕になって、賓頭盧の肖像画を掲げて同じことを行う寺院も出てくるようになった。

席を空けておくにせよ、肖像画を飾るにせよ、賓頭盧は、古くから日本の仏教徒に信仰されてきたようである。たとえば、ウラル＝アルタイ系の言語では現存する最古の物語である『竹取物語』（F・V・ディキンズ氏による翻訳、一八八八年、八頁を参照）に、賓頭盧に供えられた石の鉢についての言及がある。その神通力についても、かつて日本では非常によく知られていたようで、一五世紀の小説『鴉鷺合戦物語』には、ふくろうが自分の力について長々と説明しながら次のように語る場面がある。

「俺の千里眼ときたら、真っ暗ななかで鼠を捕らえることだってできる。阿那律《あなりつ》（原注6）さまにも負けないほどさ。神通力の腕前だって、相手になるのは賓頭盧さまくらいのものだ」（博文館版、一八九一年、三三頁）

私が日本で目にした限りでは、賓頭盧の像はかならず全身赤く塗られ、片手で法印を作り、もう一方の手に数珠を持ち、岩の上に座している。賓頭盧廟は、他の仏像がみな納めてある本堂の外に建っているのが常であり、病気の快癒を祈願して、庶民、とりわけ病気の子供がお参りをする。まず自分の病気のある箇所を賓頭盧像の上でさわり、それから自分の身体の同じ部分をなでて、奉納の誓いを立てるのである。これと同様の日本の風習について「イサベラ・」バード女史が述べている（原注7）が、間違いなく賓頭盧尊者のことであろう。

これは、一部のキリスト教徒の間に類似の風習があることを思いおこせば、理解しやすいはずである。

たとえば、ルドヴィコ・ヴァルテマ（一五〇一―一五〇七年に東方へ旅行）は、コロマンデル〔インド南東部〕についての記述のなかで、次のように語っている。

「そして彼らはまた、彼らも長老たちから聞いたという、たいへん偉大な奇跡を私に語ってくれた。五〇年ほど前のこと、イスラム教徒たちがキリスト教徒たちと悶着をおこした。怪我をしなかった人もいたが、一人のキリスト教徒は腕にひどい怪我をした。彼は聖トマスの墓に行き、怪我をした腕でこの聖人の墓に触れたところ、たちまち傷は癒された。ナルシンガの王がキリスト教徒たちに対して好意を示すようになったのは、そのとき以来のことなのである」（『航海と旅行』一五五八年版、一巻一六三丁d）

結論として、ここに述べた賓頭盧頗羅堕誓の種々の特徴と、「さまよえるユダヤ人」の物語のさまざまな異伝から、私はこの二つの伝説の間にある次のような類似事項、あるいは共通点を指摘したいと思う。

一、賓頭盧もさまよえるユダヤ人も、それぞれの教祖の怒りを買うようなことをする。
二、そのため両者とも不死永世を運命づけられる。
三、両者ともものちに開祖の教義を熱心に護持する者となる。
四、両者ともみすぼらしい身なりをしている。
五、両者とも神通力を用いる。
六、両者とも敬意ある招きにはかならず応じるが、ときには忽然と立ちさる。（アベ・クランポン「さまよえるユダヤ人」、『アミアン科学・文学・芸術アカデミー紀要』四〇巻、一八九三年、一九八、二一〇頁

を参照）
七、両者とも病を癒す。（同書二〇一、二〇七頁）
八、昔は両者の名前を騙《かた》り、無知な人々に対してひどい詐欺をはたらく山師たちが多かった。（『請賓頭盧経』に散見、および『エンサイクロペディア・ブリタニカ』一三巻六七三頁「さまよえるユダヤ人」の項」を参照）
九、とりたてて重要ではないものの、賓頭盧が山（漢訳では通常、複数と単数の区別がないため、今は失われたサンスクリットの原典では、山は一つではなく複数であった可能性がある）を担いだことと、さまよえるユダヤ人が二人の子供を肩に担いだというA・ディ・フランシスコ・ディ・アンドレアの記述には、なんらかの類似がみられる。（クランポン、前掲書一九六頁による）

もちろん、容易に想像されるところだが、この二つの伝説には相違点もある。例を挙げれば、賓頭盧は、しかるべき祈願をすればかならず現れることになっているが、西洋におけるユダヤ人のように「さまよえる」と形容されている例は見つかっていない。とはいえ、われわれは、ヨーロッパのさまよえるユダヤ人譚のなかにさえ、静かに隠遁生活を送っているカルタフィルス（チェンバーズ『日々の書―イギリス古事民俗誌』一巻五三四頁参照）から、疲れを知らぬ放浪者アハスエルス（クランポン、前掲書二〇四頁）までの隔たりがあることを考えてみなければならない。また、モンキュア・D・コンウェイ氏の述べるように、「さまよう」という要素がこの伝説に加わったのは、一二二八年以降であることも念頭に置くべきである（『エンサイクロペディア・ブリタニカ』前掲箇所）。

さまよえるユダヤ人の物語を、絶え間ない大気の動きの象徴にすぎないとするショーベルの見解（クランポン、前掲書二二六頁による）を唯一の例外として、私は、この物語とインド説話との関連に言及した論をみたことがない。『ノーツ・アンド・クエリーズ』誌に、この長文の論を送ることが適当ではないかと考えたゆえんである。

SW、ウォーラム・グリーン、エフィ・ロード7　南方熊楠

（原注1）仏陀の高弟。

（原注2）隠遁し、衆生救済を行わない仏教の賢者。

（原注3）S'rêchthî〔「財主」「長者」と漢訳されるサンスクリット語（今日通用の転写法ではśreṣṭhin）のことと思われる〕。

（原注4）仏教というよりはジャイナ教に近い教義をもつShen〔禅か〕という宗派を除き、仏教徒はみな、木製の器を卑しむ。バラモン教徒が托鉢の際にこれを用いるためであり、仏教徒たちは鉄の器を用いる。

（原注5）仏教では、この世にはこうした四つの界があるとする。

（原注6）仏陀の弟子で、師に次ぐ洞察力〔天眼〕を誇った。

（原注7）モニエル＝ウィリアムズ卿の『仏教』一八八九年、四九二頁に所引。

〔訳注1〕『和漢三才図会』の原文は「若所説不甚遠理。願見瑞相」で、字義通り訳せば「自分の言っていることがあまりに道理からはずれていなければ、よい兆候を見せてほしい」となる。

〔訳注2〕『和漢三才図会』の原文が宋の泰至と誤記していたのを、熊楠は唐に続く趙宋の年号の嘉泰かと注記しているが、正しくは南北朝時代の劉宋の年号である泰始（四六五―四七一年）。

さまよえるユダヤ人③
The Wandering Jew

『ノーツ・アンド・クエリーズ』一八九九年八月二六日　九集四巻
（既刊九集四巻一二一頁参照）

この問題に関する前回の論を書きあげた後、私は張華（二三二―三〇〇年）の『博物志』（和刻本、京都、一六八三年、七巻四丁裏）に次のような文章を見つけた。これにより、中国には、ある面――すなわち、主人公が絶え間なくさまようとされること――において、インドの賓頭盧に関する諸譚よりも、ヨーロッパの伝説にはるかに近い説話があったことが証明される。ちなみに、賓頭盧の諸譚が漢訳されたのは、すべて張華より後の時代のことである。

「漢王朝の末年（二二〇年）に范友明の墓があばかれた際、主人の遺体とともに生き埋めにされた奴僕のなかの一人が、まだ生きているのが発見された。友明は霍光《かくこう》（宣帝の摂政として有名、〔紀元前〕六八年没）の娘婿であった。この奴僕が語った霍家の盛衰のほとんどは、『漢書』（一世紀に書かれた漢王朝の正史）とほぼ一致していた。〔訳注〕この奴僕は常に人々の間をさまよい、また奔走しており、決して一所にとどまらない。今どこにいるのかは不明である。いまだにさまよいつづけていると言う者もいて、信じてもよさそうだと思うものの、私自身はその姿を見たことはない」

南方熊楠

〔訳注〕『博物志』の原文には「光家事廃立之際」とあって、霍光の家庭内の出来事や、紀元前七四年に昌邑王を廃して宣帝を立てた事件に、霍光が関わっていたことを指している（『漢書』霍光伝など参照）。『博物志』にある范友明の名は、『漢書』によれば范明友となっている。

さまよえるユダヤ人④
The Wandering Jew

『ノーツ・アンド・クエリーズ』一九〇〇年四月二八日　九集五巻

次の説話は、蘇生した後さまよう人物についてであるが、私が前回、本稿と同じ題で論じた文章（九集四巻一六六頁）に引用したものと同様の特徴がある。これは、もともと六世紀に書かれた楊衒之《ようげんし》の『洛陽《らくよう》伽藍《がらん》記《き》』にみえるものである。しかし、件の記事を収録した屠隆《とりゅう》の『漢魏叢書』（一五九二年）は、大英博物館にあるものが全巻揃いではなく、当面の目的に役立ちそうにない。（原注1）（訳注1）そこで私としては、この話がそれぞれ異なる形で抄出されている二つの著作（すなわち段成式『酉陽雑俎』九世紀、和刻本、一六九七年、一三巻六丁表、および『淵鑑類函』一七〇一年、一七八巻一九丁、三三一巻五丁）から再構成してみることにする。

「元魏〔北魏〕王朝の時代（六世紀）に、達多《だつた》という僧が墓をあばいて煉瓦を取っていたところ、埋葬されていた男が生きているのを発見し、明帝（五一六〔五一五〕年即位）の華林堂にいた皇太后のもとに連れていった。皇太后は、これを非常に奇怪に思い、侍従の徐紇《じょこつ》に命じて、男の姓名、どのくらいの間死んで横たわっていたのか、そしてその間何を飲食していたのかを訊ねさせた。すると男は次のように答えた。

『私の名は崔涵《さいかん》、字は子洪《しこう》と申します。博陵は安平の生まれでございます。一五歳のときに死んで、現在二七歳になります。一二年間地中に横たわっておりましたが、まるで酔って寝ているようなもので、何も食べませんでした。時折外にさまよいでたのですが、そのときはまるで夢のなかにいるようで、飲食をしても何を食べているのかよくわかりませんでした』

続いて皇太后は、秘書官の張雋《ちようしゆん》を男の語った故郷に派遣し、男の両親を見つけさせた。男は故郷へ送りかえされたのだが、母が桃の枝を手にしているのを見て、すぐに捨てるように懇願した。〔原注2〕〔訳注2〕後になってこの男は世を捨て、当時の都であった洛陽に出て、とある仏教寺院に滞在した。そこで汝南王から黄衣を与えられた。

ある日、市内の葬儀屋の多い奉洛里《ほうらくり》で、男は同郷人が棺桶を買おうとしているのを見つけてこう言った。『柏の木で棺をお作りなさい。しかし、桑の木で裏打ちをしてはいけませんよ。地中にいたときに、私は、鬼兵の一団が来て、ある（死）者を連れさろうとするのを見たことがあります。そのとき、鬼兵の一人が、その男の棺は柏の木でできているから徴兵は免除しようと言ったのに、鬼兵の将は、柏でできていても、桑で裏打ちしてあるから免除はできないと言ったのです』〔訳注3〕。この話の結果として、市中の柏の価格が大いに高騰した。

この男はまた、太陽の光を畏れて決して陽を仰ぎ見ることはできなかった。さらに、水や火やあらゆる凶器の類を怖がった。大路を走ることを常として、どうしても疲れたときのみ立ちどまるのだった。

ゆっくり歩くことができず、周りの人はみな、彼のことを亡霊と思った」

南方熊楠

(原注1)〔大英博物館〕写本一六三三八、Plut. 二一八F。

(原注2)中国では太古から、桃は聖なるもので、鬼神を退治する力があると見なされてきた(『淵鑑類函』三九九巻一〇丁以下)。日本の神話では、国の父祖神であるイザナギノミコトが冥界から逃げだすときに、追ってきた八雷神を追いはらうためのものとして、桃が用いられている(『日本書紀』巻一)。

〔訳注1〕『漢魏叢書』は、明代から清代にかけて増補改編されたものが四種ほどあり、なかには『洛陽伽藍記』を収録しないものもある。しかし、熊楠が参照したのは大英博物館所蔵の写本なので、実際は抄写本だったのかもしれない。また熊楠は、編者名の屠隆(字緯真)を「屠隆緯」と誤読している。なお、原注1にある請求記号のPlut. 以下の記載は未詳。

〔訳注2〕平凡社「中国古典文学大系」二一巻『洛陽伽藍記』(入矢義高訳)では、この部分を次のように翻訳しており、熊楠の記述と違いがみられる。

暢〔涵の父〕は涵が来たと聞くと、門の前に火を起こし、手に刀を持ち、魏氏〔涵の母〕は桃の枝(魔よけのもの)を手にした。そして言うには、「おまえは来てはいかん。わしはおまえの父ではない。おまえはわしの子ではない。さっさと行ってしまえ。禍いはまっぴらごめんだ」。

〔訳注3〕『洛陽伽藍記』(同前)ではこの部分を次のように翻訳しており、熊楠の記述と違いがみられる。

洛陽大市の北に奉終里があって、里内の人は、葬いの道具や棺桶を売っている者が多かった。涵は言った、「柏の木で棺を作ったら、桑の木を裏張りにしてはいけない」。人がそのわけを尋ねると、「自分は地下にいたとき、亡者が兵隊に徴発されるのを見たことがあるが、亡者の一人が訴えて、『私は柏の棺だから、免れるはずだ』と申し立てた。すると徴兵官が、『おまえのは柏の棺ではあるが、桑の木で裏張りしてあるではないか』と言って、やっぱり駄目だった」と言った。

第8章

驚くべき音響・死者の婚礼

Remarkable Sounds, Marriage of the Dead

大英博物館図書館のドーム型閲覧室で熊楠が筆写していた五二巻の「ロンドン抜書」のなかには、数多くの旅行記が含まれている。玄奘《げんじょう》（六〇二―六六四年）のインドへの旅に始まり、九世紀にアラブから唐に旅行した商人スレイマンの手記『シナ・インド物語』、イブン・バットゥータ（一三〇四―一三六九年頃）の『三大陸周遊記』、さらに一五、六世紀の大航海時代以降の、ヨーロッパ人による世界各地でのファースト・コンタクトの記録や、その集大成である数百巻の叢書類など。

なかでも、複数の刊本と注釈書が筆写されている点で注目されるのが、ほかならぬ一三世紀のマルコ・ポーロの『東方見聞録』である。「ロンドン抜書」をみてみると、当時の英語圏における定本であったユール版と、フランス語圏における定本のポーティエ版、およびそれらにつけられた詳細な注釈だけでなく、一六世紀イタリアのラムージオの叢書『航海と旅行』中のイタリア語原典まで筆写されているから、相当な念の入れようである。

おそらく熊楠は、シルクロードのさまざまな地域を描いた旅行記としての興味とともに、中国とその周辺地域に関する西洋書のなかの記述を、漢籍とつきあわせて再検証するというお得意のパターンにもちこむために、ポーロの旅行書のもつ資料的価値に注目していたのであろう。熊楠の英文・邦文いずれの論文にも、マルコ・ポーロは頻繁に登場していて、多種多様な中国側の記録と照合されている。

実は、その甲斐あって、マルコ・ポーロ旅行記の英語定訳本として知られる二巻本のユール＝コルディエ版に収録されたアンリ・コルディエによる注釈集には、二ヵ所に熊楠の論文が引用されている。巻末索引にMinakataではなくKumagusuと記載されているので気がつきにくいが、両方合わせると二頁以上、まるごと熊楠の文章が掲載されている。

　この引用出典のうち一つは、四篇からなる連作「驚くべき音響」の第三論文で、もう一つが「死者の婚礼」である。ここでは発表順に訳出したので、その通り並べておく。

驚くべき音響①　一八九六年二月六日
驚くべき音響②　一八九六年三月五日
驚くべき音響③　一八九六年四月三〇日
驚くべき音響④　一八九六年五月二八日
死者の婚礼　　　一八九七年一月七日

「驚くべき音響」は、一八九五年一一月二八日号に掲載されたトムリンソンという人物の論文を受けたものである。このなかで挙げられている北アメリカへの旅行者が聞いたという不思議な大音響のことに触発されて、熊楠は世界各地のさまざまな類似の伝承を挙げていく。北欧、アイスランド（「驚くべき音響①」）、中国（同②）、中央アジア（同③）、日本（同④）といった具合で、風や潮の音が増幅されたりすることと、氷山が割れる際に大音響を発することの二つが原因として提示されている。

　コルディエは、このうち論文③における椿園の旅行記『西域聞見録』を、マルコ・ポーロが同じ場所を通過した際に聞いた「精霊たち」の声と音楽の解釈として用いている。この部分のポーロの文章は「……これら精霊たちの声は、なにも夜間にのみとはかぎらないで、昼間でも聞こえてくるし、ときによると種々な楽器の音、とりわけ太鼓の音を耳にするような場合もある」（愛宕松男訳注『東方見聞録』一、平凡社東洋文庫、一二〇頁）という表現になっ

97

no vessel on account of the great current. Theirs extends to what are called the Mountains of the Moon, whence spring the sources of the Nile of Egypt, & thence to Western Sudan, to the Spanish Countries & the (Western) Ocean" (p. 407) ~~ The currents in the Mozambique channel vary with the monsoons, but from Cape Corrientes southward along the coast runs the permanent Lagullas current, & Polo's statement requires but little correction / Note 5. — "The Garuda of the Hindus, the Simurgh of the old Persians, the 'Anka of the Arabs, the Bar Yuchre of the Rabbinical legends, the Gryps of the Greeks, were probably all versions of the same original fable. (Bochart quotes a bitter Arabic proverb which says, "Good Faith, the Ghul, & the Gryphon ('Anka) are names of things

ユール編『マルコ・ポーロ卿の書』(『東方見聞録』)中の「アラビアン・ナイト」挿絵の模写(「ロンドン抜書」巻12)。熊楠の論文を引用しているユール＝コルディエ版は、熊楠が大英博物館で読んだこの本の後継版にあたるている。さらにコルディエは、論文④に関しても言及していて、評価の高さがうかがえる。

一方、「死者の婚礼」のほうは、熊楠自身がポーロの記録の裏付けを意図して、タタールにおける同様の風習を記録した中国側の文献『昨夢録』を紹介したものである。一二世紀前半の『昨夢録』から一三世紀後半のポーロの記録という流れは、年代的にも無理がないし、この間のタタール人と中国人の風習の融合という説も秀逸で、熊楠の文献探索の成功例の一つと考えられる。

自慢話の多い熊楠の文章に登場しないところをみると、どうやら彼自身は、一九二〇年に増補刊行されたこのユール＝コルディエ版のことを知らなかったようである。しかし、この本は現在でも、英米の少し大きな書店にはかならず置いてあって、熊楠の業績の名残を今にとどめている。

（松居竜五）

驚くべき音響①
Remarkable Sounds

『ネイチャー』一八九六年二月六日　五三巻一三七一号

C・トムリンソン氏が引用した文章（既刊号七八頁〔一八九五年一一月二八日号〕）を、私はヘッド少佐の『森の風景』（ロンドン、一八二九年、二〇五頁）に見いだした。そこには、「これは、実際のところ、文字通り洞窟の奥に閉じこめられた風の音にほかならないのである」という一文もつけくわえられている。さらに、オラウス・マグヌスは、同じような音響を次のように描写している。

「しかし北欧の凍った湖では、氷の下に恐ろしい嵐の音が聞こえる。これは、氷の下に閉じこめられた風によるもので、厚い雲の層によって雷がおきるのと同じ事である」（『北方民族文化誌』〔仏訳〕パリ、一五六一年、一二一丁裏）

セバスチャン・ミュンスターは、アイスランドについての記事のなかで次のようにいう。

「割れた氷の塊が、ところどころ砕けながら八ヵ月間にわたってこの島の周囲を取りまく。そして、ものすごい勢いで海岸へと押しよせるために、人間のうめき声か怒鳴り声のような恐ろしげな轟音をたてる。それで無知な人々は、死んだ人間の魂が寒さの責苦を受けていると信じこむのである」（『世界地誌』

オラウス・マグヌス『北方民族文化誌』「海岸の洞窟から発する恐ろしい音」の項（２巻４章）掲載の木版画

〔仏訳〕バーゼル、一五五二年、一〇五一頁）

アルングリムス・イオナスは、この誤謬には異を唱えつつも「この氷は、時折ぶつかりあって、ぎりぎりというものすごい音をたてる。そしてまた、時折波が打ちよせ、低く唸るような潮騒が生まれる」（ハクルート『旅行記』一五九九年、一巻五六三頁）ことを認めている。

火山の火口や温泉[原注1]が、しばしば永劫に続く炎熱の地獄と見なされることを考慮に入れてよいのであれば、仏教[原注2]や道教[原注3]でいう「寒地獄」とは、こうした重苦しい氷の音響[原注4]から生まれたものとみてもよさそうである。

一月三一日　　南方熊楠

（原注１）ハーディー『仏教入門』二版、二七頁。私は、インド人が温泉と地獄とを混同しているという指摘を『ネイチャー』で読んだ記憶があるが、今、号数と頁数を指摘することができない。

（原注２）ビール『中国仏典目録』一八七一年、三六頁参照。

（原注３）段成式『酉陽雑俎』和刻本、二巻三丁裏参照。

（原注４）実際、ミュンスターによれば、古来アイスランド人は「ヘクラ」〔アイスランド島南部の活火山〕と「氷」の二つの地獄があると信じていたという。

驚くべき音響②
Remarkable Sounds

『ネイチャー』一八九六年三月五日　五三巻一三七五号

「風のうなり声」（既刊号七八頁〔一八九五年一一月二八日号〕参照）によく似た奇妙な音響は、中国の提督劉文炳《りゅうぶんへい》〔『五雑組』では劉炳文〕の日記のなかに短く描写されている。この日記は、倭寇を防ぐために、一五九五年浙江省から山東省へ向かった航海の際につけられた（謝在杭『五雑組』和刻本、四巻四六〔四七〕丁表）。本文は次のようなものである。

「夜、われわれは福山島（山東省）に停泊した。この山は、草木もなく洞窟もないにもかかわらず、まるで神が棲んでいるかのように悲鳴をあげる」

二月八日　南方熊楠

驚くべき音響③
Remarkable Sounds

『ネイチャー』一八九六年四月三〇日　五三巻一三八三号

次に掲げるのは、椿園という中国人の中央アジアへの旅行記『西域聞見録』（大英博物館〔蔵書〕一五二七一b一四）からの一文である。ここには、ヘッド少佐が北アメリカで聞いたもの（既刊号七八頁〔一八九五年一二月二八日号〕参照）と同様の氷から生じる音響のことが記されている。

「穆《ム》粛《シュ》爾《ル》達《タ》坂《ハン》（ムザルトに同じ）とは氷の山のことである。(原注1) 伊《イ》犂《リ》と烏《ウ》什《シ》の間にある。……このあたりを旅して日没が迫れば、ほどよい厚さの岩を選んで、その上に臥して眠るとよい。(原注2) 夜、あたりが静まると、銅鑼《どら》や鐘の音、さらには弦や笛の音が聞こえてきて夜通し耳障りなことがある。これは、氷が砕けることによって生ずる多種多様な音響なのである」

四月九日　　南方熊楠

（原注1）プルジェワリスキーの『グルジャから天山を越えてロプ・ノールへ』ロンドン、一八七九年、一七七頁の脚注には、Muzart あるいは Mussart は「雪深い」ということを意味する言葉だとある。

（原注2）同じ道程をたどった古代中国の巡礼者玄奘は、このあたりを旅する者たちは、氷の上で眠らざるをえなかったとしている（スカイラー『トルキスタン』ロンドン、一八七六年、一巻三九一頁）。

驚くべき音響④
Remarkable Sounds

『ネイチャー』一八九六年五月二八日　五四巻一三八七号

日本の橘《たちばなの》茂世《しげよ》による『北越奇談』（一八〇〇年頃刊、二巻五丁以下）のなかで、私は驚くべき音響についての記述をいくつか発見した。「越後の七不思議」の詳しい説明のなかには、次のような記述がある。

「五番目の不思議、胴鳴（胴の音または堂の音と解される）は秋の日、晴天から嵐になろうとするときにかならず聞こえる。まるで雲から雷が落ちたか、山で雪崩がおきたかのようである。この地方にはその音源とされる山が多く、どこで発生するのかはよくわからない。互いに距離の離れた複数の場所で、まったく同じ大きさに聞こえる」

さらに著者は、蒲原郡の黒鳥村でその当時広まっていた民話についても語っている。黒鳥兵衛という英雄（一〇六二年没か）は、首と胴とがばらばらに神社に埋葬されているのだが、一つになろうと常にもがいており、それが奇妙な音の正体だというのである。

「この奇怪な現象は、今ではあまりおこらないという。ただし、村から二、三マイル離れたところではよく聞こえることがあり、明らかに神社の境内で音が響いているそうである。さらに不思議なことに、黒鳥村の住人には、村内では決してこの音が聞こえず、村から外に出たときにのみ聞こえるということだ」

この記述を締めくくりながら、著者は自分の考察として、この奇妙な音の正体は、海鳴が地に接しておこる共鳴ではないかと論じている。

五月一八日　南方熊楠

死者の婚礼
Marriage of the Dead

『ネイチャー』一八九七年一月七日　五五巻一四一九号

マルコ・ポーロはタタール人について次のように語っている。

「彼らにはまた、注目すべき風習として次のようなものがある。ある人の娘が未婚のまま死に、同じ時期に別の人の息子がやはり結婚前に死んだ場合には、親たち同士で亡くなった若者と娘のために盛大な結婚式の手はずを整える。そして、通常の誓約を取りかわして、本当に二人を結婚させてしまうのである！　できあがった誓約書は火にくべて、他界にいる二人がこのことを知って互いに夫と妻として認めあえるようにする。以降、親たちは、まるで子供たちがまだ生きていて結婚しているかのように、双方を親族と見なす。持参金として合意のあるものはみな、払う側が紙に書いて火にくべさせ、このようにすれば死者たちがあの世で現物をすべて受けとれるだろうという」（ユール『マルコ・ポーロ卿の書』二版、一巻二五九―二六〇頁）。このポーロの物語に関して、故ユール大佐は、後世の著作を引きながら、「これは中国の風習である。しかし、タタールの風習でもある、とマルコがいっているのを信用して間違いないだろう」（二六〇頁）としている。

この奇妙な習慣に関する記録が、元朝の開始以前にもあったかどうかはっきりしないために、私は、これがもとから中国人とタタール人に共通のものだったのかどうか疑問視していた。しかし、最近、『昨夢録』（大英博物館蔵書一五二九七a一、一一―一二丁）に発見した次の文章は、この問題に決着をつけると思われる。

「北方には次のような風習がある。適齢期の青年男女が未婚のまま死ぬと、家族は『鬼媒』（死者の媒酌人）と呼ばれる仲介者を定めて、婚礼のための交渉を依頼する。この件について前もって必要なことを記した証書を互いに相手の家族に渡し、新郎新婦の親の名前において、一人の男性に祈禱と占いをしてもらう。占いの結果この結縁が吉と出れば、死んだ二人のために礼服と装飾品を用意する。さて、媒酌人は、花婿が埋葬された場所まで出かけていって酒や果物を供え、二人に結婚をすすめる。その場に隣りあわせに並んだ二つの席が設けられ、その後ろには、それぞれ一フィート以上の長さの小さな垂れ幕をかける。御神酒によってこの結婚の神聖が宣言されるまでは、二本の垂れ幕はまっすぐ静かに垂れさがったままだが、御神酒が地にまかれて二人に結婚が促されると、二本の垂れ幕は次第に近づき、ついには互いに触れあって、夫婦となったのをともに喜んでいることを示す。しかし、もしも一方が相手を好まないのであるならば、気の進まないほうを表す垂れ幕が、相手の垂れ幕のほうに向かって動かないこともある。

結婚の意味がよくわからないほど幼くして死んだ場合には、少年の後見人として、死者のなかから一人の男が任命される。また人形を何体か作り、少女の指導役や侍女らとする。（原注）後見人は、自分の名と年齢が書かれた紙が捧げられることで、その役目が与えられたことをあの世で知る。結婚の成立後、配偶者たちは、それぞれ自分の義理の親たちの夢のなかに現れる。このような風習が実行されないと、あわれな死者たちは、情けのうすい親族らに対して災いをなすのである……。こうした婚姻の際には、双方の親たちから媒酌人（鬼媒）になにがしかの贈り物が渡される。鬼媒の唯一の仕事は、毎年、村じゅうの新しい死者の組みあわせを調べて、二人の結婚の手はずを整えることにあり、それだけで生計を立てている」

ほかではもはやみることのできない記録を、詳細かつ正確に伝えているという点と、この習慣の起源が中国ではなくタタールにあることを明示している点で、たいへん興味深い文章である。著者の康与之は、中国北部にあった自分の故郷を、一一二六年のタタール人の金朝による併合直後に訪れたことを記している。つまり、北方からの侵略者が中国に多くの新しい制度や習慣をもたらしたことと、なかでも、死者同士の婚礼はたいへん新奇なものだったために、康与之がはじめて記録したことは疑いがない。

ペティ・ド・ラクロアが典拠としたあるペルシア人の著者によると、この風習は、チンギス・ハーンが家臣たちの融和のために一二〇五年に発布したヤサ〔一二〇六年の大法令イェケ・ジャサクのこと〕の第一九条に取りいれられた。同じ著者はまた、こうも述べている。「この風習は今日もタタール人の間で行われているが、さまざまな俗信に基づき細部が付けたされている。たとえば婚姻の誓約書は、結婚をしたとされた二人の肖像や、獣の形などを描きたした後に、火にくべる。これらはすべて煙によって子供たちのもとに届けられて、あの世での結婚が成立するのだと説明される」（ペティ・ド・ラクロア著、

P・オービン訳『ジンギスカン大王史』ロンドン、一七二二年、八六頁)。このことについて、康与之の記述には証書を燃やす場面はなく、ペルシア人の著者は、これが後世につけくわえられたと断言している。この点からみて、死者同士の婚礼はもともとタタールの風習であり、やがてそこに、死者のためにさまざまなものを紙で作り、それを供えて燃やすという中国でおなじみの習慣がまざり、チンギスの治世から孫フビライの代までに融合したものと思われる。マルコ・ポーロがこの風習を目撃したフビライの治世には、両者はすでに融合していたものの、おそらくはまだ、主にタタール族の間で広まっていた風習だったのだろう。

南方熊楠

(原注)原文の最後の節の読み方には疑問がある。おそらく、「花嫁の家族は、少女の乳母や侍女たちがあの世で必要とするさまざまな種類の日用品や衣類を調える」としたほうがより正確であろう。

第9章

ロスマ論争

The Argument over Rosmar

南方熊楠は生涯を通じてさまざまな論争を行った人物であるが、そのなかでももっともよく知られているのが、ロンドン時代にオランダの東洋学者グスタフ・シュレーゲルとの間で戦わせたものであろう。「ロスマ」という海の生物に関するシュレーゲルの考証に、熊楠が反論を送ったことからおきたこの論争は、およそひと月のやりとりの末、熊楠の全面的な勝利に終わった。その論争の過程は、帰国後、さまざまな機会に自慢話として披瀝《ひれき》され、やがて熊楠の伝記などで繰りかえし語られることになる。

では、この論争は、実際にはどのような経緯をたどり、全体としてどのような意味をもつものだったのだろうか。それを知るためには、まずシュレーゲルという人物について考えてみる必要がある。一八四〇年に生まれたシュレーゲルは、幼い頃から中国語を学び、一八歳で廈門《アモイ》のオランダ領事館に中国語通訳として赴任、その後、広州、バタヴィアを経て帰国し、ライデン大学の中国語中国文学講座初代教授となった。その研究の対象は多岐にわたり、古代中国の星座、地誌学から、売春に至るまで、さまざまな著書を残している。実は、こうした古代中国の世界観のさまざまな分野に関心を向けるシュレーゲルの学問姿勢は、熊楠と重なる部分が多い。だからこそ「ロスマ」という不思議な海の生物の正体といった、かなり特殊な事柄に関して、両者が論争に及ぶことになったともいえる。

しかし、論争がおきる以前のシュレーゲルは、どちらかといえば熊楠に対して好意的であった。熊楠が『ネイチャー』に発表した「拇印考」「さまよえるユダヤ人」「マンドレイク」といった初期の代表作に注目したシュレーゲルは、これらを自らが編集する東洋学雑誌の『通報《トンパオ》』に転載した。こうした熊楠の著作はまた、シュレーゲルの友人であったライデン国立博物館員のヨハネス・シュメルツの手によって、『国際民族誌報』にも掲載されることになった。

　ところが、このシュメルツの書いた文章が事態を複雑にしたようである。「拇印考」の解説でも指摘したように、シュメルツは熊楠の論文を紹介した際に、指紋と手相を混同している点についての批判も行った。しかも、その際に、同僚であるシュレーゲルが熊楠よりも先に中国人の指紋法について言及していると指摘しており、これは熊楠にとってかなり気に障る書き方であったと推測される。シュレーゲル自身が、このあたりのシュメルツの自分に対する配慮をどのようにとらえていたのかはわからないのだが、熊楠にとっては、ライデンの二人の学者は同じ一派とみえたことであろう。熊楠がロスマ論争の発端について「シュレッゲル毎々小生がロンドンにて出す論文に蛇足の評を加うるを小生面白からず思いおりしゆえ」（平凡社版全集七巻一八頁）と書いていることは、こうした状況を反映したものと考えられる。

グスタフ・シュレーゲル（1840–1903）。廈門のオランダ領事館勤務を経て、ライデン大学中国語中国文学講座初代教授。1875年の『中国星辰考』を皮切りに、さまざまな中国の問題について論じるかたわら、『通報』誌を主宰した。オランダ語読みではフスタフ・スフレーヘル

熊楠が一八九七年一月三一日に『通報』誌に手紙を送り、一八九四年の同誌五巻質疑応答欄に掲載されていた「イッカクの中国名」と題する短報に対する回答を行ったことから、激しい論戦が始まることになる。この短報はG・Sと署名があることから、シュレーゲル自身が書いたものであることは、熊楠も最初から承知していたであろう。このいきさつ自体に関しては、熊楠自身は「……右の問を解き遣りなば、『通報』編輯人も悦ぶことと思い」(平凡社版全集六巻四八〇頁)と記しており、当初はさして悪意をもつものではなかったことが推察される。

このときに熊楠がシュレーゲルに送った手紙は未発見であるが、シュレーゲルから熊楠への手紙は、四通が南方邸に保存されている。さらに、熊楠の当時の日記や書簡中の記述などと照合して、この論争中の二人のやりとりのうちの確認できる分を、発信日に基づいて整理すると次のようになる。

① 一月三一日　熊楠→シュレーゲル
② 二月　二日　シュレーゲル→熊楠　(二月四日着信)
③ 二月　三日　熊楠→シュレーゲル
④ 二月　四日　熊楠→シュレーゲル
⑤ 二月　七日　シュレーゲル→熊楠
⑥ 二月一三日　熊楠→シュレーゲル
⑦ 二月一五日　熊楠→シュレーゲル
⑧ 二月一六日　シュレーゲル→熊楠　(二月一七日着信)
⑨ 二月二四日　熊楠→シュレーゲル
⑩ 三月　四日　シュレーゲル→熊楠

このうち、シュレーゲルから熊楠への第一信②、第二信⑤、第三信⑧、第四信⑩が現存する分であり、ここでは四通をすべてそのまま訳出することとした。肝心の熊楠からシュレーゲルへの書簡が見つかっていないことは残念であるが、第二信や第三信には、①③④⑥の熊楠書簡に対する言及やそこからの引用があり、かなり感情的なやりとりとなった論争全体の雰囲気を推測することが可能である。それによると、⑥の熊楠書簡などは、少なくとも十数ページ以上のきわめて長文のものだったようである。

さて、その議論の内容であるが、基本的には一七世紀初頭に成立した中国の字書『正字通』のなかにみえる「落斯馬」という海の生物の正体、およびこの言葉の語源が何か、ということに尽きている。『正字通』には「落斯馬は長さは四丈ばかりで、海底におり、水面に出ることはまれである。皮は堅くて、鋭利なものも刺さらない。額の二つの角は鉤《かぎ》に似ている」と記されていて、海の生物であることは明らかなのだが、いかにも外来語起源のようにみえる「落斯馬」という言葉は謎であった。

シュレーゲルは『通報』の記事で、この生物がイッカクであるとして、「落斯馬」という言葉の語源のみを問うた。しかし、熊楠はこれがセイウチを指すこと、また「落斯馬」とはノルウェー語で「海の馬」を意味するRos Marの転記で

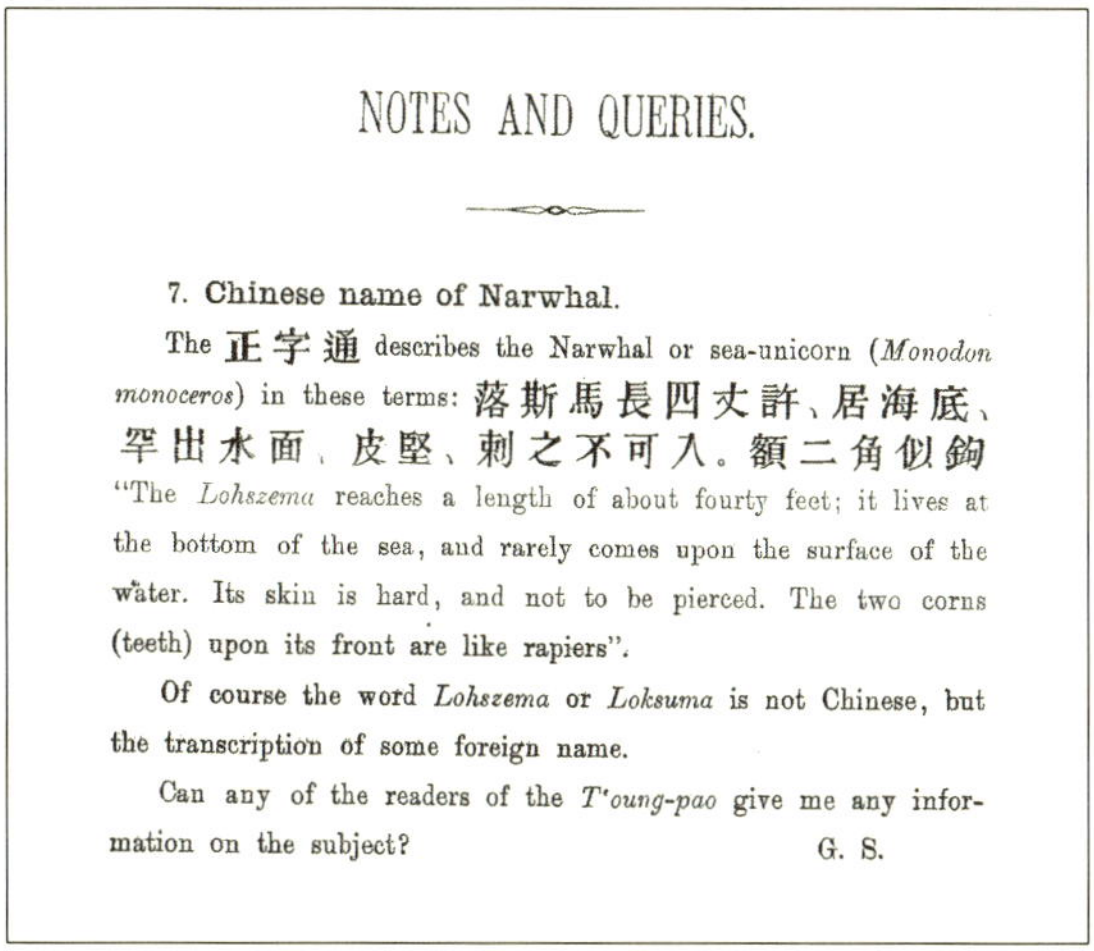
NOTES AND QUERIES.

7. Chinese name of Narwhal.

The 正字通 describes the Narwhal or sea-unicorn (*Monodon monoceros*) in these terms: 落斯馬長四丈許、居海底、罕出水面、皮堅、刺之不可入。額二角似鉤 "The *Lohszema* reaches a length of about fourty feet; it lives at the bottom of the sea, and rarely comes upon the surface of the water. Its skin is hard, and not to be pierced. The two corns (teeth) upon its front are like rapiers".

Of course the word *Lohszema* or *Loksuma* is not Chinese, but the transcription of some foreign name.

Can any of the readers of the *T'oung-pao* give me any information on the subject?　　G. S.

『通報』5巻（1894年）の質疑応答欄に掲載された、シュレーゲルの質問文

あることを指摘したのである。この議論のポイントは、「額の二つの角は鉤に似ている」の解釈で、シュレーゲルがこれをイッカクのもつ長短二つの角であるとしたのに対して、熊楠はセイウチの左右の長い牙のことであると解釈している。

熊楠からの指摘に対して、シュレーゲルは最初、軽くかわそうとしたが、途中からはむきになって反論することで、不利な論争に引きずりこまれることになってしまった。少なくとも英語、ドイツ語、フランス語、イタリア語で論文を書きわける力があり、相手を論駁するためにはツングース語、ギリヤーク語まで調べようというシュレーゲルが、和漢文献に関して、熊楠に言わせれば初歩的な間違いを示していることは、非漢字文化圏出身者の制約を感じさせる。また、『正字通』に登場する他の海の生物である「薄里波」の語源がpolypusつまりタコであり、「把勒亜」がbalaenaつまりクジラであるとすることがいかに荒唐無稽《こうとうむけい》であるかと、自分から話題をもちだしながら、後にその解釈こそが正しいと判明するなど（平凡社版全集六巻四八一頁参照）、見事に墓穴を掘ってしまっている。

論争となると容赦《ようしゃ》のない熊楠のほうは、このやりとりを公開するとまで脅しをかけて、シュレーゲルを追いこんでしまう。そして、最終的にノルウェーの博物学者オラウス・マグヌスのRos Marの記述から、中国に赴任したイエズス会士フェルディナンド・フェルビーストの『坤輿外紀《こんよがいき》』、そして『正字通』へという情報の流れがはっきりして、熊楠説が完全に証明されることになったのであった。熊楠は、自説の正しさを認めたシュレーゲルの三月四日消印の第四信のハガキを、「ロンドン抜書」巻二〇に書き写しており、大いに溜飲を下げたことが想像される。その後、一八九九年六月になって熊楠は、『ネイチャー』と『ノーツ・アンド・クエリーズ』の両誌に「セイウチ」と題する文章を送って、この発見に関する報告を行っている。

しかし、感情的になって議論に負けてしまったとはいえ、東洋学者としてのシュレーゲルの著作には、注目すべきものも多い。実は、一八七〇年代の壮年期のシュレーゲルの草稿資料は、市河三喜の手で日本にもたらされ、現

ラムージオ『航海と旅行』掲載の海獣図の写し（「ロンドン抜書」巻8）

在は慶応大学言語文化研究所に保存されている。残念ながら熊楠との文通期のものは、筆者の調査した限りでは含まれていないようだが、処女作の『中国星辰考』に関連する中国文献の筆写などが多数みられる。非漢字圏の学者として真摯《しんし》に原典にあたろうとしている点は印象的であるし、また、ともに中国の星座を扱った作品でデビューしたということでは、熊楠との因縁も感じられる。

熊楠もまた、論争の勝利についてこれでもかと自慢する傍らで、論争の六年後に亡くなったシュレーゲルに対する同情の心持ちを表すような文章を書いてもいる。「予は当時三十歳の血気盛りで」という対比とともに、「シュレッゲルは老人で大分弱りし様子、孫逸仙などは、南方はまことに執念深き男と気の毒がりおられし」（平凡社版全集六巻四八四頁）と記す田辺定住後の熊楠の文章には、当時の自分の猪突猛進的な若さに対する一定の反省もみられる。

（松居竜五）

参考資料
シュレーゲルから南方熊楠宛書簡（四通）

第一信　ライデン、一八九七年二月二日

拝啓

「**落斯馬**」に関する書簡をお送りいただき、たいへん感謝しております。しかし、私はロスマ rosmar が語源だという解釈には賛同いたしかねます。フランス語では rosmare は vache marine＝seacow すなわち「海の牛」を意味しますが、これはラテン語の ros maris つまり「海の露」に由来すると思われ、英語では rosmary〔マンネンロウ〕にあたると思われます。そして当時の中国人がこのラテン語の呼称を聞きおよび、これを転記していたなどというのは、まったく不可能なことです。

一八九五年の『通報』誌六巻二一頁以降には「**瀛州**《えいしゅう》」についての記述があり、それをご覧になれば、Loh-sze-ma がイッカクに間違いないことがおわかりいただけるでしょう。これは、日本では**サチホコ** satsifoko と呼ばれていたものです（二四頁）。

中国人は morse〔セイウチ〕のことを「**海馬**」seahorse あるいは「**海牛**」seacow と呼んでおり、この動物のことをよく知っています。

私はかねてより、loh-sze-maという語は日本語からの音訳ではないかと考えているのですが、まだその語を見つけられずにおります。

瀛州とはおそらく肥前の沿岸にあったと思われ、たぶん今の平戸島のことかもしれません（前掲誌、一一および二五頁）。

ところで、セイウチはそれほどまで南下することはありませんが、イッカクならばシャムのほうまで行くことがあり、日本近海でもよく見られます。

敬具

G・シュレーゲル

第二信　　ライデン、一八九七年二月七日

拝啓

二月三日および四日付の貴兄の書簡二通を受けとりました。この二通には、きわめて多くの貴重な情報が含まれています。

しかしながら、ロスマ rosmar の語源（ラテン語でなければ、古ノルド語の ros と marr であると思われます。rosは英語のhorseにあたるhrosからの変化、marrはmareにあたり、どちらも馬を意味しています）がいかなるものであるにせよ、中国人がこの語を転記したという説については、私はやはり疑問を呈します。どのような人物から中国に伝わったのかが不明だからです。私は、単なる類音に頼るような語源学は避けたいと常に考えています。なぜなら、比較言語学において私が最初に教えられたのは、異なる言語に属する二つの語が似ていれば似ているほど、それらが同一の意味を有する可能性は少ないということだからです。ところで、仮に一八世紀の中国人がrosmarあるいはrosmarusという語を聞いた場合、彼らはそれをlohszemaではなく「**落斯馬児** loh sze ma rr」と表記したのではないでしょうか。別の例を挙げてみましょう。

『**正字通**』には、土の上では土の色に、岩の上では岩の色にといった具合に、場所によって色を変えることができるpoh-li-p'o〔薄里波〕という魚のことが記されています。（**又薄里波色能随物而変。附土如土色。附石如石色**）。私はこれがある別の生き物を指していることは明らかだと思うのですが、貴兄は、これなどもポリプス polypus (poh-li-p'o)〔タコ〕のことだとされるのかもしれません。同書にはまた、一〇尋《ひろ》ほどの長さで頭の上の二つの穴から潮を吹きだすpa-li-a〔把勒亜〕という生き物についての記述もあります。船に出会うと頭を海上に出し、潮をかけて船を水浸しにしてしまうそうですが、メカジキはこれと戦って勝つことができると書かれています。（**把勒亜長十数丈。首有二大孔、噴水上出。遇船昻首注水。又剣魚能与把勒亜魚戦而勝**〔訳注1〕）。これなども、明らかにクジラのことであって、「語源学からみて」、palihaはギリシア語のファレー *φάλη*、あるいはラテン語のバラエナ balaena〔ともにクジラ〕を転

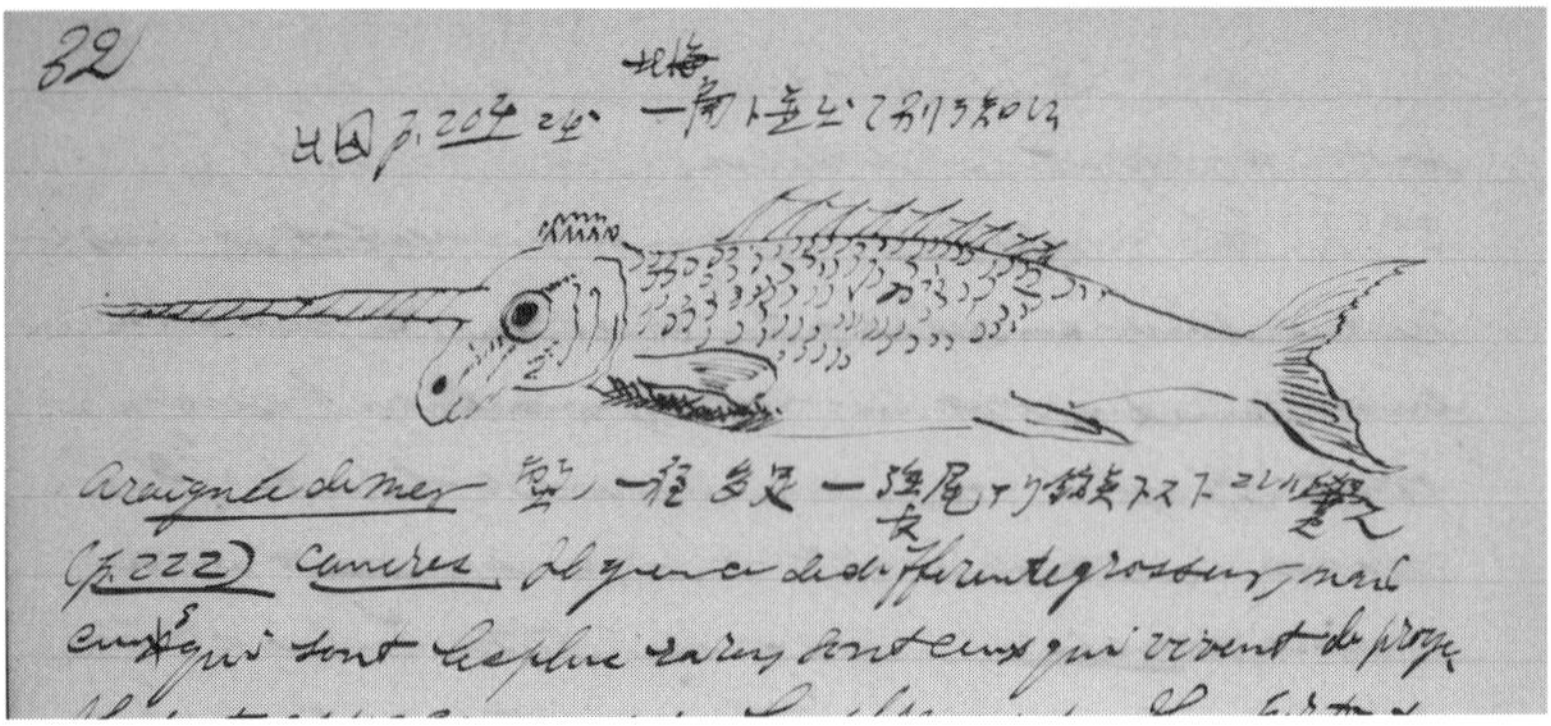

イッカク図（「ロンドン抜書」巻42）。シュレーゲルははじめ、「ロスマ」をイッカクと考えた。熊楠は、その当否を判断するために、イッカクについても調査したと思われる

記したものであるということになるのでしょうか。私としては、そのような同定は、〔ジョゼフ・〕エドキンズ博士流の粗雑な語源学のようで、ご免こうむりたいと、声を大にして申しあげておきます。

『正字通』はその成立年代が新しいという異議を貴兄がおもちでも、〔アレグザンダー・〕ワイリーによっておそらく漢代にまでさかのぼるとされた**『十州記』**の成立年代の古さは否定なさらないでしょう。私は、『通報』六巻二二一—二二三頁の拙論「地誌学上の諸問題」のなかで、この『十州記』を引用したのですが、そこには「**瀛洲一名魂州、亦名環州、東有淵洞、有魚長千丈。色班。鼻端有角**[訳注2]」云々という記述があります。この記述に合うクジラ類として、私はイッカク以外のものを考えることができません。若いイッカクの個体は、全身を無数の黒っぽい斑点で覆われており、それは不規則なまだら模様ですが、成長するとほぼ環状になります。ですから、額に**角**があり、**班**〔斑〕**色**をもつというこの中国書の記事が、イッカクを指していることとは間違いありません。

貴兄が引用された文献によれば、シャチホコ shachihoko（日本では誤って**鯱**と書かれますが、この字は中国語にはない字で、おそらく「**魚の虎**」と分かれて書かれていたものの誤記と思われます）は、スナメリ *Neomeris phocaenoides* ということになります。しかし、私の知る限りでは、この生き物には、シャチホコという名前の「ホコ」の字が示すような**角**はありません（**ホコ**は「**鉾**」、つまり槍のことであり、「**角**」を指すと私は考えます）。

サチホコ satsifoko という語を、私はトマス・サモンの『旅行記』のオランダ語版で見たことがありますが、これはおそらくヘボンが shachihoko と表記したのと同じものの、別の表記でしょう。日本について述べた文章中、サモンは次のように書いています。「これらの海には、口吻に二つの長い牙をもち、長さが五、六尋のサチホコという名の魚が住んでおり、これはクジラの天敵とされる」と。メカジキと pa-lih-a〔把勒亜魚〕との戦いについて書いた中国書の記述とを併せ読むと、二つ別々の、よく似た報告があることがおわかりいただけるかと思います。サモンのサチホコは、一本しか角のないメカジキのことではないはずです。それは角が二本あるとされていて、現実にそうであるのはイッカクだけです。かつて私は、日本と中国のクジラ類について専門的な研究をしたことがあり、この論の全文は『通報』三巻五〇三―五一〇頁でご覧いただくことができます。〔以下欠落〕

第三信　　ライデン、一八九七年二月一六日

ロンドンの南方熊楠氏へ

名誉ある貴兄よ！

　貴兄の言われる「下手な英語」による不備を最大限に割り引くとしましても、貴兄の前回の書状の書き方からは、われわれ西洋の学者が論争の際に守っている礼節のルールについての知識を、貴兄が深刻なまでに欠いていることがうかがえます。学術上の問題について意見がいかに異なっていても、われわれは、貴兄の書簡にみられるような冷笑的、あるいは罵倒的な表現を用いることはいたしません。たとえば、前回の貴兄の書簡八頁「貴殿の偉大なる新発見（？）」、一二頁の「しかし、もし貴殿がご自分の『学問的方法？』とやらにこだわるなら、いっそのこと貴殿の全能の神のごとき創作である**馬麟斯**と関連させてしまえば、貴殿の偉大なる計略にもさらに役立つのではとお勧めします」などの言葉のことです。

　一三頁の「貴殿がここでも、また例によって偉大な『発見』をやらかしてくれるのではないかと期待しています」や、一一頁の磐水〔大槻玄沢〕についての冷笑的な文章などは、お互いの信条に敬意を払うことを習いとするわれわれ西洋の学者にとっては、許されるものではありません。このような言葉はなんら建設的なものではなく、ただ相手の感情を害するだけのものです。

ともあれ、本題に戻りましょう。貴兄は、中国のロスマ lohszema は rosmarus であるという意見についての小論を書かれ、『通報』誌への掲載を求めて私に送ってこられました。もちろん私は、掲載そのものについてはなんら異存はありませんでした（現在でも異存ありません）。私はただ、掲載の前にこの問題について十分に議論をしておこうという意図から、私信で貴兄の同定に対する疑問を述べたにすぎません。

ところが、貴兄はご自分の説に大いに自信をおもちのようですから、私は編集者としての自分の役目はもう果たしたわけです。今後は、貴兄の論文を掲載し、内容の是非については他の人々の判断に任せようと思います。

われわれが交わした書簡は、厳密に個人間の私信の性格をもつものであり、なんら公的に発表されたものではありません。ですから私としては、われわれの議論を公開することがなんの役に立つのか理解しかねるのです。われわれの議論は博物学に関するものでもあり、また日本と中国の文献学に関するものでもあります。しかし、一般に博物学者たちは、日本や中国についての知識がなく、日本学や中国学の専門家は、博物学の知識をもちませんから、われわれの断片的な議論を公表しても、議論をあまり前進させないのではないかと思われます。

さらにいえば、われわれ西洋人の習慣では、発信人の同意なしに私信を公表することは、法律によってのみならず、あらゆる礼儀作法（**礼数**）の観点からも、許されることではありません。ですから私としては、貴兄が私の手紙を公開することに断固として反対いたします。私にとってさほど興味のない問題に巻きこまれて煩わされたくはありません。

しかしながら、貴兄の書簡には、シャチホコとその同類についての貴重な記述が多く含まれておりますから、問題そのものに毒を混ぜるようなことをせずとも、それについて特別に論文を書かれることが可能かと思います。それは、すべての日本研究者、また、すべての博物学者の興味を引くことでしょうし。

私は残念ながら『**正字通**』を所有しておりません。しかし、おそらく大英博物館の豊富な蔵書のなかにあると思いますから、ぜひ参照されて、ロスマ lohszema 等についてどのような典拠が示されているのかをご覧になってはいかがでしょう。時間と労力を費やす価値はあることと思います。典拠がヨーロッパのものであれば、貴兄の仮説の通りであり、この問題は解決されます。もしもより古い時代の中国の文献が引かれているならば、問題はなお未解決のままということになります。

私はあいにくほかの仕事で多忙なため、さしあたりまして、貴兄の書簡に詳しく答えることを控えさせていただきたいと思います。また、貴兄がいつの日か私の書簡を不当に利用するのではないかという懸念が、今となっては払拭しきれない、という理由もございます。

敬白

G・シュレーゲル

追伸　ちょうどここまで清書しおえたところで、本日の配達で貴兄の書簡が到着しました。来簡に感謝するとともに、磐水の生涯と著作について紹介する記事を『通報』にお寄せいただくことを改めてお願いしたいと思います。彼は、ヨーロッパでは明らかにあまり知られていませんが、もっと知られるべき人物ではないかと思います。貴兄が紹介文を書いてくだされば、わが国の人々の多大な関心を呼ぶことでしょう。

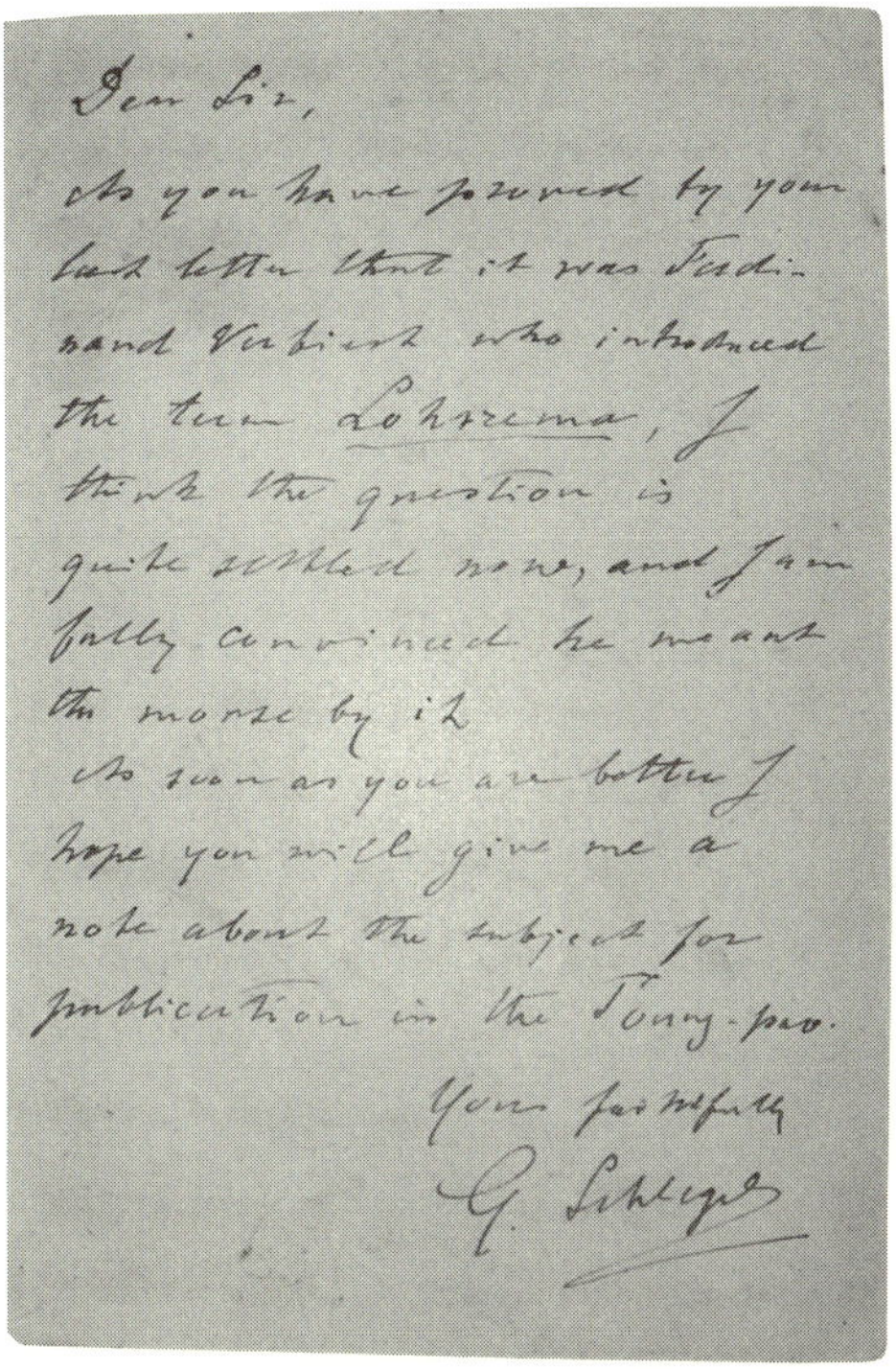

Dear Sir,
As you have proved by your last letter that it was Ferdinand Verbiest who introduced the term Lohsrema, I think the question is quite settled now, and I am fully convinced he meant the morse by it.
As soon as you are better I hope you will give me a note about the subject for publication in the T'oung-pao.
Yours faithfully
G. Schlegel

シュレーゲルから熊楠に宛てた第四信。「ロスマ」についての熊楠の見解を論文にまとめて、『通報』に寄稿してほしいと申しいれている

第四信〔訳注3〕　〔日付なし、三月四日の消印〕

拝啓

前回の貴兄の書簡によって、ロスマ lohszema という語を紹介したのは、フェルディナンド・フェルビースト〔訳注4〕であることが証明されました。これで、問題はすっかり解決したと考えます。フェルビーストがセイウチを指していたことは確かに納得いたしました。

貴兄のお加減がよくなり次第、『通報』誌にこの問題に関する論文をご寄稿いただきますようお願い申しあげます。

敬白

G・シュレーゲル

〔訳注1〕『正字通』の「魚」の項にみえる関連部分の原文は以下の通り（読点は引用者。なお、南懐仁の『坤輿外紀』や『坤輿図説』にもほぼ同文がみえる）。

「又薄里波、色能随物而変、附土如土色、附石如石色」「又海魚把勒亜、長数十丈、首有二大孔、噴水上出、遇船昂首注水船中、急取盛酒巨木罌投之、呑数罌輒去、又剣魚、觜長丈許、鋙刻如鋸、能与把勒亜魚戦而勝」「又落斯馬、長四丈許、足短居海底、罕出水面、皮堅剌之不可入、額二角似鉤、寐時角挂石、尽日不醒」

〔訳注2〕この中国文は晋の王嘉著『拾遺記』のものである。漢の東方朔著とされる『十州記』（正しくは『海内十洲記』）と

しているのはシュレーゲルの勘違いで、『通報』六巻二三三頁で彼自身が『拾遺記』と明記してこの中国文を引用している。なお、原文は以下の通り。

「瀛洲一名䰟洲、亦曰環洲。東有淵洞、有魚長千丈、色斑、鼻端有角」

〔訳注3〕この手紙の熊楠自身による翻訳は次の通りである。「君はこのほどの状で、落斯馬なる語を支那に入れしは、欧人フェルジナンド・ヴェルビェストたるを明証せる上は、年来の疑問ここに始めて解け、予は今は全くこの語は海馬を意味すと了《さと》れり。君、心身健康なるの日、落斯馬について一小篇を綴り投寄あらば、予はこれを『通報』に載せて公けにすべし。君に誠実なるガスタヴ・シュレッゲル」（平凡社版全集六巻四八三頁）

〔訳注4〕フェルディナンド・フェルビースト（一六二三―一六八八年）は、イエズス会宣教師として中国に渡った人物。『坤輿図説』『坤輿外紀』など、南懐仁という名で中国語の著作がある。

〔補注〕シュレーゲルは東洋学者らしく手紙のなかで漢字やかなも用いている。ここでは、その部分を太字で示した。ただし原典とちがいのあるものは訳注で原文を示した。また、傍線および二重傍線はシュレーゲル自身による。

セイウチ

Walrus

『ネイチャー』一八九九年六月一五日　六〇巻一五四六号

フェルディナンド・フェルビースト（一六三〇〔一六二三〕―一六八八年）は、その中国語による著作『坤輿外紀』（大英博物館蔵書一五二九七a六、一〇丁表）の「海の動物」の項に、「ロスマは、体長およそ四〇フィートで、脚は短く、海の底にいて水面上に現れることはまれである。皮はたいへん固く、刀も刺さらないほどである。額に鉤のような角があり、それを岩にひっかけて体を固定する。そのようにして、少しもおきることなく、まる一日ずっと眠るのである」と述べている。

G・シュレーゲル教授の見解（『通報《トンパオ》』一八九四年一〇月、三七〇頁）では、ここに描写された動物はイッカクとされているが、真理を追究するという目的からあえて言わせていただくと、これはセイウチのことを述べたものであり、落斯馬 Loh-sze-ma とは、ノルウェー語でセイウチを意味する Rosmar という語の、中国語表記である。

前述の描写の主要な部分は、オラウス・マグヌス『北方民族文化誌』（ローマ、一五五五年、七五七頁）にある描写とよく一致しているが、まったく同じというわけではない。つまり、後者はこの動物の大き

オラウス・マグヌス『北方民族文化誌』「セイウチ」の項（21巻28章）掲載の木版画

さを「ゾウほどもある巨大な魚」としているのに対し、前者はかなりの誇張を加えながらも、より明確に説明している。(原注)フェルビーストがどのような典拠からその描写を引きだしてきたのか、貴誌編集部あるいは読者のうちで、どなたか教えてくださる方はいないだろうか。

マグヌスは、セイウチが眠るときには岩にその牙をひっかけて自分の体を固定するのだが、しばしば熟睡しすぎて生命を危険に晒してしまうことがあるとしている。同様の話は日本にもあり、マンボウは眠ったまま漂ってきたところを、身とはらわたを切りとられてしまうといわれている（貝原〔益軒〕『大和本草』一七〇八年、一三巻四三丁裏）。

六月五日　　ＳＷ、ウォーラム・グリーン、エフィ・ロード7　　南方熊楠

（原注）ゲスナーは「私の考えでは、他にルスヴァールと呼ばれているものはこれと異なり、五〇フィートの体長で……」としている（『動物誌』四巻「ロスマについて」の項）。

〔補注〕熊楠は『ノーツ・アンド・クエリーズ』誌にも「セイウチ」Walrusと題する報告を送っており、一八九九年六月二四日号に掲載されている。それには、シュレーゲルの見解および最後の段落が省略されているが、それ以外はほぼ同文である。

第10章

ムカデクジラ
The Centipede-Whale

南方熊楠の英文論文の特徴を一言で説明するならば、そのほとんどが、英国における雑誌での議論を背景としている、ということだろう。「東洋の星座」以降『ネイチャー』誌上において、熊楠の論文は常に自由投稿欄に掲げられ、他の投稿に対する応答や、読者に問いを投げかけるようなかたちで執筆されていた。オステン＝サッケンとの共同研究の推移などが示すように、ときには雑誌での議論を飛びだして、私信から他の出版物へという道筋をたどったりもしている。

鶴見和子が「問答形式」と呼んだこうした議論のやり方は、公平な議論を重んずる当時の英国の習慣にのっとったものであった。しかし、こと『ネイチャー』に限って考えてみると、こうした雪だるま式に展開していく議論のあり方は、かならずしも雑誌の性格になじまないところがあったのも事実であろう。現在も、自然科学の一流誌として絶大な影響力をもつ『ネイチャー』は、物理・化学・生物などの分野における科学的発見の紹介を柱としており、文献学に基づく熊楠の議論はやや異質である。

また、熊楠の学問的関心自体も、一八九五年に「ロンドン抜書」を開始した頃から、明らかに自然科学から民俗学へと移行しつつあった。諸科学の統合を目指したハーバート・スペンサーの総合哲学に影響を受けたアメリカ時代からロンドン時代初期にかけての熊楠は、科学思想に関連する書籍を多読し、その論文も東洋における科学史といった傾向が強いものであった。それが、大英博物館の閲覧室や東洋書籍部に籠るようになってからは、文献学を背景とした比較民俗学の要素が飛躍的に増していく。

それでも熊楠の論文が『ネイチャー』に載りつづけたのは、古代天文学研究のパイオニアであった編集長ノーマン・ロッキャーの関心の広さのおかげだといえるだろう。ロッキャーはエジプト、ギリシアなどの古代遺跡と天文学を結びつけて研究した人物であるから、人文、社会科学と自然科学をつなぐ試みには、一定の関心と理解を有していたはずである。しかし、それにも限界があっただろう。ともに一八九五年の『ネイチャー』に着想が発表された「マンドレイク」と「さまよえるユダヤ人」の二つの論文のうち、「マンドレイク」は長篇の続篇が『ネイチャー』に引きつづき掲載されたのに、「さまよえるユダヤ人」がついに載らなかったのは示唆的である。つまり、かろうじて植物学と関連をもつ「マンドレイク」は自然科学論といえるが、明らかに説話研究の範疇《はんちゅう》に入る「さまよえるユダヤ人」は、もはや『ネイチャー』誌が扱う領域ではなかったわけである。

おそらく熊楠自身、こうした学問領域の問題は意識していたであろう。そのことをよく示す資料が、後に人類学会の会長になるチャールズ・リードが、民俗学者のジョージ・ゴンム宛に書いた一八九八年五月一六日付の熊楠を

チャールズ・ハーキュリーズ・リード（1857-1929）。古美術研究家・人類学者。1896年、ウォラストン・フランクスの後任として大英博物館英国中世古美術部長となる。また、英国人類学会会長、英国古美術協会会長を歴任。熊楠の仏教美術への知識を高く評価し、彼が大英博物館と関わりを深めていくきっかけを与えた

紹介する手紙である。そこには、「彼は帰国に際して、自分の書いたフォークロア関係の論文の発表先を探している」という言葉がみえる。当時イギリスの民俗学界の重鎮であったゴンムに、熊楠のフォークロア関係の仕事を託したいというのが、この手紙の主旨なのである。

このときのゴンムからの返事がどのようなものであったのかは定かではないが、一八九九年六月に熊楠が、「利口な子供」という小文でロンドン発行の『ノーツ・アンド・クエリーズ』誌にデビューし、続いて長文の「さまよえるユダヤ人」を発表していることは、彼がその「フォークロア関係の論文の発表先」をようやく見つけたことを意味している。『ノーツ・アンド・クエリーズ』誌は一八四九年にウィリアム・トムズが創刊した雑誌であるが、英上院書記官にして古物愛好家、書誌学者でもあったこのトムズこそ民間伝承を表すFolkloreという英語をはじめて使用した人物であった。つまり、『ノーツ・アンド・クエリーズ』誌はまさにフォークロアの情報交換を読者同士が行うことを目的として生まれた雑誌なのである。

また、『ノーツ・アンド・クエリーズ』のやり方は、記録（ノート）と質問（クエリー）、さらに応答（リプライ）からなるその構成が示すように、読者の自由投稿により、連鎖的にある話題についての議論が発展するという形式をとっていた。まさに、一九世紀英国のアマチュア学問の層の厚さに支えられた雑誌であり、かつまた議論好きの熊楠の性格にもよく合うものであった。結局、『ノーツ・アンド・クエリーズ』は、ロンドン時代後期以降、晩年になるまで熊楠の主な英文論文発表の舞台となり、長篇の「神跡考」「鷲石考」をはじめ、三〇〇篇を超える著作が掲載されることになる。

さて、こうした『ネイチャー』から『ノーツ・アンド・クエリーズ』への移行を踏まえると興味深いのが、熊楠が両誌の読者に尋ねた、ムカデクジラという架空の生物に関する質問状とそれに対する応答である。まず熊楠は、一八九七年九月九日号の『ネイチャー』に「ムカデクジラ」と題する文章を送る。これは、古代ギリシアのアイリ

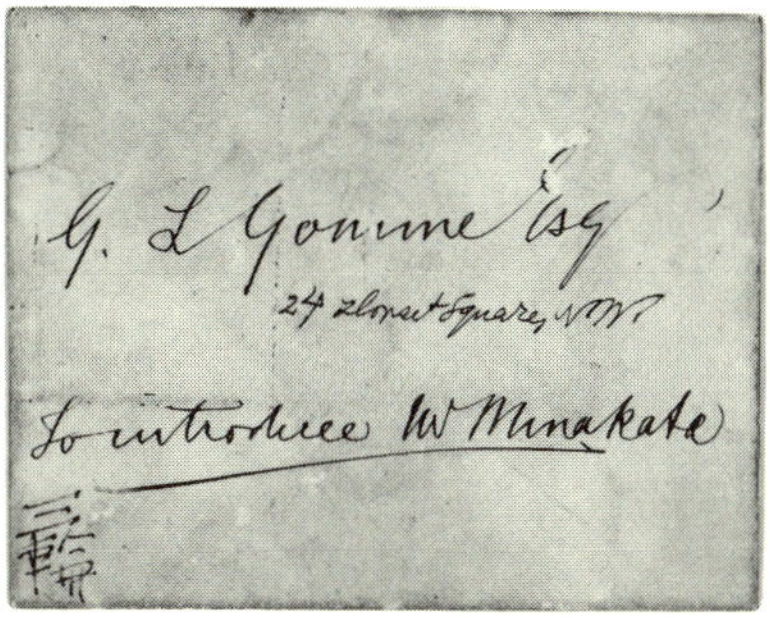

G. L. Gomme Esq
24 Dorset Square, N.W.
to introduce Mr Minakata

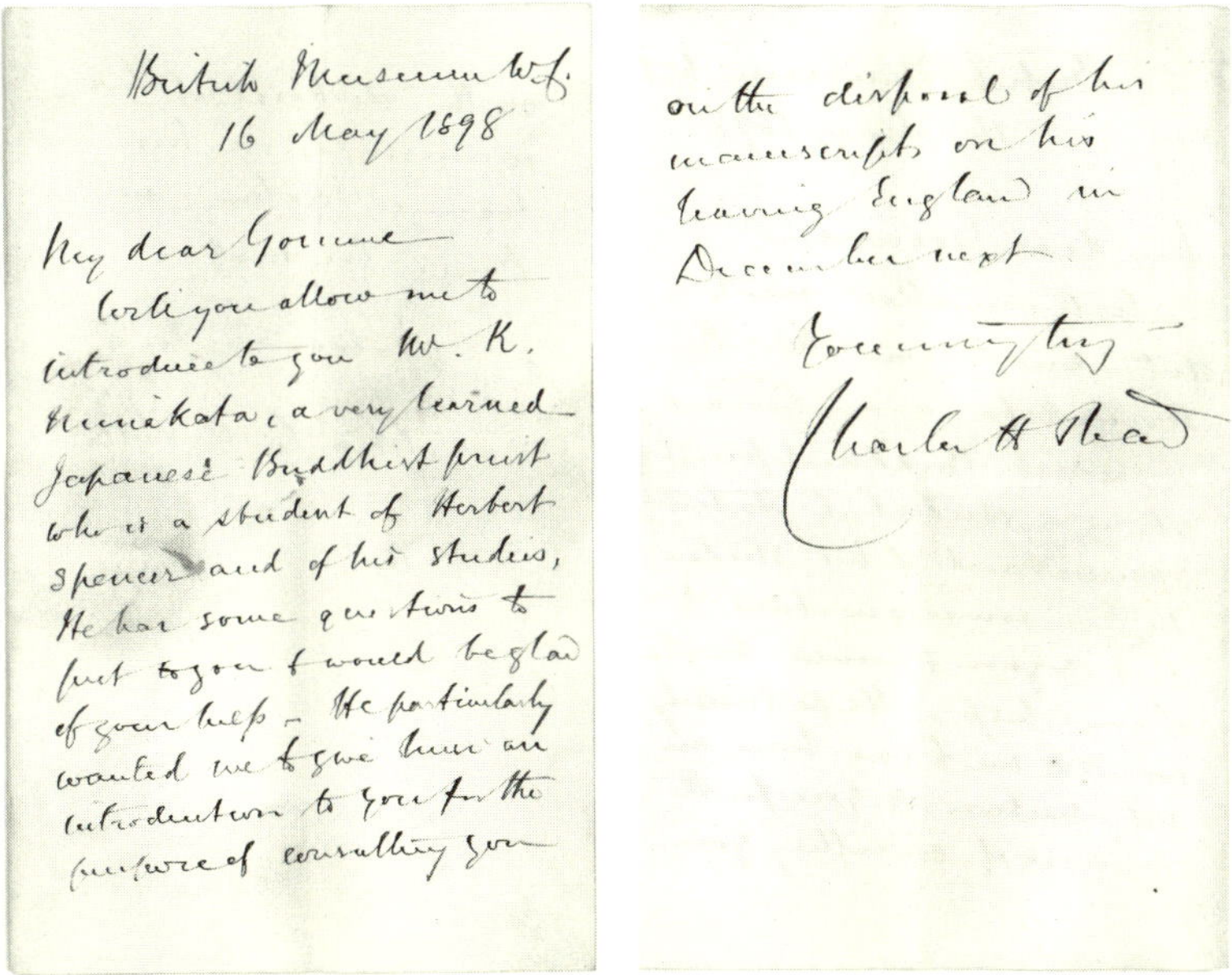

British Museum W.C.
16 May 1898

My dear Gomme
Will you allow me to introduce to you Mr K. Minakata, a very learned Japanese Buddhist priest who is a student of Herbert Spencer and of his studies. He has some questions to put to you & would be glad of your help. He particularly wanted me to give him an introduction to you for the purpose of consulting you on the disposal of his manuscripts on his leaving England in December next.

Yours very truly
Charles H Read

リードがゴンムへ宛てた、熊楠を紹介する書簡（1898年５月16日付）と、その封筒上書き。熊楠を「ハーバート・スペンサー氏およびその学問の研究家でもある、学識ある日本人僧侶」と紹介している

アノスと徳川日本の貝原益軒という東西を代表する博物学者が、ともに海を泳ぐ巨大なムカデについて記述していることに関して、その正体は何かと訊《き》いたものであった。

この問いに対して『ネイチャー』では、W・F・シンクレアという人物が、九月一六日号に掲載された文章で、ギリシアの諷刺詩のなかにこの記述が現れることを説いている。しかし、熊楠が探している生きて泳ぐ大ムカデとは違って、これは鯨の骨が浜に打ちあげられたものをムカデの足と見なしたものであった。そこで熊楠は、翌一八九八年一〇月一三日号掲載の記事において、シンクレアの指摘は「アイリアノスや貝原が記述している『ムカデクジラ』とは明らかに別のものを意味しているようである」と返事を送っている。

その後、この話題はいったん切りあげられるのであるが、熊楠はよほどムカデクジラの正体が気になっていたらしく、最初の投稿から一六年後の一九一三年に、今度は『ノーツ・アンド・クエリーズ』誌に同様の質問を送った。こちらでは、アイリアノスの用いているギリシア語「スコロペンドラ・ケタケア」をそのまま題に用いている。これに対して、今度はジェイムズ・リッチー、C・C・Bという二人の人物からの回答が五月二四日号に載った。このうちリッチーの回答は、ムカデクジラをときには体長が三フィート(九〇センチ)にも及ぶゴカイ類の一種と同定しており、説得力に満ちたものであった。熊楠もこれを「正解」と認め、八月九日号掲載の文章では「古代人のいうスコロペンドラ・ケタケアが、ある種のゴカイ類に十分に同定しうるというリッチー博士のご教示に、心より感謝申しあげたい」という謝辞を贈っている。

このムカデクジラに関する『ノーツ・アンド・クエリーズ』上の議論は、プリニウスにふれたC・C・Bの記事や、それに答えたリッチーによる再論、一七世紀アイルランドで捕獲されたムカデクジラに関するコンスタンス・ラッセルの記事などが寄せられ、たいへんな盛りあがりをみせて終わることになる。リッチーはエディンバラ大学の細菌学教授、C・C・Bは『ノーツ・アンド・クエリーズ』誌の常連投稿者、ラッセルは熊楠が「高名の貴婦人」と書くように、よく知られた学識のある婦人であった。そうした英国の知的好奇心に満ちた人物たちが参加したこの議論は、まさに、『ノーツ・アンド・クエリーズ』という雑誌の特徴がよく現れたものであったといえる。

さて、ここまでの経緯を論文の発表順に並べると次のようになる。ここでは、英語の"Centipede-Whale"をムカデクジラと訳した。また、スコロペンドラはムカデを、ケタケアは鯨類を意味するギリシア語およびラテン語である。

『ネイチャー』掲載分

南方熊楠「ムカデクジラ①」一八九七年九月九日
W・F・シンクレア「ムカデクジラ」一八九七年九月一六日
南方熊楠「ムカデクジラ②」一八九八年一〇月一三日

『ノーツ・アンド・クエリーズ』掲載分

南方熊楠「スコロペンドラ・ケタケア①」一九一三年五月三日
ジェイムズ・リッチー「スコロペンドラ・ケタケア」一九一三年五月二四日
C・C・B「スコロペンドラ・ケタケア」一九一三年五月二四日
ジェイムズ・リッチー「スコロペンドラ・ケタケア」一九一三年六月二八日
南方熊楠「スコロペンドラ・ケタケア②」一九一三年八月九日
コンスタンス・ラッセル「スコロペンドラ・ケタケア」一九一三年九月一三日
南方熊楠「スコロペンドラ・ケタケア③」一九二〇年一〇月二日

一九一三年までの議論のこの経緯は、一九一六年の『太陽』に大きく誌面を割いて掲載された「田原藤太竜宮入りの譚」(『十二支考』)で紹介されることになった(平凡社版全集一巻一五三―一五七頁)。『太平記』などに竜とムカデが戦ったという記述はあるものの、竜自体とは直接に関係のないこのムカデクジラ議論を紹介する熊楠は、そのことで自分の学問の方法論の背景を説明したいという気持ちがあったのではないだろうか。

熊楠は、この議論によって「以上述べたところで、秀郷蜈蚣《むかで》退治の先駆たる、加賀の海島で蜈蚣海を游いで大蛇と戦った譚も多少根拠あるものとわかり、また貝原氏が蜈蚣鯨大毒ある由記したのも全嘘《まる》でないと知らる」と記している。古代ギリシアから中世・近世日本に通底する架空動物について熊楠の疑問は、『ノーツ・アンド・クエリーズ』という格好の舞台を得て、科学的根拠と空想の間をつなぐ論考として、大いに展開することになったわけである。

(松居竜五)

ムカデクジラ①

The Centipede-Whale

『ネイチャー』一八九七年九月九日　五六巻一四五四号

私は、「スコロペンドラ・ケタケア」という語が意味する動物についての情報を、貴誌編集部あるいは読者のうちのどなたかが与えてくださることを切に願う者である。この語については、ヨンストンによれば、アイリアノスの以下のような記録があるだけだという。

「スコロペンドラの能力と性質を……私の聞いたところでは、それはおよそ海の怪物〔訳注1〕のなかで最大のものであって、嵐のときに海岸へ打ちあげられるが、それを見る勇気のある者はいないという。海上での経験が豊かな人々によれば、それは、海面に浮きあがって頭全体を見せることがある。鼻孔からはとてつもない長さの毛が伸び、エビ〔訳注2〕のように幅広い尾の全体も見られるという。ときとして隠れた胴体の部分も海面上に出ていることがあり、その大きさは、三層式ガレー船にたとえることができる。まさに船に取りつけられた櫂栓から伸びる櫓のように、実に多数の足が両側に一列に並んでいて、それによって泳ぐのである。熟練者たちは、『波音も軽やかにすいすい泳ぐのだ』とも言っていて、それには説得力がある」（〔アイリアノス〕『動物誌』一三巻二三章）

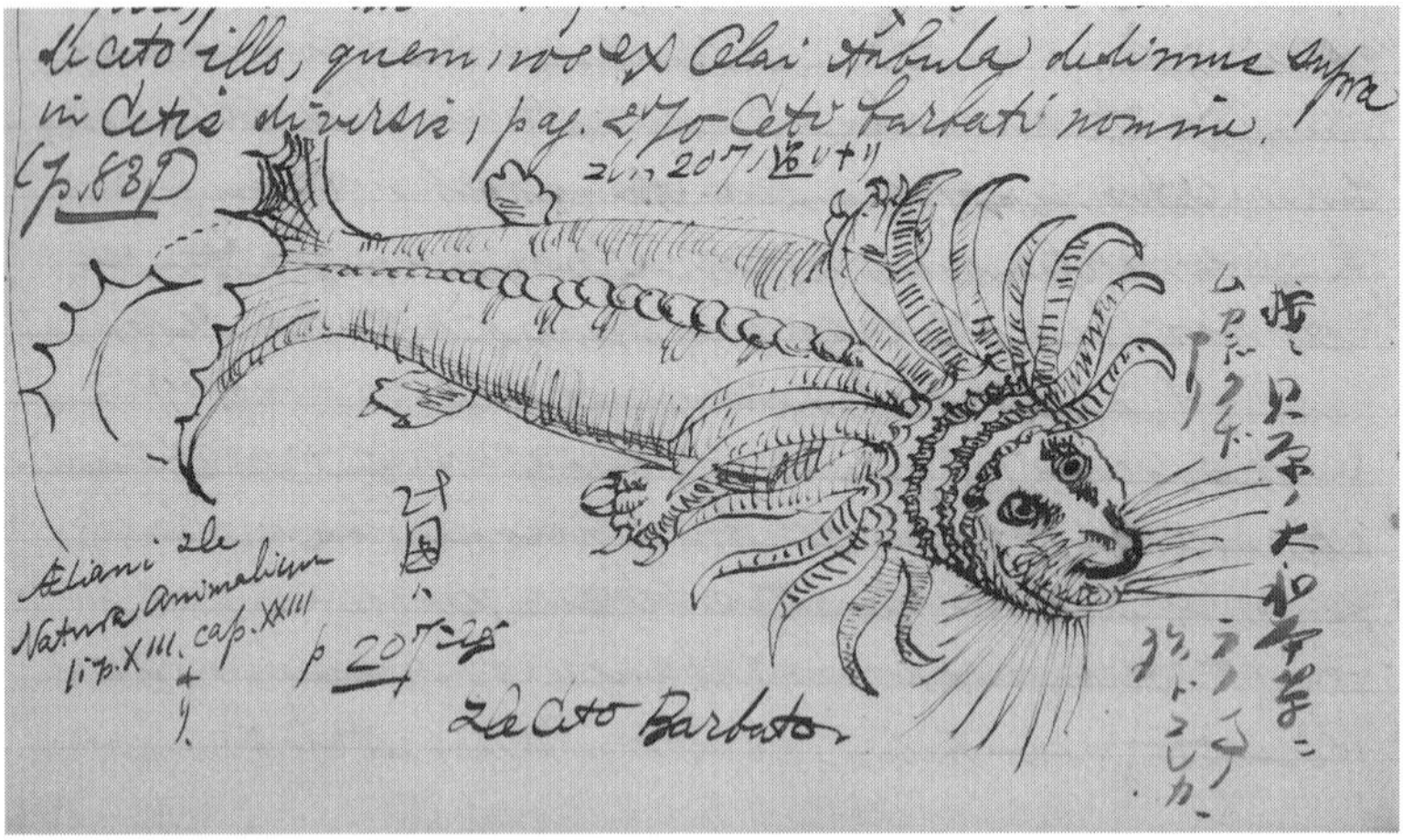

ゲスナー『動物誌』の引用する、オラウス・マグヌスのヒゲのあるクジラ図の模写（「ロンドン抜書」巻24）。右に墨で「按ニ貝原ノ大和本草ニムカデクヂラノ事アリ殆ドコレカ」と記されている

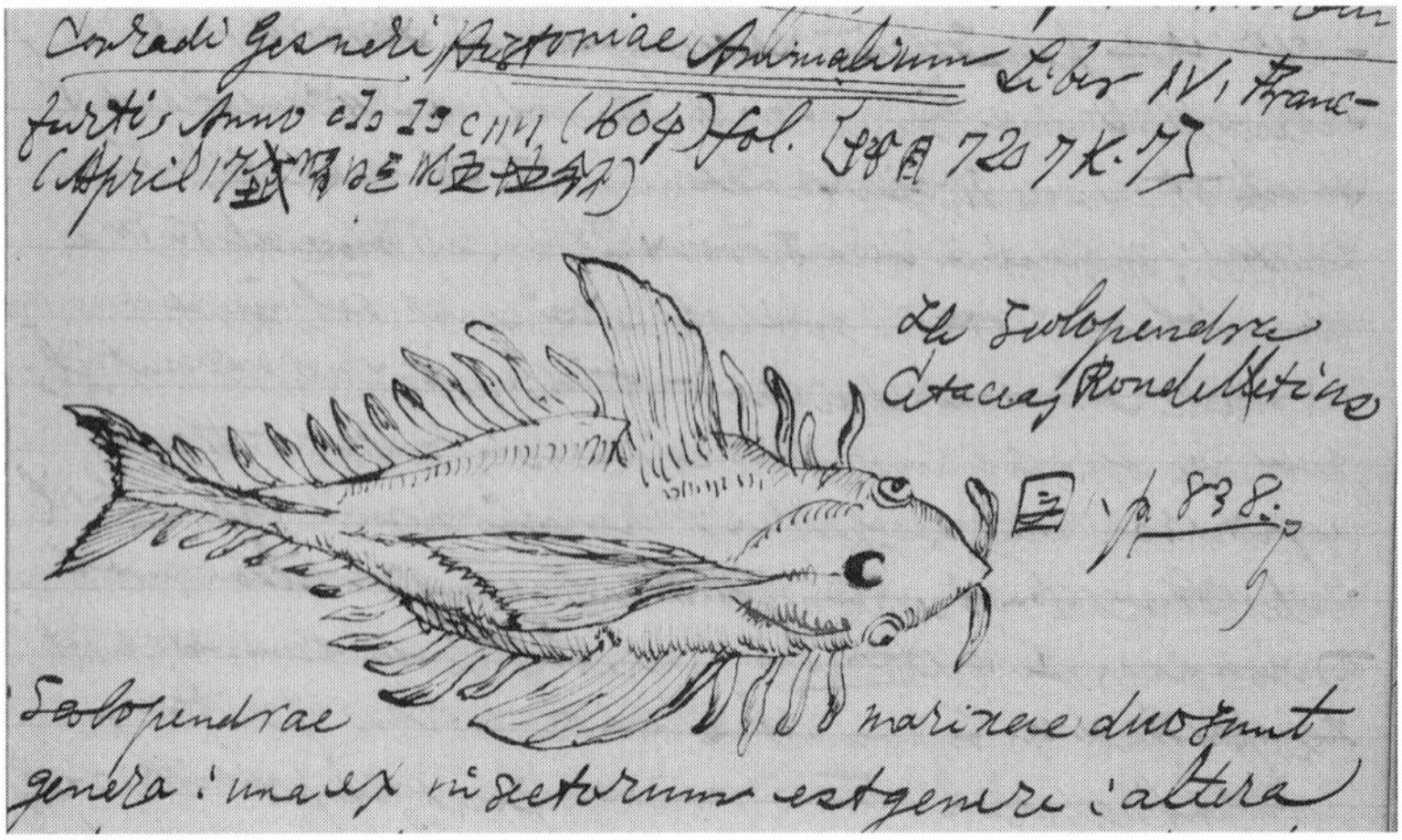

ゲスナー『動物誌』の引用する、ロンデレティウスのスコロペンドラ図の模写（「ロンドン抜書」巻24）

ゲスナー『動物誌』四巻（フランクフルト、一六〇四年、八三八頁）には、インドで観察されたというこの動物の図が掲げられている。

さて、昔の日本人がこのような動物についてなんらかの知識を有していたことは、貝原の『大和本草』（一七〇八年、八巻四二丁裏）に明らかに示されている。つまり、「ムカデクジラは鯨と同じくらいの大きさで、五本の背鰭《せびれ》と、二つに裂けた尾鰭がある。脚は片側に六本ずつ、合計一二本。肉は赤くて毒性が強く、食すると死に至る」というのである。

加えて述べれば、ゲスナーの書（前掲箇所および二〇七頁の図）で、スコロペンドラ・ケタケアに似たものとされているオラウス・マグヌスの「ヒゲのあるクジラ」は、巨大な頭足類動物の誇張された描写にすぎないようである。また、私が最近、「富士」の三浦艦長に聞いた話では、彼は太平洋で巨大なイカの身を食べたことによって、ひどい食当たりに苦しんだという。

八月三〇日　　W、ケンジントン、ブリスフィールド・ストリート15　　南方熊楠

〔訳注1〕この箇所は、熊楠の引用したラテン語訳でも、ギリシア語のケトスという単語をそのまま使っている。この言葉は、クジラとも海の怪物とも解釈できる。

〔訳注2〕熊楠が引用しているラテン語訳のロクスタ locusta は、ギリシア語のカラボスの訳である。この語は本来クワガタを指したようだが、ここでアイリアノスはハサミのある大型エビの意味で使っている。

参考資料

ムカデクジラ　W・F・シンクレア

The Centipede-Whale

『ネイチャー』一八九七年九月一六日　五六巻一四五五号

　貴誌九月九日号に南方氏が引用したスコロペンドラ・ケトゥス〔ムカデクジラ〕についてのアイリアノスの一文のほかに、この類のものを示す文としては、シュラクサイのテオドリダスとシドンのアンティパテル（それぞれ紀元前三世紀と二世紀）の諷刺詩がある。アリストテレスは「海のムカデ」について言及しているが、これはむろん別物であろう。

九月一〇日　SW、チェルシー、チェイニー・ウォーク102　W・F・シンクレア

ムカデクジラ②
The Centipede-Whale

『ネイチャー』一八九八年一〇月一三日　五八巻一五一一号

シンクレア氏にご教示いただいたテオドリダスとアンティパテルの諷刺詩のテーマである「千の足のスコロペンドラ」（『ネイチャー』五六巻四七〇頁〔一八九七年九月一六日号〕）は、アイリアノスや貝原が記述している「ムカデクジラ」（前掲、四四五頁〔九月九日号〕の拙文を参照）とは明らかに別のものを意味しているようである。なぜなら、前者が海洋性動物の巨大な残骸を示していると思われるのに対して、後者は無数の鰭を用いて実際に泳いでいる動物の姿について、多少の誤解はあるものの鮮やかに描きだしているからである。

R・G・マグレガー少佐はその翻訳『ギリシア詞華集』（一八六四年、二六五頁）において、「千の足のスコロペンドラ」について「千の足 millipede という語は、この怪物の足の数というよりも、むしろその胴体の異様な長さについて示唆したものであろう」と注釈をつけている。しかしながら、動物の残骸と多足類の形態が類似しているという点では、脊椎の長さとともに、その無数の節が重要な役割を果たしていると考えたほうがよさそうである。そのことは、ある中国書（李石『続博物志』一二世紀、和刻本、一六八三年、一〇巻六丁裏）から引用された次の類例と比較してみると、より明らかになろう。

「九世紀〔訳注1〕〔八世紀〕の高官李勉は、汴州《べんしゅう》に滞在したとき、硯《すずり》として使えそうなくらい巨大な骨の一節を手に入れた。南海からそれを持ちかえったという異国の商人によると、ムカデの背骨だということである」

ここで示唆されている利用法は現在でも繰りかえされており、この「ムカデの背骨」は鯨の脊椎骨にほかならないと、躊躇なく断定することができる。一連の長大な鯨の脊椎骨、特に頭骨が離れて肋骨はまだ付いているような場合は、未開の人々の想像力のなかで自然に、巨大な海のムカデの像を結んでいったのではないだろうか。

アイリアノスと貝原が描写している「ムカデクジラ」は、列状に連なって回遊するある種の鮫である可能性が非常に高い。その理由としては、一八〇八年にオークニーに打ちあげられ、鮫の一種セラケ・マクシマ *Selache maxima* であると同定された六本脚の海蛇の見事な図（『ワーネリアン博物館会報』エディンバラ、一八一一年、一巻一一図）をみると、ゲスナー『動物誌』（前掲箇所の拙文参照）や日本の平住《ひらずみ》〔専庵《せんあん》〕の『唐土訓蒙図彙《もろこしきんもうずい》』（一七一九年、一四巻六丁表）にある「ムカデクジラ」がいやおうなく思いだされることや、日本の注釈家である谷川士清（一七〇七―一七七六年）が『和訓栞《わくんのしおり》』（一八八七年版、三集一六巻八丁表）で言及している「ムカデザメ（蜈蚣鮫）」の特徴が、「ムカデクジラ」と明らかに一致していることなどが挙げられる。

ある種の鮫の泳ぎ方については、アイリアノスの「その大きさは、三層式ガレー船にたとえることができる。まさに船に取りつけられた櫂栓から伸びる櫓のように、実に多数の足が両側に一列に並んでいて、それによって泳ぐのである」という記述が示すように、地上のムカデの動きを連想させる。このことは、日本語の「ムカデ船」という言葉が、細い船艇にたくさんの櫓がついた形を、ムカデが進むときの足のように見たてていること（湯浅〔常山〕『常山紀談』一七三九年、一五巻一二丁裏で言及されている）からも、理解できる。

この伝説の生き物に関する東アジアでの記述で、さらに古いものは、中国の『隋書』（七世紀の著）にみられる。

「真臘国（カンボジア）は、浮胡《ふこ》と呼ばれる魚を産する。泥うなぎ〔訳注2〕（メレンドルフは *Monopterus javanensis* Lacépède とする）に似ているが、オウムのようなくちばしと八本の脚をもつ」

竜（中国語ではロン、日本語ではタツ）に関する伝説は、〔洋の東西で〕いずれもある程度の類似性を示しているが、これはおそらく水上の竜巻や渦潮といった現象に起因しているのだろう。〔原注1〕これらを別にすると、西洋であれほど広く普及しているシーサーペント〔伝説上の大海蛇〕の伝説に少しでも類似する話は、東アジアの文献にはほとんど見あたらない。東アジアにおいては、事実上、海ムカデが全面的にシーサーペントにとってかわっている。両者は同じように、鯨の脊椎骨や鮫、ある種の頭足類動物といった、さまざまな起源をもっている（『エンサイクロペディア・ブリタニカ』九版、二一巻六〇八―六一〇頁〔「シーサーペント」の項〕、および前掲拙文参照）。そのようなわけで中国には、南海に巨大な海ムカデが住む、という俗信が長い間伝えられてきた。その肉は車えびに似て牛よりずっと美味で、皮は太鼓作

りに用い、ともにたいへん貴重であるという。(原注2)

日本に目を転ずると、『今昔物語』(源隆国著、一一世紀、井沢版、一五巻二一—七丁)〔訳注3〕が、一〇フィートほどのムカデを殺した七人の漁師の話を伝えているのをみることができる。このムカデは、大海のなかから現れ、島の主である大蛇と戦うために上陸したのであった。おそらくこの「海ムカデ」の話が原型となって、琵琶湖の竜を長年悩ませていた怪物のような大ムカデを、田原藤太が退治したという説話(原注3)が生まれたようである。こちらは後世のものではあるが、はるかに人口に膾炙《かいしゃ》することとなった。

九月一七日　ウォーラム・グリーン、エフィ・ロード7　南方熊楠

(原注1) アラブにおける同様の誤認については、『エンサイクロペディア・ブリタニカ』前掲箇所六一〇頁をみよ。

(原注2) このような巨大なムカデについての最初の記述は、葛洪(二五四—三三四年頃〔推定二八三—没年は三六三、三四三年説などがある〕)の賦に現れる。七四五年には、広州の岸に打ちあげられたムカデが発見され、その「爪」を割いて一二〇斤の肉を得ることができたという(『淵鑑類函』一七〇一年、四四九巻一一丁表)。ここでいう「爪」とは、鮫の鰭(フカヒレ)にほかならないと思われるが、これは最近では、中国人の重要な交易品となっている。後世の一八世紀に編纂された清朝の地理書(『大清一統志』三五四巻一九丁裏)でさえ、同様のムカデを安南の産物として記述しており、谷川(前掲箇所)はこれを「ムカデザメ」であると的確に指摘している。

(原注3) この主人公は一〇世紀に活躍した人物である(『ロンドン日本協会雑誌』ロンドン、一八九八年、四巻第二部一一五頁のE・ギルバートソン氏の紹介記事をみよ)が、物語そのものの初出は『太平記』(一四世紀、一五巻第三)である。曲亭馬琴は、『昔語質屋庫』(一八一〇年、第五章)で、この伝承について実に長大な物語を残しているものの、上記「海ムカデ」には言及していない。

〔訳注1〕「九世紀の高官」は熊楠の加筆で、『続博物志』にはない。李勉の生没年は七一七─七八八年。

〔訳注2〕中国語の原文では䲦《せん》とあり、これは淡水魚のタウナギを指す鱔あるいは鱓と同字とされる。

〔訳注3〕『今昔物語集』本朝世俗部巻二六第九の「加賀ノ国ノ蛇《じゃ》ト蜈《むかで》ト諍ヒシ嶋ニ行キシ人、蛇ヲ助ケテ嶋ニ住メル語《こと》」に相当。

スコロペンドラ・ケタケア①

Scolopendra Cetacea

『ノーツ・アンド・クエリーズ』一九一三年五月三日　一一集七巻

この生き物については、ヤン・ヨンストンの『魚類と鯨類の博物誌』（一七六七年、五巻二二一頁）に次のような記述がある。

「アイリアノスだけが語るところによれば……それは、海面に浮きあがって頭全体を見せることがある。鼻孔からはとてつもない長さの毛が伸び、エビのように幅広い尾の全体も見られるという。ときとして隠れた胴体の部分も海面上に出ていることがあり、その大きさは、三層式ガレー船にたとえることができる。まさに船に取りつけられた櫂栓から伸びる櫓のように、実に多数の足が両側に一列に並んでいて、それによって泳ぐのである。熟練者たちは、『波音も軽やかにすいすい泳ぐのだ』とも言っている。ここまで記してきたケタケア・スコロペンドラに関しては、アルドロヴァンディもまた、『それは全体が深緑色を帯びていたが、両脇と腹は多少赤みがかっていた』と述べている」

同書の図版頁四四に描かれている姿は、ゲスナー『動物誌』（フランクフルト、一六〇四年、八三八頁）にあるロンデレティウスの模写とは異なる。

トマス・ブラウン卿は『ノーフォークおよび沿岸地域に産する魚類等の記録』で、次のように簡単に報告している。

「私はロンデレティウスの図にあるものとよく似た、長さ一〇インチほどの『スコロペンドラ・ケタケア』を見たことがある。船員たちの話によると、海でとれたということだ」（ボーン好古文庫版『著作集』三巻三二五頁）

『ウェブスター国際辞典』の「スコロペンドラ」の項には、「2、海水魚の一種。〔エドマンド・〕スペンサーに用例あり（まれ）」とある。

これらの名称は、実際にはいったいどのような生き物を指していたのか。私は、現在のその学名を知りたいと思っている。

貝原の『大和本草』（一七〇八年）は、「ムカデクジラ」という名の毒性の海産生物について記すが、それは前述のアイリアノスの記録に、ある程度対応している（『ネイチャー』一八九七年、五六巻の拙文「ムカデクジラ」参照）。今日、当地では、このような魚類について、その名前すら知る者がない。

「アイリアノス」の編者ヨハン・ゴットロープ・シュナイダーは、一七八四年版の同書、二巻四三二頁において、スコロペンドラ・ケタケアを、テオドリダスとアンティパテルの諷刺詩に登場する海岸の岩に打ちあげられた「千の足のスコロペンドラ」と結びつけようとしている（マグレガー訳『ギリシア詞華集』一八六四年、二三二頁参照）。

だが、この「千の足のスコロペンドラ」という名が実際に指すものは、鯨類の骨のことのようだ。非常に長いあばら骨が無数にあるため、節足類と勘違いされたのである。

日本、紀伊、田辺　　南方熊楠

参考資料

スコロペンドラ・ケタケア　ジェイムズ・リッチー

Scolopendra Cetacea

『ノーツ・アンド・クエリーズ』一九一三年五月二四日　一一集七巻

（一一集七巻三四七頁参照）

〔本誌五月三日号〕三四七頁に、ヤン・ヨンストンの『魚類と鯨類の博物誌』（一七六七年）から引用された「スコロペンドラ・ケタケア」の姿とは、ゴカイ科 *Nereidae* に属する、多毛綱の海洋性蠕虫《ぜんちゅう》のことなのではないだろうか。その姿の特徴は、ゴカイ属 *Nereis* のようなゴカイ類の個体のそれに、ぴたりと一致している。つまり、「鼻孔から出ている毛」は頭の部分の触手と触毛であり、環節化された尾はバッタによく似ているともいえる。そして末端の付属器官とは、おそらくこの蠕虫の肛門部の触毛を指すのであろう。「実に多数の足が両側に一列に並んでいて」とは、種によって二〇対から二〇〇対に及ぶゴカイ類の脚あるいはイボ足を、まさに描写したものである。これらのイボ足は一つ一つが櫂のように動き、上部と下部に分かれている（「二枝形」）。だから、三層式ガレー船の並んだ櫓にたとえるのには、理由があるのだ。この未知の水中生物の詩的表現に対して何かつけくわえることができるとすれば、ゴカイ類が、すべての蠕虫類のなかで、もっとも力強く活発に動くという点である。

ライス『動物大観』（一七一八年）中の「ヤン・ヨンストンの蛇の博物誌」において、著者は、海のスコロペンドラを指の長さほどの生き物であるとする（トマス・ブラウンの「一〇インチ」という表現を参照）。またアルドロヴァンディから引用した二つの図については、腕の長さほどもあるとされている。二つ目の図は、「毛羽立っていて紫水晶の色をした足をもつ」というような生物だが、ゴカイ類の蠕虫と考えることもでき、文章による解説ではさらに明確になる。

「スコロペンドラ・ケタケア」というのは、この種の生物のとてつもなく大きなものであって、名前の後半部分は、単にケトゥス〔鯨＝怪物〕（すなわち巨大な海洋動物）という意味の語なのではないだろうか。そうだとすると、これは一フィートから三フィートまでの範囲の大きさをもつヨーロッパで最大の

ジェイムズ・リッチー（1864–1923）。スコットランド出身。はじめ芸術学を修めるが、のち医学に転じ、オックスフォードで病理学を専攻。同大に新設された病理学科で講師および教授を務めた。1907年にエディンバラに戻り、王立内科医カレッジ研究所長。「スコロペンドラ・ケタケア」が書かれた1913年には、エディンバラ大細菌学科初代教授に就任している。古典語の素養と病理学者らしい科学性は、本論考でのコメントにもよく現れている

ゴカイ類「クリーパー」すなわちネレイス・ウィレンス *Nereis virens* あるいはアリッタ・ウィレンス *Alitta virens* と同定することができるかもしれない。さらにこの巨大な蠕虫類の色は暗紫色なのだが、上部は紺色から淡い緑色まで玉虫色に変化し、下部と側面は淡いサーモンピンクの玉虫色をしつつ、ときには青みがかっている。この色彩は貴誌の投稿者が引用したヨンストンの描写とぴったり一致する。

上記のように、このような古代のみたてでは、各部分から判別する限りでは、スコロペンドラ・ケタケアがゴカイ類の蠕虫であることをかなりはっきりと示しており、さらにいえば、それは英国、ノルウェー、北アメリカに産する稀種である *Nereis virens* Sars. のことだったのかもしれない。

エディンバラ　　ジェイムズ・リッチー

参考資料

スコロペンドラ・ケタケア　C・C・B

Scolopendra Cetacea

『ノーツ・アンド・クエリーズ』一九一三年五月二四日　一一集七巻

海のスコロペンドラは、空想上の生物である。ホランドの『プリニウス』には、次のように記述されている。

「こうした海のスコロペンドラは、ムカデ、つまり脚の多いものと呼ばれる陸上のハサミムシ類とよく似ている。この魚類の特徴としては、釣り針を呑みこんでしまった際に、身体のなかの内臓をすべて吐きだして、釣り針をはずしてしまい、その後また内臓を元に戻す」

デュ・バルタスは、この記述をすべてひき写している。フィプソン女史は『シェイクスピア時代の動物譚』で、〔エドマンド・〕スペンサーのいう「銀の鱗をもつ鮮やかなスコロペンドラ」はシーサーペントにあたると考えている。トマス・ブラウン卿は『プセウドドキシア』(三巻一五章)のなかで、本物のスコロペンドラ、あるいはムカデについて、それが二つの頭をもつという説を訂正している。

C・C・B

参考資料

スコロペンドラ・ケタケア　　ジェイムズ・リッチー

Scolopendra Cetacea

『ノーツ・アンド・クエリーズ』一九一三年六月二八日　一一集七巻

（一一集七巻三四七、四一〇頁参照）

プリニウスやその後継者の多くは、海のスコロペンドラが、次のような性質をもつ生物であるとしている。

「この生き物は、釣り針を呑みこんでしまった際に、身体のなかの内臓をすべて吐きだして、釣り針をはずしてしまい、その後また内臓を元に戻す」

これは、表面的にはC・C・Bが推測したような空想上の生物を意味するようにみえるかもしれない。しかし、海のスコロペンドラがゴカイ類の仲間であるという仮定に立てば、この記述を簡単に説明することができる。ゴカイ類や他の多毛綱の蠕虫の場合、消化管の前方部はよく発達した口腔と、角のような強い顎をもつ咽頭とからなっている。これらの部分は、食餌の間は前に突きだされて、まくれあがることになる。そして、休息時に身体のなかに隠れている顎が、先端に突出するのである。

こうした消化管前方部の不自然なまくれあがり方が、「身体のなかの内臓をすべて吐きだして」いると誇張されるのは当然かもしれない。さらに、弱いアルコールで麻痺させられたときのように、なんらかの刺激を受ければ頻繁にこのような現象がおきることから、なおさらそのように思われるのである。ゴカイ類は、多くが潮間帯に棲息しており、海辺の人々には昔からよく知られていたはずである。クリーパーやホワイト・ラグワーム、ネレイス・クルトリフェラ、〔訳注1〕ナポリで「エスカ〔餌〕」と呼ばれる種などは、タラ、キス、ベラ、タイ、〔訳注2〕その他の魚の格好の餌となるからである。

ジェイムズ・リッチー

〔訳注1〕これらの生物は、学名で *Nereis virens, Nephthys caeca, Nereis cultrifera* と記されている。
〔訳注2〕原文では cod, whiting, wrasse, bream となっている。

スコロペンドラ・ケタケア②

Scolopendra Cetacea

『ノーツ・アンド・クエリーズ』一九一三年八月九日　一一集八巻

（一一集七巻三四七、四一〇、五一七頁参照）

古代人のいうスコロペンドラ・ケタケアが、ある種のゴカイ類に十分に同定しうるというリッチー博士のご教示に、心より感謝申しあげたい。確かに、長さが六フィートほどにもなるゴカイ類の一種が、筆者の住む町の近海のサンゴ礁に棲息していて、「海ムカデ」と呼ばれている。これはさして珍しいものではないらしく、生石灰の原料となるサンゴと一緒によく浜に引きあげられている。しかし、その場ですぐに腐敗してゆくので、自然状態にある生きた実物を、私は見たことがない。ムカデの怪物が海や湖で竜に襲いかかったという日本の説話（『ネイチャー』一八九七―一八九八年の拙論「ムカデクジラ」参照）が、こうした巨大なゴカイから連想されたものであることは疑う余地がない。さらに七四五年に広州の沿岸に打ちあげられた巨大ムカデからは、その脚〔爪〕だけで合わせて一二〇斤（一五九ポンド）分の肉が取れて、食用になったとされているが、これもまた同様だろう。ジョージ・ブラウン『メラネシア人とポリネシア人』（一九一〇年、一三五頁）の、サモアでパローロ palolo と呼ばれる海のゴカイ類がたいへんな珍味とされている、という記述が参考になるだろう。

ボストックとライリーの『プリニウスの博物誌』(ボーン古典文庫版、二巻四五二頁注三〇)からわかったのであるが、キュヴィエは、リッチー博士とはやや異なる観点からではあるが、すでに海のムカデをゴカイ類と考えるに至っていた。そこにはこうある。

「ムカデ scolopendra として言及されているこの生物は、キュヴィエによると、実際には赤い血をもつ蠕虫類または環形動物の一種、たとえば大型のゴカイ類のようなものだという。両側部には脚によく似た複数の触手がある一方、鋭い顎をもち、ムカデ類 *scolopendrae* と間違えやすい。肉厚の胴体をもつが、かなり厚みのある場合が多く、かつ柔軟性に富み、必要に応じて伸縮自在である。自分のはらわたを吐きだしたり、また呑みこんだりを繰りかえすという話は、このような胴体の特徴に由来するとキュヴィエは考えたのである」

ところで、海辺に住んでいる日本人はみなよく知っていることだが、ナマコ *Stichopus japonicus* を海から上げると、すぐに内臓を吐きだして死んでしまう。また、ヒキガエルにタバコの汁を飲ませるといったん腸を吐きだし、口のなかに入れて近くの水まで移動し、よくよくすすいだ後に、また呑みこんで体内の元の位置に戻すという俗信が、かつて当地にあった。

日本、紀伊、田辺　　南方熊楠

参考資料

スコロペンドラ・ケタケア　　コンスタンス・ラッセル

Scolopendra Cetacea

『ノーツ・アンド・クエリーズ』一九一三年九月一三日　一一集八巻
（一一集七巻三四七、四一〇、五一七頁、八巻一一六頁〔参照〕）

准男爵にして英国王立協会会員のトマス・モリニュクス卿（一六六一―一七三三年）は、著名なアイルランド人の医師で動物学者だが、一六九六年にスコロペンドラに関する文章を公刊している。これは、同年一二月にダブリン近くで獲れたタラの胃から発見されたもので、そのことは哲学者のジョン・ロックが手紙で知らせてきたのであった。

長々とした記述の後に、モリニュクス卿は次のようにいっている。

「海のスコロペンドラは、ロンデレティウスが記述しているが、彼のほかにゲスナー、グレヴィニウス、アルドロヴァンディ、そしてヨンストンの記述があり、いずれもより細く、長く、そして両端がとがっているとする」云々。

モリニュクス医師は、このスコロペンドラを解剖して、その詳細について書いている。

この文章は『アイルランドの博物誌』に出てくるものだが、この本は、チャールズ一世の侍医であったジェラード・ボートによって書きはじめられ、彼の死後の一六五二年に、ミルトンの友人だったサミュエル・ハートリブが出版した。モリニュクス医師は、その追補を書いている。

レディング、スワローフィールド　コンスタンス・ラッセル

スコロペンドラ・ケタケア③
Scolopendra Cetacea

『ノーツ・アンド・クエリーズ』一九二〇年一〇月二日　一二集七巻
（一二集七巻三四七、四一〇、五一七頁、八巻一一六、二二四頁〔参照〕）

次の文章は、海に住む巨大なムカデの存在を信じるマレー人がいることを示している。「とりわけ、アンボン人やマカサル人などは、このあたりの海に怪物が住んでいると言っている。その怪物は、千本の足があり、すべて巨大なもので、千本のうちのたった一本が船の上に乗るだけでもいっぺんに転覆してしまうという。しかし、この怪物はただの雄鶏を怖がるとも信じられているので、この迷信深い哀れな人々は、雄鶏を守護神として船に乗せない限りは、決して海に出ることはないのである」。「スタヴォリヌスの旅行記より、セレベス、アンボイナなどについての記録」、ピンカートン『新航海旅行記集成』一一巻二六二頁（ロンドン、一八一二年）

中国人は雄鶏のとさかから取った血や糞を、ムカデに刺された際によく効く薬として用いる。雄鶏はムカデをたいへん好んで餌にしているから、その毒を抑える効き目があるというのである（李時珍『本草綱目』一五七八年、四八巻）。

日本、紀伊、田辺　　南方熊楠

第11章

日本の発見

The Discovery of Japan

ロンドン時代の南方熊楠の雑誌投稿論文をみると、意外なことに、「日本」という言葉をタイトルに冠したものは一つもないことに気づく。「東洋の星座」に始まり、「拇印考」でも「さまよえるユダヤ人」でも、熊楠は日本での例を挙げてはいるのだが、それは常に中国やインドの事象と並列され、比較の対象の一つとして扱われている。「日本」という対象を常に客観的に扱おうとする熊楠の意図は、一貫しているといえる。こうした点から、熊楠の知的好奇心の対象が「日本」という国家の枠を超えて、地球規模の文化の比較研究という大局的な観点に達していたことがわかる。それを積極的に評価してもよいだろう。

しかしそのことは、ロンドンにおける熊楠が、自らのアイデンティティのよりどころとしての「日本」を意識していなかったということを意味しているわけではない。それどころか、熊楠は欧米での十数年間の滞在を通じて、一貫して熱烈な愛国者としての面をもちつづけた。そもそも、東京大学予備門を退学した一九歳の熊楠が米国を目指した理由からして、送別会で述べた「前日われわれの先祖が蝦夷などの人種に向かいてなせる競争は、今日転じて、わが日本人と欧米人との競争となれり」（平凡社版全集一〇巻三五頁）といった憂国の心持ちが、大きな位置を占めていた。

その海外生活にあって熊楠は、アナーバーでは日本人留学生に愛国心をもつよう呼びかけ、ロンドンでは日清戦争がおきた際に真っ先に醵金をし、大英博物館での日々の書写については「祖国のための仕事」と言いきってもいる。「日本人のことといふをきゝとがめ」て、ハイドパークの演説者に食ってかかったことさえある（日記一九〇〇年八月二九日）。明治青年らしいナショナリストとしての一面を、熊楠は確かにもっていたのである。

こうした熊楠の「日本」に対する相異なる二つの立場を考慮に入れると興味深いのが、一八九八年、ブリストルでの英国科学振興協会においての発表である。人類学部会で行われたこの学会発表の題材として、熊楠は、真正面から「日本」をテーマとして取りあげ、その固有の宗教としての神道を分析した。さまざまな理由から、熊楠自身は実際にはブリストルには行かず、"The Taboo-System in Japan"（「日本におけるタブー体系」、熊楠自身は「日本斎忌考」という邦題を用いている）と題するこの発表は他人によって代読されることになったのだが、権威ある学会での一世一代の発表の題材として、自国の宗教文化の特色を取りあげたことは、大きな意味をもっているはずである。

このときの発表の全体像については、科学振興協会の報告書に短い紹介はあるものの、残念ながら決定稿自体は残されていない。しかし、南方邸には現在、一つは未完、一つは要約の草稿二種が断片として残されていて、それらからかなりの程度全体像を推測することができる。ここでは、『熊楠研究』六号（二〇〇四年）に掲載された両草稿の翻刻を底本として訳出した。

内容的には、この「日本におけるタブー体系」は、古代から現代までの日本における宗教上の禁忌の変遷を扱っていて、同時期の熊楠の英文論文に比べて、より概論的な色彩が強い。また、同時代の英国の比較民俗学の権威であったJ・フレイザーを理論的枠組みとして援用し、最先端の学説を取りいれようとする意図もかいまみえる。しかしタブーこそが文明の根幹をなすという熊楠の理解は、この後も一貫していて、帰国後の最大の社会的活動であった神社合祀反対運動で、神社林を護るための理論的根拠として用いられることになる。

全体として、この草稿からは、熊楠が英国の人類学会へのデビューを意識して、格調の高い論文に仕上げようとしていたことが見てとれる。そこには、一方で学術論文としての客観性を保とうとしながら、もう一方で、日本人の精神性の高さと西洋に並ぶ文明国であることをアピールしたいという、二つの意識が統合されている。

さて、こうしたロンドン時代を経て、一九〇〇年に帰国した後の熊楠は、より積極的に「日本」を論文のなかで取りあげることになる。その代表的なものが、帰国後三年目に『ネイチャー』に投稿された「日本の発見」である。那智山中から送られたこの論文は、日本と西洋の交流というテーマを真正面から扱い、しかも異文化間の衝突、交流に対して自らの感情の昂ぶりを吐露している点が印象的である。このとき、ロンドンから熊野への移動という、生涯でも最大の環境の激変を体験した熊楠の心中には、おそらく、十余年にわたった欧米での生活を踏まえて、日本人として何か書き残しておきたいという欲求が働いていたのだろう。

表題の「日本の発見」とは、数ヵ月前の『ネイチャー』誌（一九〇二年一一月一三日号）に掲載された同名の書評の題をそのまま用いたものである。これは、立教大学が出版したドイツ人ハンス・ハースによる『日本キリスト教史』第一巻の書評であり、かなり辛口に同書が新資料に乏しいことを批判している。熊楠は、この書評に書かれたヨーロッパと日本の関係史にかこつけて、自説を展開したのであった。なお、この書評者の署名は、イニシャルのみでF・V・Dとなっていて、おそらく熊楠の盟友で日本研究者のフレデリック・ヴィクター・ディキンズであろう。

この「日本の発見」で熊楠はまず、日本についての最初の言及としてマルコ・ポーロの書を挙げる西洋的常識に揺さぶりをかけている。特に、八世紀頃の日本人が中国大陸で中央アジアや中近東の人々と頻繁に接触していたこと、またアラビア人が日本に来て帰化した例も多くあること、中世アラブ世界で日本の存在がよく知られていたこと、などの指摘は興味深いものがある。このあたりは、ともすればマルコ・ポーロのジパングの記述から、大航海時代を経て日本の発見、キリスト教の伝道教化へ、という流れにおいてのみとらえる西洋の日本観に対するアンチ・テーゼと読める。つまり、西洋に視点を置き、その視点から日本がどのようにして「発見」されたかという点にのみこだわる歴史観への懐疑を提示している。

そして、そのような熊楠のメッセージは、論文後半部のシドティと新井白石の対話の部分に、集約されていく。

タブー論のための構想メモ。熊楠は、参照すべき文献と断片的なアイディアを列挙したメモをはじめに作り、それを整理しながら次第に形を整えていく著述スタイルを『十二支考』など後年の日本語著作まで続けている。こうしたメモは、抜書のような読書ノートと著作の中間に位置している

ここでは、異文化に正面から対峙し、そのことによって互いを理解しようとした例として、この二人の関係が描かれているのである。捕らえられて獄死したにもかかわらず、あくまで真摯《しんし》であったシドティの態度は、その教義への恐れにもかかわらず日本人の心を打ったと熊楠は強調する。シドティの尋問にあたった白石もまた、その教義自体は批判しながらも、「しかし、彼の人物にはまったく非凡なものがあり、私は彼を永久に忘れることができないだろう」と語ったことを紹介する。

この白石とシドティの宗教的信念と、尋問者と囚人という立場を超えた人間としての相互理解に、熊楠がいかに心を打たれたかということは、次のような日記の記述を読むとよくわかる。

昨日よりネーチュール宛に認《したため》しシドチの伝を筆するに、不覚涙下《くだり》て止まず。偉人の跡人を感ぜしむること如《かくの》斯《ごとし》。(一九〇三年三月九日)

熊楠がこうした感傷的な言葉を記すのは珍しい。おそらく、このとき熊楠には、東洋人として欧米で十数年の生活を送り、苦難とともにさまざまな貴重な出会いを繰りかえしてきた自身の放浪の体験が、那智山中にあって、はるかに思いおこされていたのだろう。

(松居竜五)

日本におけるタブー体系　概要
The Taboo-System in Japan, Abstract

一八九八年、草稿

タブーがかつて、古代の社会制度のすべてにわたって重要な役割を果たしていたという点で、日本は近隣諸国とは大いに異なっている。そしてその一部は、少なくとも著名な神社のある地では、現在に至るまで生きつづけている。本論文の目的は、日本におけるタブー体系の一般的特徴を、三つの時代に区分して解説することにある。これらの時代を通して、タブー体系は、注目すべき変化と制約を何度もくぐりぬけてきたのである。

太古から七世紀に至る第一の時代には、タブー体系の支配下にない者は、誰一人としていなかった。天皇自身はもっとも力ある者であり、他者に対して好きなようにタブーを課す権力を有してきた。しかし、自らと自らの臣民が祖先から受けついだタブーを注意深く守りぬくために、天皇は、タブーを統制することだけに専念する特別の官職を創設しなければならなかった。

高貴な生まれの者が身分の低い者に対してタブーを課すことができただけではなく、ときには後者が前者に同様の義務を課すこともあった。タブーに違反した者への処罰の方法はさまざまで、禊《みそ》ぎの手段もまた同じように多様であった。天皇の名前や身体、皇族、貴族や豪族、神官や巫女《みこ》、神社の社領や宮司たち、ある種の樹木や動物、病人、死体、戦の準備などが、タブーの主な原因となった。

七一〇年より以前には、天皇が即位後に皇居の場所を変更する、つまり遷都する際には、タブーが唯一のよりどころであった。ある種のトーテム、日時、方向が特定の人々によってタブーとされた。たとえばニンニクやシカ肉などのように、聖性と不浄の二つの観念が分かちがたく結びついてタブーとされたものもあった。太古の日本社会がタブーに満ちたものであったことは、地底の黄泉《よみ》の国にもタブーが存在しているという当時の俗信からも明らかである。つまり、この世から地下の黄泉の国を訪ねることは、あたかも地獄のかまどで煮炊きされた食べ物を口にしてしまった死霊のように、タブーとされたのである。

八世紀から〔明治の〕王政復古（一八六七年）に至る第二の時期には、中国とインドの文化が国内に広範に取りいれられ、その結果、固有のタブー体系の厳密さが大きく緩んだ。そして、公益に反すると考えられたさまざまなタブー行為、つまり持ち主が死んでしまった家を放棄するとか、旅人が村の近くで料理をしたり、不幸にも路上で仲間を亡くしたりした場合に罰金を科することなどに対しては、厳しい規制が加えられた。こうした改革が、一国の倫理を大いに発展せしめたことは、疑いないだろう。

しかしながら、この外来文化の導入は、当然のことながらさまざまな異国の俗信をともなうものであった。そして、古いタブー体系は、全体としては融合による崩壊を免れただけでなく、いくつかの面では、むしろ新たなエネルギーを得て展開することになったのである。

一方では、道教および真言密儀の深遠な体系が、日時や場所、方向などに関して、総合的・個別的の両面から膨大なタブーをつけくわえることに貢献した。また他方では、仏教の輪廻思想とそれに基づくさまざまな種類の食物の忌避が、特に民衆の心を深くとらえていた。孔子でさえ、ある儒学者の夢のなかに現れて、自らの像に豚肉や鹿肉を捧げるという義務化された習慣をやめよ、と求めざるをえなかったほどである。

当代の〔明治〕天皇による維新から今日に至る第三の時期には、これらの雑多な起源をもつ混淆したタブー体系は、公的には廃止されることとなった。と同時に、タブーの原初的形態は、かなりの程度復活するのだが、その多くは神道の儀式だけに限られている。現在の日本社会に多少なりとも影響を与えているのは、近しい親族の死に関するタブーだけであろう。

結論として述べると、日本のタブー体系は国家にとって有益なものであった。それは、皇室への忠誠心という端倪《たんげい》すべからざる国民性の基礎を形作った。また、この国が有史以前から勝ちえてきた特質である清廉さの第一の要因となった。さらに、敬語や婉曲《えんきょく》的な表現といった、広く日本人の間に行きわたっている美徳を生みだす唯一の源泉だったのであり、この国に行きわたっている文明の高さの直接の起源となったのである。これはまた、この国の天才たちの情緒を突きうごかす、最大の源となった。遠い祖先の時代から祀られてきた神社や森、川、山々、岩屋などを心のよりどころとすることは、東洋でも類をみない繊細さをもつ文字文化が生みだされるうえで、強い方向づけとなったのである。

日本におけるタブー体系

Taboo-System in Japan

一八九八年、草稿

タブーがかつて、社会制度のすべての面にわたって重要な役割を果たしていたという点において、日本という国は近隣諸国とは大いに異なっている。その歴史の神話的な部分には、さまざまな実例がみられる。たとえば、口から出てきたすべてのもの、〔訳注1〕雨よけの衣として蓑を着た男、〔訳注2〕亡者と取りちがえられた男、〔訳注3〕射手に戻ってきた矢、〔訳注4〕産褥のための産屋、〔訳注5〕などがタブーの元とされた。

さらにまた、日本が近隣諸国と大いに異なる点は、タブーの原初形態のうちのいくつかが、今なお生きつづけていることである。少なくとも宮廷儀式の際や、名だたる神社のある地方には、タブーが現存しているのである。実をいえば、日本古来の宗教である神道は、巨大なタブー体系のようなものといっても過言ではない。このように日本が非常に発達したタブー体系を有していることは、西洋の学者には十分に知られていない、と私は考える。そこで、本論文では、日本におけるタブー体系の一般的特徴を三つの時代に区分して詳述したい。これらの時代を通して、タブー体系は、注目すべき変化と制約を何度もくぐりぬけてきたのである。

太古の神話時代から七世紀に至る第一の時代、つまり外来文化の影響がほとんどみられず、日本独自のものがきわめて純粋な形で存在していた時代には、タブーの支配を免れなかった人や行為は、誰一人おらず、また何一つなかった。タブーにあたる日本語は「忌《いみ》」と「斎《いわい》」であるが、この二語は、区別なしに、浄と不浄の双方について、タブーとされる行為を示すものである。ユダヤ人はいったい豚を忌みきらっているのか、それとも崇拝しているのか、というギリシア人による議論には結論が出なかったが、日本人のシカに対するタブーもまったく同じである。

この動物は、かつても今も、いくつかの神社で神聖なものと見なされ、たとえば春日神社や厳島神社では、その神聖な境内をわがもの顔に歩きまわっている。そして、前者の地元では、シカに狼藉《ろうぜき》を働いた者は生き埋めの刑に処せられたのであり、それは比較的最近まで続いていた。一方、シカ肉を口にすることは極端に忌みきらわれ、後村上天皇（治世一三四〇〔一三三九〕－一三六八年）などは、正統の天皇でありながら、禁じられた肉を食べたというだけの理由から、朝敵である足利氏の建てた、いわゆる「北朝」を倒すことができなかったといわれている。また、北条氏による武家政治（一三世紀）の下では、執権の大寺院への参拝にお供するための出費を免れようとして、あえてシカ肉を食べるというタブーを犯した武士が多くいたことが記録されている。

後には、「忌《いみ》」と「斎《いわい》」という二つの言葉は、それぞれ別の定義をもつようになった。つまり「忌」は「嫌悪」を、「斎」は「神聖視」を意味するようになったのだが、しかし、依然として同一のことを表す場合もあった。たとえば、徳川幕府の時代（一七－一九世紀）には、武士階級に属する罪人と賤民《せんみん》や乞食に属する罪人は、どちらも口頭でのみ召還された。武士はその神聖さのゆえであり、賤民や乞食はその不浄さのゆえである。

王の身体の神聖視が、かつて、いかに広い範囲に及んでいたかについては、フレイザー氏の『金枝篇』のさまざまな箇所に活写されているので、私が今さらながながと説明する必要はないだろう。整然とした階級制度に従って、皇族や殿上人は、より低い位の人間にとってはタブーの対象となっていたことを述べておけば、それで十分だと思う。たとえば、一八世紀に至ってもなおみられた例として、朝廷から江戸幕府への勅使だけに許されていた草履をはいた者の足が腫れあがってしまった、という言い伝えがあった。また、脇坂という旗本が、伏見親王に米を献上する際に、定められたタブーを守らなかったために家臣たちが突然熱病にかかってしまったという話は、親王がいかに神聖視されていたかを証明している。

それほどまでに神聖な天皇ではあるが、やはり自らのため、また臣民のため、祖先からタブーと定められた事物と行動を、すべて厳格に守ることが義務とされた。膨大なタブーのもたらす煩雑さを免れるために、天皇はタブーの維持をもっぱら事とする神官たちを任ぜざるをえなかった。古く神代においてすでに、占いと祈禱、およびタブーが朝廷政治の主要な部分をなしており、国を治めるというもっとも重要な責務を果たすために、朝廷を補佐した豪族が二氏あったことが見てとれる。主に占いと祈禱を司った中臣《なかとみ》氏（仲を取りもつ一族）と、タブー体系全般を司った斎部《いんべ》氏（タブーを受けもつ一族）である。初代の神武天皇が国土統一（紀元前六六〇年）後に最初に行ったことは、この二つの氏族の長を自らの補佐役として任命することであった。

さて、斎部氏はタブーにまつわる天皇の神事を大いに助けたが、天皇にとっては、それとは別に、とてつもなく神聖で畏れ多い事物があった。天照大神の御霊が宿ると信じられてきた、有名な八咫《やた》の鏡である。この鏡は、何代にもわたり天皇の安泰に深く関わってきたとされ、その身辺に置かれていたのだが、紀元前九二年、崇神天皇の御代に至って、皇居から遠く離れた場所に移され、皇女がこれを護ることとなった。鏡を保管する神殿は、タブーゆえに一四回も場所を移しつづけ、紀元前五年にようやく現在の地に落ちつき、以後ここに永続することとなった。これこそ、すべての神社のなかでもっとも尊い伊勢神宮であり、そこでは今日に至るまで、古来の奥深いタブー体系がもっとも豊かに保たれている。

伊勢神宮は、タブーのゆえに、二〇年ごとに建てかえられることになった。

以後、歴代の天皇はかならずある人物を任命する必要が生じた。〔訳注6〕……〔未完〕

〔訳注1〕『日本書紀』によれば、ウケモチノカミが口から飯《いい》や鰭《はた》の広《ひろもの》、鰭の狭《さもの》、毛の麁《あらもの》、毛の柔《にこもの》を出した際にツクヨミノミコトは「穢《けがらわ》しきかな、鄙《いや》しきかな」と怒ってこれを剣で殺した。

〔訳注2〕たとえば『日本書紀』によれば、スサノオノミコトは、高天原を追放される際に蓑笠の姿であった。またシイネツヒコは破れ衣に蓑笠をつけたマレビトの姿であった。

〔訳注3〕『日本書紀』によれば、アメワカヒコが殺されて葬礼をいとなんでいる席に現れたアジスキタカヒコネノカミが、アメワカヒコに容貌が似ていたので、その妻子たちが死んだアメワカヒコと思いちがえて取りすがった。亡者と間違えられたことを怒ったアジスキタカヒコネノカミは、喪屋を切りすてて去ったという。

〔訳注4〕『日本書紀』によれば、アメワカヒコの雉を射た矢が、つきぬけて天上界のタカミムスヒノミコトのもとにとどき、

これを下界に投げおとしたところ、アメワカヒコの胸に刺さり、アメワカヒコは死んでしまう。

〔訳注5〕『古事記』『日本書紀』には、「産褥のための産屋」としてコノハナノサクヤヒメやトヨタマヒメのものなど、多くの例がある。

〔訳注6〕斎王の卜定《ぼくじょう》を指すか。

日本の発見

The Discovery of Japan

『ネイチャー』一九〇三年四月三〇日　六七巻一七四八号

一九〇二年一一月一三日号『ネイチャー』（六七巻二八頁）の書評からは、ハンス・ハース氏が、他の日本研究者と同様に、日本のことをはじめて西洋に伝えた人物はマルコ・ポーロ卿である、と考えていることが読みとれる。これに関連してタヴェルニエの『六つの旅』（パリ、一六七六年）中の記述を指摘しておきたい。私の記憶が正確ならば、古代の地理学者らが「ジャバディ」*Jabadi* と呼んでいる地名に関する同定をタヴェルニエは行っている。これは、日本帝国の古くからの固有の名である「ヤマト」*Yamato*、というよりも、むしろその中国語への転化である「ヤマダイ」*Yamadai* あるいは「ジャバタイ」*Jabatai*〔邪馬台〕だと、タヴェルニエは言うのである。

この説が正しいかどうかはさておき、日本がマルコ・ポーロよりはるか以前の中世アラブ人によく知られていたことは、ほぼ確かである。『九世紀の二人のアラブ人の旅』〔『シナ・インド物語』〕の仏訳版には、中国の近くにある島国のことが記録されており、この国の人々は、自らの平和を守るためと固く信じて、中国に朝貢を続けていたとある。この島とは日本のことを指しているようである。というのも、この話は一世紀の王充《おうじゅう》の『論衡《ろんこう》』にみられるある伝説に由来すると思われるからである。すなわち、周の成王の治世（紀元前一一〇〇年頃）に、中国はまれにみる平和を享受し、近隣諸国にも太平の世をもたらしていた。そのため、ラオスの人々は成王に使節団を送って、数年にも及ぶ旅の末に都へ至り、成王に謝意を捧げ、また日本は、成王に鹹草《かんそう》（現在の *Angelica kiusiana* Maximowicz と考えられる）を献上した、というのである。〔訳注1〕

『続日本紀』には、八世紀および九世紀に、女性を含むアラブ人が日本に渡ったり、帰化したりしたことが記されている。これは、その時代の中国が唐王朝の下で大国として繁栄したため、アジアのほとんどの主要国が競ってその庇護を受けようと、この大帝国内で頻繁に交流していたことを考えれば、驚くに値しないであろう。さらに、多くの日本人が中国を経由して、当時、その領土や属国とされていた地域に旅行したことは疑いない。九世紀に書かれた『酉陽雑俎』には、著者の段成式が、インドへの旅行から戻ってきた日本人に会い、中国の有名な巡礼僧であった玄奘の像がいくつも寺院で祀られていたことを聞いたとある。実際、『続日本紀』には、七五三年、日本からの遣唐使がアラブ人との論戦の末に、新年の祝宴において、もっとも栄誉ある席を得たとある。〔訳注2〕これに加えて、一八世紀に書かれた『北辺随筆』には、中世の日本とペルシアの間に相互交流があったことが論じられている。

一六世紀に、また一七世紀（の一時期）にも、日本の港で繁栄を享受していたスペイン人とポルトガル人が、南の野蛮人を意味する日本語である「南蛮」と呼ばれていたことを考えても、一五世紀に書かれたことが明らかな「若狭国税所〔今富名領主〕次第」（塙保己一《はなわほきいち》編『群書類従』一八九四年、三七五頁）と題する文書のなかに次の記述があるのは、驚くべきことである。

「一四〇八年六月二二日、南蕃船が（若狭国に）着岸した。帝王の御名は亜烈進卿、蕃使臣は問丸本阿。その帝王より日本の国王への進物は、生きた黒象を一頭、山馬（原文のママ）を一隻、クジャクとオウムをそれぞれ二つがい、その他いろいろな物品であった。この船は大風に遭って難破し、同年一一月一八日に〔中湊浜へ〕打ちあげられたが、修復が施され、一四〇九年一〇月一日に中国へ向けて出航した〔訳注3〕」

これは、ハース氏が、日本に着いた最初のヨーロッパ人として記述しているポルトガル人漂流者の事件から、ちょうど一三五年前におきたことである。だとしたら、私の知る限りでは、この種の日本の記録にはじめて登場する「南蕃」という名称は、何を意味するものなのであろうか。

同書評で著者はまた、ザヴィエルの宣教活動にふれて次のように述べている。

「日本人たち、特に仏教僧や儒者が、彼の教義をどのように考えていたのかがわかれば、たいへん興味深くまた意義深い。これに関しては、示唆するものは一切伝えられていない。おそらく彼らは、取るに足りないとみえたこの風変わりな宗教を、一顧だにしなかったのだろう」

著者は同時に、ザヴィエルの滞在は短すぎたため、その教義はもっとも効果的な方法では伝えられなかったと指摘している。しかし、そのことをもって、一六世紀日本の名のある学者で、キリスト教に関心をもつ者がまったくいなかったと結論づけることはできない。たとえば惺窩《せいか》先生〔藤原惺窩〕（一五六一―一六一九年）は当時最高の儒者であるが、彼への賛辞のなかに、和漢の文献はいうに及ばず「インドの仏教や南蛮人のイエス・キリストの教義にまで」も通じていたという表現がある（大田〔南畝〕『一話一言』一八八五年版、一九巻一九丁裏）。

キリスト教に関連する日本国内の文献や記事は、厳格な禁教令の下に根絶やしにされてしまった。この禁教令は主に、いわゆる「南の野蛮人」たちが内政干渉をしたことによって引きおこされたものなのだが、徳川将軍時代の二〇〇年にわたって続けられ、そのため弾圧以前の日本の学者たちがキリスト教をどのようにみていたかということが、今ではまったくわからなくなってしまった。しかし、その著作のなかに断片的に残されたものから考えると、キリスト教布教時とその直後の時代、日本の知識人のほとんどは、ローマ・カトリックの教義や儀式を、仏教の特殊な一派にすぎないと考えていたようである。キリスト教への信長の寛容な発言は、ヨーロッパではよく知られている。「すでにこれほど多くの宗派があるのだから、この宗派を立ててはいけないという理由はなかろう」というものである。幕政改革で知られる儒学者の熊沢了介〔蕃山《ばんざん》〕（一六一九―一六九一年）は、この教えを単に「南仏」、つまり「南蛮人の仏教」と呼んでいた。後に、新井白石（一六五七―一七二五年）は、ローマの宣教師Ｊ・Ｂ・シドティの話に何度も耳を傾けた後、「その教えは仏教と同じように馬鹿げている〔訳注4〕。両者の唯一の違いは、用語の力点の置き所ぐらいである」と批評している（雨森〔芳洲〕『たはれ草』一八九二年版、一〇巻八六丁）。これと並行するものとして、ラムージオの『旅行と航海』〔『航海と旅行』〕におさめられたザヴィエルの書簡には、当時日本で普及していた仏教の教養のなかにキリスト教の本質に通じるものが含まれているという認識を示すくだりがあったと思う。

私の記憶では、確か『ネイチャー』のバックナンバーに、シドティの生涯についてふれた文章があったように思うが、非常に短いものであった。そこで、本稿で、彼に関するいくつかの事実を述べておくのも適切であろう。これらは、キリスト教徒たちの間で、本来ならもっとよく知られてもよい事柄であると私は思う。

前述の新井白石は、有能にして博学、その詩才は中国にさえ知れわたっていた人物であり、江戸幕閣の政治家として活躍した。今日では、白石がこの「日出づる国」に西洋科学を導入した最初の人物であることを誰も否定しえないであろう。しかしこのような革新は、ひとえに白石が、一七〇九年、かの篤信でしかし悲運の宣教師と職務上面談した結果にほかならなかったのである。

シドティはローマで日本語を学び堪能になったと公言しているが、結局のところ、彼が習得したのはあまりに限られていたので、とても自由に話せるまでには至らなかった。そこで白石は、オランダ人の通訳を介し、あらゆる努力を払って、当時の日本ではまったく知られていなかった地域に関する正確な情報をシドティから引きだしたのであった。この仕事が非常に困難であることはすぐにわかったが、「とはいえ、この異人の言葉がみな百舌《もず》の鳴き声のようなものにすぎない、などとすることが、はたして理にかなっているだろうか」と白石は言うのである。シドティとの対話の結果、『采覧異言《さいらんいげん》』と『西洋紀聞』の二書が著された。これは、科学と技術に限り西洋書の研究を認めるという八代将軍の布告の主な要因となり、今日の大規模な西洋技術導入のために欠くことのできない礎となったのである。

シドティの信仰するキリスト教への嫌悪にもかかわらず、彼のふるまいの一切が、多くの日本人の心を打ったことは、獄中で認めたある嘆願書を読めばよくわかる。シドティはこの書状で、寒い冬の晩に自分を監視する気の毒な牢屋番たちが安心して眠れるように、自分の身をきつく縛ってほしいと乞うているのである（大田前掲書〔『一話一言』〕参照）。

そして白石もまた、先ほど引用したシドティの宗教に関する見解のすぐ後の部分で、次のように述べている。「しかし、彼の人物にはまったく非凡なものがあり、私は彼のことを永久に忘れることができないだろう」。このたった一人の孤独な宣教師の比類なき人徳が、その死後も日本人に強い印象を残し、まさに「南蛮」という名がふさわしかった名ばかりの宣教師たちのせいで日本人が閉じていた扉を、再び開くことにつながったのである。そのことは、今日のキリスト教徒にとって、大きな喜びでありまた教訓ではないだろうか。

実際、湯浅〔常山〕の『文会雑記』によれば、シドティのあらゆるふるまいは、「聖人の五徳」(原注)でさえ、この宣教師が日々唱えていたこと以上のものではないと自分には思えた、と白石がしばしば語っていたという。中国の偉大な聖賢〔孔子〕の道に従う者が、一キリスト教徒について語ったものとしては、まったく前例のない賞賛の言葉であろう。

三月一〇日　　日本、紀伊、那智山　　南方熊楠

（原注）温、良、恭、倹、譲のこと。孔子の人格について尋ねられて、弟子のなかでもっとも弁の立つ子貢が五つの要素を列挙した。一八世紀に入って、日本のある儒学者は、学堂に掲げる孔子の肖像に代えてこれらの五文字を用いるほうがよいと考

えた。『論語』『花月新誌』を参照。

〔訳注1〕王充の『論衡』には、「周の時代に、天下は太平で、越裳が白雉を献上し、倭人が鬯草《ちょうそう》を貢ぎ物とした」（儒増篇）とか、「（周の）成王の時代に越常が雉を献上し、倭人が暢《ちょう》を貢ぎ物とした」（恢国篇）という記事がある。越裳・越常は、後のインドシナ半島にあった国名で、熊楠はそれをラオスとしたらしい。また鬯草・暢は祭祀の酒に用いた香草で、中国では熱帯アジア原産の鬱金《うこん》とされている。熊楠は、それを江戸時代の本草書の記述から、古く扶桑国の東の女国にあるとされた鹹草《かんそう》（アシタバあるいはハマウド）と考えたものと思われる。

〔訳注2〕『続日本紀』の原文では、アラブ人と論戦したのではなく、席次が不当だという日本の遣唐使（大伴宿禰《おおとものすくね》古麻呂《こまろ》）の主張が通った結果、日本が大食（アラブ）の上席に替わったとなっている。

〔訳注3〕このときの「南蕃船」は、インドネシアからの船と解するのが、現在では定説である。たとえば、『福井県史』通史編二（一九九四年）は次のように書いている。

この南蛮船は、「旧港」すなわちPalinbang（インドネシアのスマトラ島のパレンバン）の華僑《かきょう》の頭目で明朝よりパレンバン宣慰使に補任された施進卿の派遣した船である。亜烈または阿烈は「元史」にみえる阿里と同じく回語（ウイグル語）で大の義、アラビア語Aliの音訳であろうという。

〔訳注4〕『たはれ草』の原文では「そのをしへを聞くに、釈氏のいへると物の名ちがひたるまでにて、かはりたる事なければ、取るにも足らず」となっている。

第12章

日本の記録にみえる食人の形跡

The Traces of Cannibalism in the Japanese Records

カニバリズムつまり「人食い」は、大航海時代以来の西欧の世界進出のなかで、独特の意味作用を担わされてきた言葉である。語源的には西インド諸島の住民を指す「カリブ」から派生したとされるこの語は、単に人肉を食べるという事実だけではなく、しばしば文明の対極、野蛮の極致といったイメージを付加されてきた。「ヨーロッパ人こそ人食い以上の野蛮を行ってきた」と喝破したモンテーニュのような例外を除いて、カニバリズムという概念は、しばしば文明化されない社会がいかに恐ろしいものであるかを語るための、記号として流通してきたのである。

今日では、未開人が理由もなく人を殺してその肉を食べるというイメージの多くは、事実誤認に基づくものであり、むしろそうした虚構の物語は、英国やフランスといった帝国主義国家が海外に植民地を建設するための巧妙な口実として利用された、とする説が有力である。しかし、こうした未開イコール食人というステレオタイプは、一九世紀のヨーロッパでは半ば当然のこととして流布していた。そのため、ある民族がある時期に食人をしていたかどうかという「事実」は、その民族の文明度を測る尺度と考えられていたふしがある。

ロンドンを離れる直前の南方熊楠が、日本人がカニバリズムを行ってきたという主旨の論文をあえてまとめようとしていたことは、こうした文脈を考慮に入れるとたいへん興味深い。「ロンドン抜書」は、熊楠が世界の民俗に関して筆写したノートであるが、そのなかには、カンボジア、中国、中近東、アンチル諸島などの食人の実例が多数引用されている。そうした知識を背景として、一九〇〇年の三月から六月にかけてのロンドンでの最後の日々に、「日本人太古食人説」と題する論文を執筆していたことが、熊楠の日記からは確認される。

この食人論の第一稿は、ロンドン発行の『サイエンス』誌への掲載を念頭に置いて書かれたもののようだが、実

大森考古学採集品（骨片）。熊楠は東京時代、大森遺跡付近にしばしば通い、土器や獣骨などさまざまな採集品をコレクションしていた（南方熊楠記念館蔵）

際に投稿されたかどうかは定かではない。熊楠の述懐によると、原稿を「かの邦の知人」に見せたところ、日本に不利になるようなことは書くべきではないと一蹴されてしまったという。

その後、那智時代の一九〇三年になって、この食人論は『ネイチャー』への投稿に向けて書きなおされることになる。同年三月一七日の日記には、那智から勝浦に向かう牛乳配達人に「ネーチュールへの状古代日本人食人肉説書留にて出すこと」を依頼したと記されている。しかし、どうやら『ネイチャー』には、この論文は掲載されなかった模様である。現在、南方邸には、このときの下書きと思われる原稿が残されていて、それを校訂したものが平凡社版全集別巻二におさめられており、ここではこれを底本として用いた。

さて、ロンドン時代に食人論の投稿に否定的であった「かの邦の知人」とは、どうやらディキンズのことであるらしい。熊楠のこの述懐が事実であるとすると、日本の歴史文献のなかに人肉食に関する描写があることを列挙した論は、日本人に対して不利益をもたらすとディキンズが判断したことになる。つまり、この時代の英国人にとって、日本人がかつて人肉食を行ったという事実は、日本が文明国としての資質をもっているかどうか疑わせるような問題であったわけである。

しかし、熊楠の関心は、文明・非文明を分ける尺度としてのカニバリズムにあったわけではない。もともと、熊楠が人肉食に興味をもつきっかけとなったのは、E・S・モースが一八七九年の大森貝塚の発見の際に、人肉食の痕跡の存在を論じたことが発端であった。しかし、故意に打ちくだかれた人骨を「日本に人喰い人種がいたことを、初めてしめす資料」(『大森貝塚』岩波文庫、四九頁)としたモースの解釈は、その後支持を得られず、日本人が食人をするはずがないという感情的な反発を招く結果となった。そこで、熊楠は「学問上モールスの冤を解かんために」(一九一一年一〇月一七日付柳田国男宛書簡、平凡社版全集八巻二〇五頁)、歴史文献のなかから人肉食の例を挙げた論文を作成しようとしたのである。

モースは著書のなかで「緊急の状況においこまれ、人肉で命をつないだという記録が日本にあるかどうか判れば興味ぶかい」(前掲書五二頁)と書いており、熊楠の食人論は、直接的にはこの問いへの答えであった。そう考えると、「習慣」「飢饉」「怒り」「屍愛」「呪術および医薬」「宗教」という『エンサイクロペディア・ブリタニカ』九版の「カニバリズム」の項目の分類に従って、少々強引に人肉食の例を列挙していく熊楠のやり方も理解できる。

ただ、こうしたさまざまなケースを一括して「カニバリズム」と呼んで、そこからなんらかの結論を導くことには無理がある。膨大な時空間を占めている先史時代の社会に関して、人類史のごく一部を特定の視点から記述した歴史文献で推察することは不可能である。また、ある状況に置かれた個人が偶発的に行った食人行為を、その個人が属する文化の規範と考えることはできない。つまり、古代から近世までの歴史文献にみえる人肉食の例を挙げても、それが人種・宗教・社会習慣のうえでまったく異なる先史時代のカニバリズムからのなんらかの意味での連続性をもつものとは考えにくい。熊楠もこの点では、「ある国における人身御供の明確な記録が、はたしてそれ以前、または同時期の食人肉の存在を根拠づけるものかどうかについては、今は議論を避けたい」として、この論文をモースの議論に直接結びつけることには慎重な姿勢をみせている。

しかし、こうした事情を前提としても、熊楠が一九世紀末から二〇世紀初めという時期に、日本における食人の記録という風俗の一断面に関心を向けたことは注目に値する。そして、ナショナリズムに引きずられることなく、一貫して人肉食という現象の客観的な記述を行ったことは、高く評価されるべきだろう。同時代の少なからぬ日本の学者が、古代中国の食人の習慣を野蛮と呼びつつ、日本にはそうした習慣がなかったと一方的に誇っていることと比較すれば、その意義は決して小さくない。たとえば、非常な飢餓の際には、身内の肉から食ったとする日本の戦国時代の記録を、他人と子供を取りかえてその肉を食ったとする中国の例と対比させ、「人間の心の動き自体にはまったく違いはないものの、……ときとして対照的な二つの行動に帰結する」という指摘（原注1参照）には、文化的な偏見のなさと着眼点の妙が感じられる。

熊楠は田辺定住後にも、人柱の形跡が発掘された際に、その犠牲の数を少なく見積もろうとする柳田国男などに対して反論を試みた。そして、「人柱の話」と題する論文のなかで、「こんなことが外国へ聞こえては大きな国辱という人もあらんかなれど、そんな国辱はどの国にもある」（平凡社版全集二巻四二九頁）と、より相対的な観点から事実を客観的に分析することを求めている。世紀をまたいで書きつがれたこの長文の食人論は、そうした熊楠の民俗学における実証主義に基づく比較志向の姿勢が、ロンドン時代から帰国後まで一貫していることを示すものである。

（松居竜五）

日本の記録にみえる食人の形跡

The Traces of Cannibalism in the Japanese Records

一九〇三年三月、草稿

エドワード・S・モース博士は、日本の大森貝塚から、原始人による食人の跡を示唆しているようにみえる人骨を発見している（『東京大学理学部紀要』第一巻第一部、一八七九年）。しかし、この発見の後、キーンやラッツェルといった学者からは、これに否定的な発言がなされてきた。日本出身の権威である八木〔奘三郎〕氏は、一八九九年の『日本考古学』九二頁において、モース博士の発表以後、骨髄を抽出された人骨や、調理鍋に供されるために解体されたような人骨は、日本のどの貝塚からも出土していないと述べている。実をいえば、モース博士自身、「日本人がほんの少しでも食人を行っていたという確信に導くような記述を、先史時代あるいは歴史時代に見つけること」は一切できなかったと、はっきりと言明しているのである。

しかしその一方、『東京人類学会雑誌』第三四号七八―九〇頁〔「食人風習ニ就テ述ブ」〕において、寺石正路氏は、モース博士の発見を裏付ける次のような事例を挙げている。

（1）日本神話に登場する人食いの八岐の大蛇が、人食い人種を意味していたと考えられていたこと。

（2）七二〇年に成立した『日本書紀』の五六七年の大飢饉の記述に、「人相食《は》む」とあること。これは、災害の大きさを強調するための、中国文献からの借用表現というのが通説である。
（3）人食い盗賊「酒呑童子」が一〇世紀に跳梁したという民話。
（4）一七〇二年に、主君の墓に仇の首を供えたという有名な「忠臣蔵」。
（5）後に徳川幕府崩壊を引きおこすことになる浪士たちが、血祭りを軍神に捧げると称して無差別な斬り捨てを繰りかえしたこと。
（6）一一〇年に、一人の姫君〔弟橘媛《おとたちばなひめ》〕が、上総《かずさ》の海で、その神をなだめるため、自らの夫である皇子の船から海中に身を投じた伝説。
（7）三二三年に、堤防を完成させる目的で、ある地方出身の者〔武蔵人強頸《こわくび》〕が河の神に身を捧げるために飛びこみ、水死した伝説。
（8）一一六三年に、清盛が兵庫の入江に築堤した際、その小姓が自ら人柱として入水したこと。

寺石氏が引用しているこれらの事例のほとんどは伝承にすぎず、古代日本における人身御供の実態や、そこから推論しうるその前段階としての食人の事実を証明するには、不十分であることはいうまでもない。また一方、人を殺してその首や血を神々や死者の魂に供するという行為が、もともと日本固有の風習として存在したのか、それとも他の地域からもたらされたものであるのかを判断することは非常に難しいし、そのうえこれらの行為と食人との関係すら間接的なものでしかない。

しかしながら、日本の文献を子細に検討した結果として、私は日本人が食人という異常行為とまったく無縁ではなかったことを直接に証拠づける多くの事実を得ている。これは全体として、「ひどい飢饉に際して、人肉で命をつないだという記録が日本にあるかどうか」というモース博士の疑問に答えるに足るものではないかと考える。博士は、「日本の歴史家たちによる詳細で丹念な、またかなり正確な年代記を、一五〇〇年以上にわたってさかのぼってみても、この忌むべき行いに関する痕跡はなんら残されていない」としているのである（前掲書一八頁）。私はここで、これらの事実について、タイラー博士が『エンサイクロペディア・ブリタニカ』九版中の「カニバリズム」の項で採用している方式に従って、それぞれの原因ごとに順を追って示したいと思う。

（一）習慣

中国人とは対照的に、日本人については、この項目に分類されるような人肉食の例は非常に少ない（中国人が社会的に安定した時期においても、ほぼ日常的ともいえる人肉食の習慣を有していたことについては、次の文献を参照のこと。神田〔孝平〕「支那人人肉ヲ食フノ説」、『東京学士会院雑誌』〔一八八一年、三篇八冊〕。レノー訳『アラブ人の旅』〔『シナ・インド物語』〕一八四五年、五二―五三頁。一四世紀の『水滸伝』に頻出。陶九成〔宗儀〕『輟耕録《てっこうろく》』一三六六年初版、和刻本京都版、一六五二年、九巻一〇丁以下。謝肇淛『五雑組』一六一〇年頃初版、和刻本京都版、一六六一年、五巻七丁）。

唯一挙げることができるのは、一七四九年刊の『新著聞集』において、著者の一雪が取りあげた偶発的な一例だけである。「（一八世紀のこと）江戸は芝に一人の僧がいた。死んだ女の死化粧を行う際、髪を剃ろうとして過って頭皮の一片を切り落としてしまった。女の身内の者たちに気づかれるのを避けよ

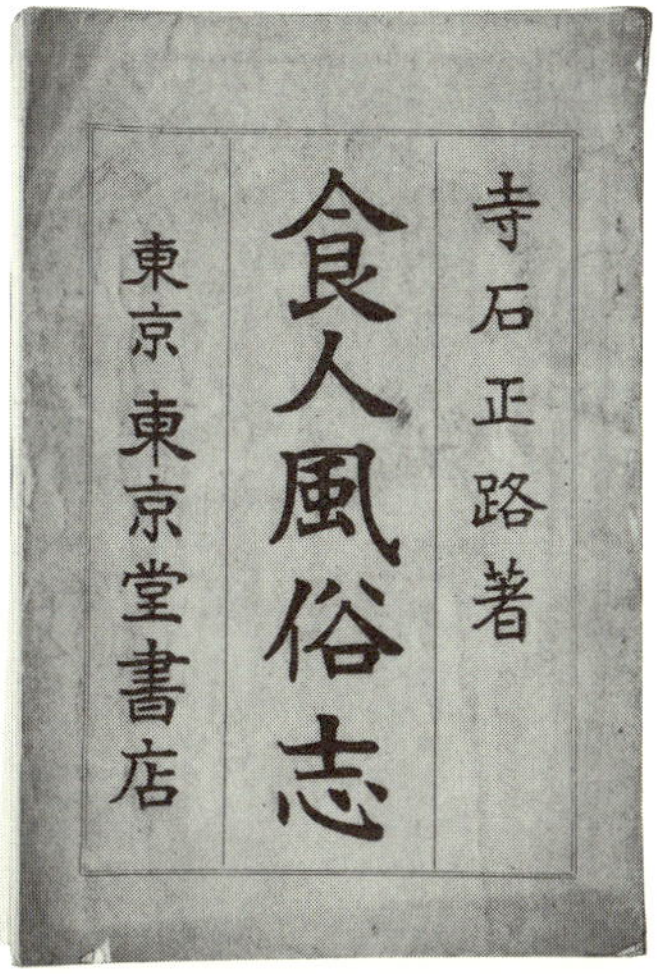

（右）寺石正路（1868–1949）。共立学校・大学予備門を通じて熊楠の一年後輩にあたる。病気のため早く郷里の高知県へ帰ったが、後年まで食人風習の研究を続けたほか、地方伝承の収集や、民俗における左右の研究なども残した
（左）寺石の『食人風俗志』（1915年刊）。熊楠が引用した1888年の論文「食人風習ニ就テ述ブ」以来の研究の結実といえる。民俗学者となった寺石は、著書を律儀に熊楠へ送りつづけた

うとして、その肉片を口に入れたところ、人の死肉を食う癖がついてしまった。そして、その後は夜な夜な、自分の寺の墓地に埋葬された死骸を掘りだして食うのが病みつきになった」

日本では何世紀にもわたって、刑死あるいは獄死した犯罪人の頭部など身体の一部を、塩漬けやアルコール漬けにして保存することが法的に行われてきた（荻野〔由之〕ほか『日本古代法典』一八九二年、九五九頁）。これは、近代ヨーロッパでもいくつかの国家において記録されているが（トウザー『トルコ高地調査』一八六九年、三〇八頁）、このような保存は、特別な機会のための食料として人肉を漬け物にした古代の中国人（たとえば紀元前二世紀の司馬遷『史記』中に散見）とは用途が異なる。

(二)飢饉

前に引用した五六七年の大飢饉の〔「人相食む」という〕記述が、多くの論者が指摘するように、中国の文献から借りた誇大な表現であるとしても、次の文章は、日本にもまれではあるが飢餓のために実際に人肉食が行われたことを、確かに証明するものではないだろうか。

(1)「一二五九年の最初の月、国中に不思議な疫病と酷い飢饉が広まった。当時の都であった京都の街中に、死骸の傍らにうずくまり、その肉を食らう年の頃一五、六の若い尼が出没した」(『五代帝王物語』一三三七年以前、一八九八年再版、四三七頁)。

(2)かの太閤秀吉による一五八〇年の鳥取と三木の城攻めの際、「籠城勢は、穀物が尽き、馬や牛の肉(この頃は通常決して食べなかったもの)に頼らざるをえなくなった。しかしそれも尽き、死者の肉を食らいはじめた。その際、自分の親兄弟の肉が他家の者に食べられないように非常に苦心した。それは、自分の兄弟の肉や父の肉を食って命をつなぐという筆舌に尽くしがたい光景であった」[原注1](塙〔保己一〕『群書類従』一九〇〇年再版、一三巻五一二、一二三〇頁)。

(3)一六世紀、伊藤氏の侍が、あるとき退却中に飢えに襲われた。敵の一人がものを食べているのを見て、その者を殺し、腹を裂いて中身を取りだして、川で洗って食ったという(湯浅〔常山〕『常山紀談』一七三九年、[訳注1]一三巻一〇丁)。

(4)陸奥南部藩の一商人が江戸に送った一七八二年一一月一一日付書簡には、当時かの地を襲っていた酷い飢饉の詳細が記されている。それによると、「我々は未だかつて聞いたこともないような状況に置かれている。物乞いたちは犬、猫、牛、馬の肉を食う。甚だしきは、死にかけた者の肉を切りとって食い、格別にうまいとさえ言う。人がこれほど凄惨な状況に堕するとは、ほとんど信じがたいことである」（滝沢〔馬琴〕『兎園会集説』〔『兎園小説』〕一八二五年、九〔六〕集）。

（三）怒り

七九七年完成の正史『続日本紀』によると、七六一年の第三の月、狭量で放埒《ほうらつ》な葦原皇子は、御使《みつかいの》連麻呂《むらじまろ》と賭博をしている最中、いきなり怒りにかられて相手を刺し殺した。そしてその腿《もも》の肉を切りおとし、死体の胸の上に置いて膾《なます》にした。この文章に関して、興味深いことに、私は『ベンガル・アジア学会誌』のバックナンバーで、アフガニスタンの女性が呪術を目的として人の心臓をその人の胸の上に置いて調理する、という記事を読んだことがある。

（四）屍愛

これに関してはいくつかの恋愛譚がある。たとえば、一八世紀の『雨月物語』には、死んだ愛童の肉を食らう老いた僧侶が登場する。また同じ内容の詩文も日本にはあり、たとえば俗謡で、「お前死んでも墓へはやらぬ、焼いて粉にして酒で飲む」というものがある。これらの創作の起源が、みな現実の人肉食にあるとするのは、明らかに無理というものだろう。しかし、おそらく一八世紀の橘〔南谿〕による『東遊記』のなかの話は、この項目に入れるべき例であると思われる。（著者の時代のこと）「三河の百姓の妻が嫉妬から悪鬼に憑《つ》かれ、焼き場に奔《はし》り、まだ焼けきっていない死体を引きずりだして、そのはらわたを木の器に盛り、まるで蕎麦でも食うように食べた。あまりのことに驚愕《きょうがく》する周りの人々に、

『こんなに旨いものをどうして食べないのか』と言いのこして走りさった。今も行方知れずだという」

（五）呪術および医薬

一三〇〇年以前の書『古老口実伝』一八九八年復刻版三八二頁に、「伊勢神宮に仕える神官はみな、人骨から作った薬は、いかなるものでもこれを服用することを禁ずる」とある。これにより、その種の薬がもともと他国伝来のものであったことがわかる。一一世紀の『今昔物語』井沢版、六巻一五―一八丁には[訳注2]、一〇世紀の名将平貞盛に関する恐るべき、しかし十分に確証のある話がある。それによると、貞盛は、酷い皮膚病に苦しみ、これを治すために、息子の妻であった身重の女の胎児を薬にしようと思い、「女の腹を裂き、赤ん坊を取りだして自分に供するように」と息子に命じた。息子は、父の侍医に賄賂を与え、自らの血を引く胎児では治療の効果がないことや、腹のなかの子供が薬効の条件である男児かどうかわからないことを口実に、父を説得させ、この凶々《まがまが》しい要求を思いとどまらせることができた。その結果、別の身重の女が二人他家から連れてこられ、腹を裂かれ、一人は男の胎児であったので、供されて貞盛の皮膚病を癒したという。

人間の肝臓や胆嚢を薬用に用いることを示唆した日本の物語は、ほとんどが中国伝来である（たとえば、西鶴『新可笑記』一六八八年、一巻四）。しかしそれらを別にしても、ごく最近まで、死刑執行人は処刑された死骸から胆嚢を取りだす特権を有しており（『風俗画報』五六号一六頁、一八九三年）、これは私が知るところでは、精神病に対する貴重な妙薬の素として用いられたようである。(原注2)

戦国時代（一五、一六世紀）のような苛酷な時期には、「千人斬り」が実際に行われることも珍しくなかった。これは手当たり次第無差別に、なるべく多くの人を斬り殺すもので、自分の剣の腕を試すためや、自分の親を殺した相手がわからない場合に行われた（喜多村〔信節〕『嬉遊笑覧』新版、四巻九丁表）。しかし、記録のなかには、千人の血を吸うことによって自らの病が治ると信じたレプラ患者の例が一件ある（藤岡〔作太郎〕・平出〔鏗二郎〕『日本風俗史』一八九六年、二巻一六二頁）。

昨年初め、日本では、大阪市郊外の墓地が荒らされ、頭蓋骨が薬用を目的として盗まれていた、という警察発表があり、世論は騒然となった。(原注3) この報道には、すぐにさらに驚くべき続報があった。すなわち、現在、日本国内のあちらこちらで、人の頭蓋が、性病、結核、佝僂病《くるびょう》、神経衰弱などによく効く「薬」として用いられているというのである。次の三つの処方があるという。

（1）「天石」、これは頭蓋骨を「元のままに」石灰化させたもの。

（2）「天砕」、これは炭化させた頭蓋骨の断片。

（3）「天粉」、これは細かく砕いて炭化させたもの。

また東北地方では、性病の治療に、男ならば女、女ならば男の頭蓋骨を用いたがる傾向があると報じられている。(原注4) 漢語の名がつけられていることからもわかるように、これらは無論、古く中国から伝わった風習である。(原注5) さらに、東京近郊のある焼き場では、生まれつき虚弱体質の人々が焼けきっていない遺体を乞い求めることがある、とも報道されている。(原注6) 詳細は一九〇二年二月の『万朝報』三〇一八号三面、および同月の他の新聞を参照のこと。

（六）宗教

日本の原始宗教にも渡来した宗教にも、食人の確かな事例は絶対にないことを、私は言明しておきたい。

ある国における人身御供の明確な記録が、はたしてそれ以前、または同時期の食人肉の存在を根拠づけるものかどうかについては、今は議論を避けたいと思う。ここで述べておきたいのは、寺石氏が引用している例（前掲）以外にも、日本に人身御供の慣習がいくつか存在していた、ということのみである。たとえば、一一世紀の源隆国は、年ごとに生娘を生贄として捧げさせていた猿神の話を残している（『宇治拾遺物語』一一七〔一一九〕）。日本史上最初の武家政権を設立し、将軍となった源頼朝は、一一八九年に敵方の者を一人、神社に生贄として供えた（「宇都宮大明神代々奇瑞之事」六、一四八四年）。また、一七世紀になっても、大きな建物を建てるときには、その土台を堅固なものにするため、人間を生き埋めにする人柱がしばしば立てられたという（カロン『日本報告』、ピンカートン『新航海旅行記集成』所収、一八一一年、七巻六二三頁）。

菊岡沾涼《せんりよう》は、広く諸国を旅行した俳人であるが、その著『諸国里人談』一七九九年、一巻六―七丁において、尾張国一の宮に伝わる次のような風習を語っている。「ここでは毎年、一月一一日に直会祭《なおえまつり》が開かれる。神官たちは旗を手にして道に出て、往来の人をつかまえる。人々はつかまらないように、家に籠り、戸をしっかりと立てて、旅人がいれば出立を別の日まで延ばすよう忠告する。しかし、たいてい、つかまる者が一人いる。するとこの者は、沐浴させられ、清浄な衣を着せられ、神社に連れていかれる。そして、大きなまな板の傍らに座らされるのだが、まな板の上にはこの者を象った人形が置かれ、木の包丁と箸が添えられる。次の朝、神官たちが来て、これらのお供え物を取りさる。さらに餅の形をした木の塊をこの者の背に負わせ、紐を通した銅銭の束を首にかけさせて、神社から一目散に退散させる。するとかならず倒れて少しの間気を失う。その倒れた場所の下に粘土で作ったもう一つの『餅』を埋め、そこに塚を作るのである」

これが、未開時代の人身供犠の風習の名残を、ほぼ完全な形でとどめるものであることは疑いないであろう。唯一の違いは、人命を餅で代用している点だけである。（原注7）古代アッサム地方で女神アーイの祭の際、毎年、その前日の真夜中過ぎに一人の男が捕らえられ、犠牲に供されることを想起せずにはいられない（E・A・ゲイト『ベンガル・アジア学会誌』所収、一八九八年、六七巻五六頁）。

またかつての日本では、次のような和歌がよく歌われた。英訳は、サヴェージ・クラブ〔訳注3〕の会員である私の友人アーサー・モリソン氏が、私の依頼に応えて訳してくれたものである。

下野の室のやしまに立つ煙たが子のしろにつなし焼くらむ

言い伝えによれば、これは次のような物語だという。昔むかし下野の殿様が、ある娘を妻に娶《めと》ろうとした。娘が心底嫌がっているのを知った父は、彼女が唐突に死んだと称して偽りの葬式を執りおこない、遺体の代わりにツナシというイワシとニシンによく似た魚（シュレーゲルによると *Chaetoëssus punctatus*）を焼いた。これを焼くと、死人を火葬するときのような臭いがするといわれていたのである。魚は、この言い伝えがもとで「コノシロ（子の代）」と呼ばれることとなったという（貝原『大和本草』一七〇九年、一三巻三一丁表。寺島『和漢三才図会』一七一三年、四九巻、同項目〔コノシロ〕。新井〔白蛾〕『牛馬問』一七五五年、一巻二五章）。一四世紀の『慈元抄』（復刻版、一九〇二年、二七九頁）は、この物語は八世紀に実際におきた出来事とするが、実話としては受けとりがたいところもある。

「室の八島」という平野は中央部に池をたたえている。そこから硫黄性の蒸気が絶えず立ちのぼっており、数々の日本詩歌に歌われてきた名勝地である。池のほとりには神社が建っていて、祭神は、富士山の女神〔コノハナノサクヤヒメ〕の父であるとされている。室の八島でも富士山でも、コノシロを神々への供物としており、参拝者がこれを食べることを禁じている（芭蕉『奥の細道』一六八九年、一八九一年版、二頁。寺島、前掲箇所および六六巻。谷川〔士清〕『鋸屑譚』四四、一八世紀）。これらの事実から、先の和歌と伝説の解釈として、どうやら非常に古い時代の日本人には、きわめて厳かな神事として、多数の子供を殺して神々に供える習慣があったのではないかと思われる。それが後には、焼いたときに死体と同じ

アーサー・モリソン（1863–1945）。当時文名を上げはじめていた作家で熊楠の交友関係のなかでは、もっとも知名度の高かった人物の一人。来簡からは熊楠の英文についての相談を快くひきうけていたことがわかる

ような臭いがするのを理由に、ツナシに代えられたと考えることもできるだろう。これは、グラニ人が、贖罪《しょくざい》の捧げ物として、人間の代わりに雄鶏を用いるようなものであろう(原注8)（デ・ボード『ルリスタンとアラビスタンへの旅』一八四五年、二巻一八三頁。また古代の、ユダヤ、フェニキア、インド、バーガット、ゴンド、南洋諸島における同様の人身供犠の代替については、フレイザー『金枝篇』一八九〇年、一巻二三五、二五二頁およびマリナー『トンガ諸島原住民の報告』一八一八年、二巻二〇八頁を参照）。

一九〇三年三月一六日　日本、紀伊、那智山　南方熊楠

（原注1）最後の一節にみられる出来事は、「人々は互いの子を取りかえて食った」という中国での長期籠城の際の記録とはまったく正反対である。これは、バックルが『文明の歴史』で述べているユグノー戦争をも想いおこさせる。ともあれ、この対比が示しているのは、人間の心の動き自体にはまったく違いはないものの、非常な困難に直面した際に、それがときとして対照的な二つの行動に帰結する場合があるということである。

（原注2）一〇世紀中国の反乱軍の首領 趙思《ちょうし》綰《わん》は、人間の胆嚢を浸した酒を飲み、これによって無双の勇気を養うのだと語ったという（『淵鑑類函』一七〇一年、二六一巻九丁裏）。ラオス人は、自分の象の頭に殺されたばかりの人間の胆嚢を擦りつけると、戦いの際に無敵になると信じた（〔ジョヴァンニ・〕F・デ・マリーニ『トンキンと日本の物語』ローマ、一六六五年、四五三頁）。

チャンパ王国の王は、毎年元日に、人間の胆嚢を煎じた風呂に浸かった。これは「胆力を身体に染みこませるため」であり、各地の族長はこのために大量の胆嚢を王に献上したという（黄省曽『西洋朝貢典録』一五二〇年、一章）。またカンボジアでは、夜に出歩く者たちを捕らえて殺し、こうして集めた壺いっぱいの胆嚢をチャンパの王に貢ぐ習慣があった。ただし中国人の胆嚢は、たった一つでも他の胆嚢と同じ壺に入れておくと全部を腐らせてしまうと信じられたので、中国人は避けたという（周達観『真臘風土記』一三世紀、大英博物館蔵書一五二九七a二一、三三丁）。

(原注3)一四世紀の『増鏡』第八〔訳注4〕に、一二六七年のある夜、太政大臣の墓が暴かれ、その独特な風貌をした首が正体不明の呪術師によって持ちさられたという話がある。呪術や魔術のために人の頭を用いることについては、喜多村、前掲書八巻一九丁を参照のこと。また、関連文献は次の通り。陶九成、前掲書一三巻一丁以下。謝肇淛、前掲書六巻一〇丁。『フランス領コーチシナ―旅行と現地調査』一八八三年一六号所収のE・エモニエ、一八八頁。『科学評論』一九〇〇年五月二六日号六四一頁。ド・ロシュフォール『アンチル諸島の自然および風習誌』ロッテルダム、一六六五年、四七三頁。

(原注4)ヨーロッパで人肉を同様の症例に用いることについては、デュフール『売春の歴史』一八五三年、ブリュッセル、四巻二八六―二八七頁を参照のこと。

(原注5)中国の著名な本草家である陳蔵器は、人体のさまざまな部分や人体に付属するものを、最初に〔漢方薬として〕本草書に入れた人物である。七三九年に彼の本が出てから、これを手に入れた人々の間で、この忌《いま》わしさに充ち満ちた調剤法が大流行することとなった(銭易『南部新書』大英博物館蔵書一五三一六a、七巻四丁裏。またラムージオ『旅行と航海』〔『航海と旅行』〕所収のカルティエの項、ヴェネチア、一五六三年、三巻二八〇丁dを参照のこと)。

(原注6)近代ヨーロッパ諸国において、同様に人間の血や脂肪分や骨、とりわけ処刑された犯罪人の首に薬効があると信じられたことについては、次の文献をみよ。L・ロイド『スウェーデン農民の生活』一八七〇年、一五九頁。『フォークロア』七巻、一八九六年所収のピーコック、二七〇―二七一頁。ユール『マルコ・ポーロ卿の書』初版、一巻二六六頁も参照。

一六四四年頃、中国は安邑の官吏がその虚弱体質を治すために、何人もの小児を買ってその脳みそを啜《すす》っていたが、やがて死んだという(王阮亭〔士禛〕『池北偶談』一六九一年、一三巻一五丁裏)。

(原注7)中国では、権謀術数に長けた名宰相の諸葛亮(孔明)が、二二四年、瀘水《ろすい》の神をなだめるために四九人の生贄が必要とされた際、同じ数の人頭に模した饅頭をもってこれに代えた。これが人頭を饅頭で代替する初めであったという(『淵鑑類函』三八九巻二二丁表)。これに似た話として、プルタルコス「ルクルスの生涯」には、キュージコス人たちがプロセルピナの祭の前夜に、生贄にすべき動物がいないため、練り粉で雌牛の形を作ったという話がある。

(原注8)仏教には、明らかにインドやその周辺地域で行われてきた人身供犠を起源とする話があるのだが、私はあえてそれらには言及しなかった。高僧慧亮は、後に五六代天皇となる皇子〔惟仁親王〕が兄と皇位継承で争っている際、彼のために念仏を唱え、自分の脳みそを金剛に供したという(『曾我物語』一四世紀、一六二八年版、一巻五丁表)。一二世紀には、仏教寺

院の宝物のなかに、人骨で作った数珠の話がみられる（『平治物語』一三世紀、八段）。近代以前の日本人が出会った民族では、九州沿岸地域を急襲した刀伊《とい》人〔女真族のこと〕たちが、食人を行った証拠があるという。これは一〇一九年におきた大事件で、大量殺戮をともなうものであった。

〔訳注1〕『常山紀談』は、自序が元文四（一七三九）年となっているが、その後も資料を集めては増補を重ねた。これらは著者の没年（一七八一年）のかなり後になって『常山紀談拾遺』と合わせてまとめられ、出版された。

〔訳注2〕『今昔物語集』本朝世俗部巻二九第二五「丹波ノ守平貞盛、児《ちご》ノ干《きも》ヲ取《とれ》ル語《こと》」に相当。

〔訳注3〕サヴェージ・クラブ Savage Club は、一八五七年創設のロンドンの代表的な社交クラブ。

〔訳注4〕熊楠が手にしたと思われる博文館「日本文学全書」版『増鏡』では、第八「北野の雪」の末尾にこの話がみえる。

第13章

隠花植物研究

Studies on Cryptogamous Plants

解説

①　ピトフォラ・オエドゴニア　一九〇二年七月一七日
②　ピトフォラの分布　一九〇三年四月二三日
③　ホオベニタケの分布　一九〇三年七月三〇日
④　魚類に生える藻類　一九〇八年一一月二六日
⑤　粘菌の変形体の色①　一九一〇年六月二三日
⑥　粘菌の変形体の色②　一九一二年一〇月二四日

一九〇〇年九月、熊楠は、十余年に及んだ米英放浪を終えて帰国の途につく。ロンドンを出発する以前に記した最後の著述である「神跡考」（第一次執筆分）が、一九〇〇年九月から一〇月にかけて『ノーツ・アンド・クエリーズ』に掲載されたのを最後に、ロンドン時代あれほど多筆であった熊楠（巻末の関連年表参照）は、帰国後しばしの沈黙の期間に入ることになる。一八九三年の「東洋の星座」以来、活発な執筆・投稿を続けてきた彼の著述活動のなかで、この帰国後の数年間は、はじめての空白期間となった。

一〇月に神戸港を経て実家のある和歌山市に帰った熊楠は、和歌浦に近い円珠院にしばらく滞在した後の翌一九〇一（明治三四）年一〇月には、弟常楠《つねぐす》が継いでいた実家の酒屋の支店がある勝浦へと、追われるように居を移した。さらに一九〇二年一月からは、そこからほどない那智村（今日の那智勝浦町）市野々《いちのの》の大阪屋に逗留《とうりゅう》することになる。この間彼は英文による著述をしなくなっているのだが、その二年間の沈黙を破って、帰国後はじめて『ネイチャー』一九〇二年七月一七日号に掲載されたのが、彼の「隠花植物研究」の嚆矢ともなった①「ピトフォラ・オエドゴニア」であった。これは、北米大陸では存在の知られていた既知種の藻類が、これまで観察報告のなかった東アジア地域にも存在することを標本を添えて報告するという、分布学上の基礎的事実の記録である。この報告は、熊楠の提供した標本と情報を『ネイチャー』編集部がまとめる形で、「ノーツ」欄に掲載された。

この文章で報告されている藻類の分布上の新発見は、熊楠が、直感的な察知または超自然的な認識や発見（それを彼は「不思議」あるいはtactと呼んだ）の体験例として、いくどか言及している（「田辺随筆」平凡社版全集六巻、「履歴書」平凡社版全集七巻など）。

日記や土宜法龍宛の書簡からうかがわれるこの時期の熊楠の生活は、まさしく生物採集と読書に明け暮れていた。

小生二年来この山間におり、記臆のほか書籍とては『華厳経』、『源氏物語』、『方丈記』、英文・仏文・伊文の小説ごときもの、随筆ごときもの数冊のほか思想に関するものとてはなく、他は植物学の書のみなり。（一九〇三年六月三〇日付書簡）

このほか一九〇二年頃の日記は、那智山中での高等植物、シダ類、菌類などの採集活動の記述で充たされている。熊楠は、二〇代前半のアメリカ・アナーバー時代以来、生涯にわたって植物・菌類採集を行っているが、この時期はそのなかでも一つの画期をなしている。そして、一九〇三年以降再び爆発的に進められた文献研究に属する論考各篇（『ノーツ・アンド・クエリーズ』誌に掲載されたもので、本書には収録されない）の執筆も、また彼の生涯の課題となる菌類研究も、この沈黙の日々の活動のうえになりたったのである。

しかしながら、この①発表後ただちに、熊楠の筆がかつてのような活発さを取りもどしたわけではなかった。掲載直前（おそらくは投稿後）の一九〇二年五月から一二月まで、熊楠は那智滞在を中断して田辺および鉛山《かなやま》（現白浜町）で、連日派手に酒宴を繰りひろげる荒れた日々を過ごしている。この時期の土宜法龍宛書簡でも、そのことを法龍からたしなめられたのに反論しているふしがあり（平凡社版全集七巻三三八―三三九頁など）、『ネイチャー』誌への投稿も、一九〇三年初頭まで途切れている。

それだけに、一九〇三年から四年にかけての熊楠の「復活」ぶりは、きわだっている。一九〇二年一月から翌々年九月までに及んだ那智山滞在時代の後半にあたるこの時期の、熊楠の知的活動は、執筆量からいえば滞英最後の二年間にも匹敵する。一九〇三年四月以降の英文論考の発表数は、二誌を合わせれば一九〇三年に一八本、一九〇四年は一七本にのぼっており、これはロンドン時代の勢いを凌ぐほどである。このほかに、結局掲載されることのなかった長文の英文論考「日本の記録にみえる食人の形跡」（第12章）および「燕石考」の執筆と、ディキンズとの共訳でイギリスで刊行された『方丈記』の英訳、さらには那智山中から土宜法龍へ宛てて書かれた長大な書簡群がこの時期生まれている。

那智時代前半の沈黙と、後半の執筆意欲の噴出とが、彼の置かれた境遇を軸にして背中合わせのものだったことは、容易に察せられる。おそらくは経済的理由から、ロンドンでの高等遊民生活を断念した熊楠は、帰国後は家族にも、日本の研究界にも、理解者を見いだせないまま悶々としていたのである。この時期、熊楠を認めてくれていたほぼ唯一の知識人である法龍に対して、彼はこう見得を切っている。「もし伝説のごとく多く酒飲んで、しかして、日中は数百の昆虫を集め、数千の植物を顕微鏡標品に作り、また巨細に画し彩色し、英国にて常に科学の説を闘わし、また文学上の投書し、かつ不断読書し、また随筆し、乃至この状のごときものを草案もせずに書き流し得とすれば、これ大いに偉事に候わずや」（平凡社版全集七巻三五四頁）。ここには、酒に溺れた姿を含めて、自分のすべてを肯定してもらおうとする熊楠の姿がある。

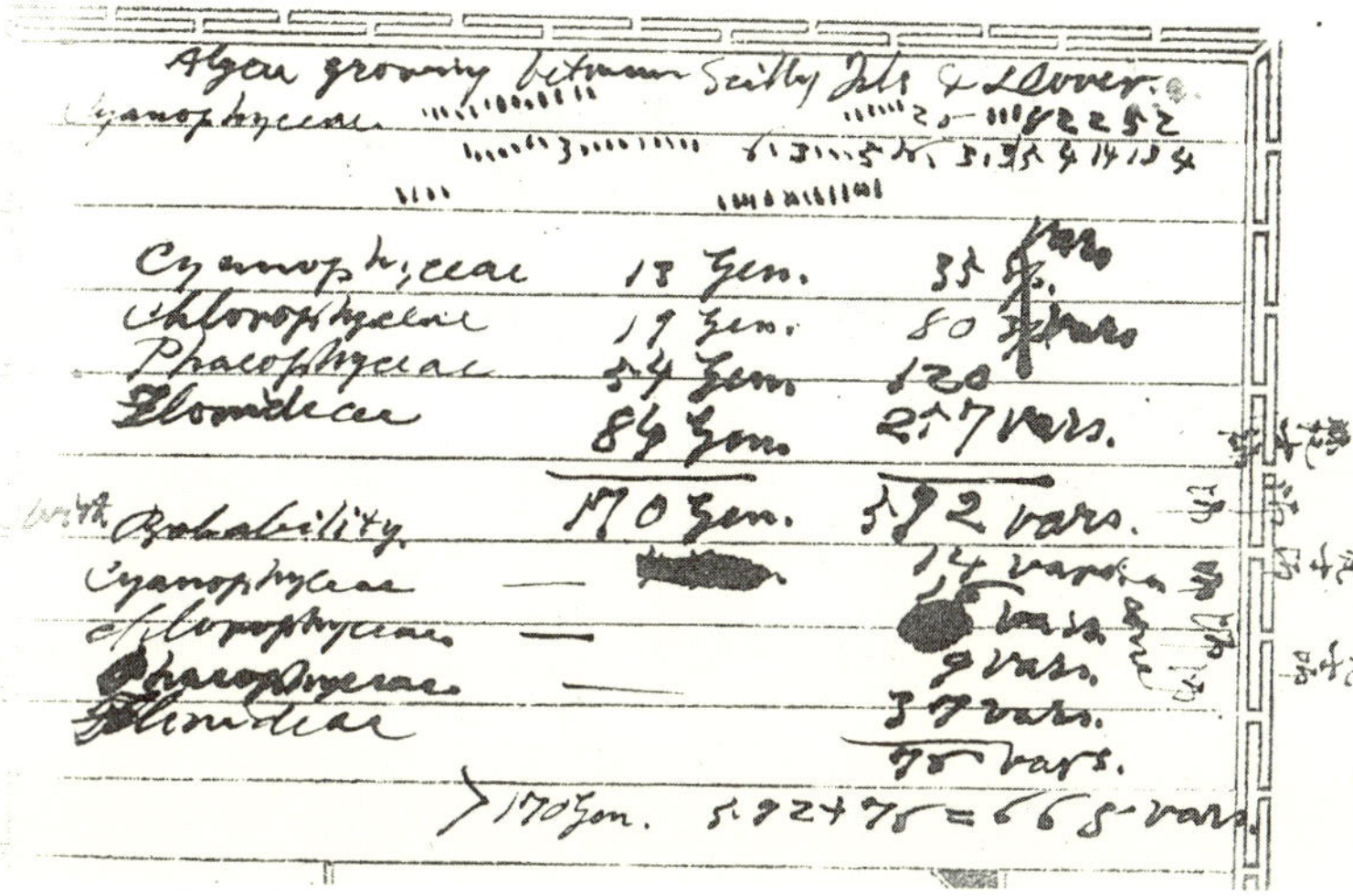

藻類採集数メモ（「課余随筆」巻3）。アメリカ時代に熊楠は、高等植物から菌類までさまざまな生物を採集しており、日記には丹念に採集数を記録している。これは、それを集計したメモと思われる

かつてのように、知的読者層をもつイギリスの高級学術誌に記事が掲載されつづけることは、彼が何者であるかを周囲に対しても、そしてなにより自分自身に対しても証しだてすることであった。帰国後、落魄ともいうべき状況のなかから、はじめはおずおずと投稿を再開した熊楠は、やがて弾みを得て、噴出するように執筆を続ける生活へと戻っていくことになる。

このように、彼の執筆活動再開の誘い水となったのが、本章の「隠花植物研究」なのだが、しかし結果からいえば、この分野での熊楠の論考は、驚くほど少ない。田辺から那智に戻った後の那智滞在中にさらに三篇（②③および第2章に収録した「アミミドロに関する最古の記述」）、やがて田辺に居を構え結婚して後の一九〇八年以降にもう三篇、藻類および菌類の分布、または生態および形状に関する短い報告（④⑤⑥）を発表したのが、藻類および菌類学の領域での熊楠の英文業績のすべてである。このことは、彼が生物研究に注いだ情熱の深さを知る者には、いささか拍子抜けに感じられるかもしれない。しかし、ピトフォラ属の分布に

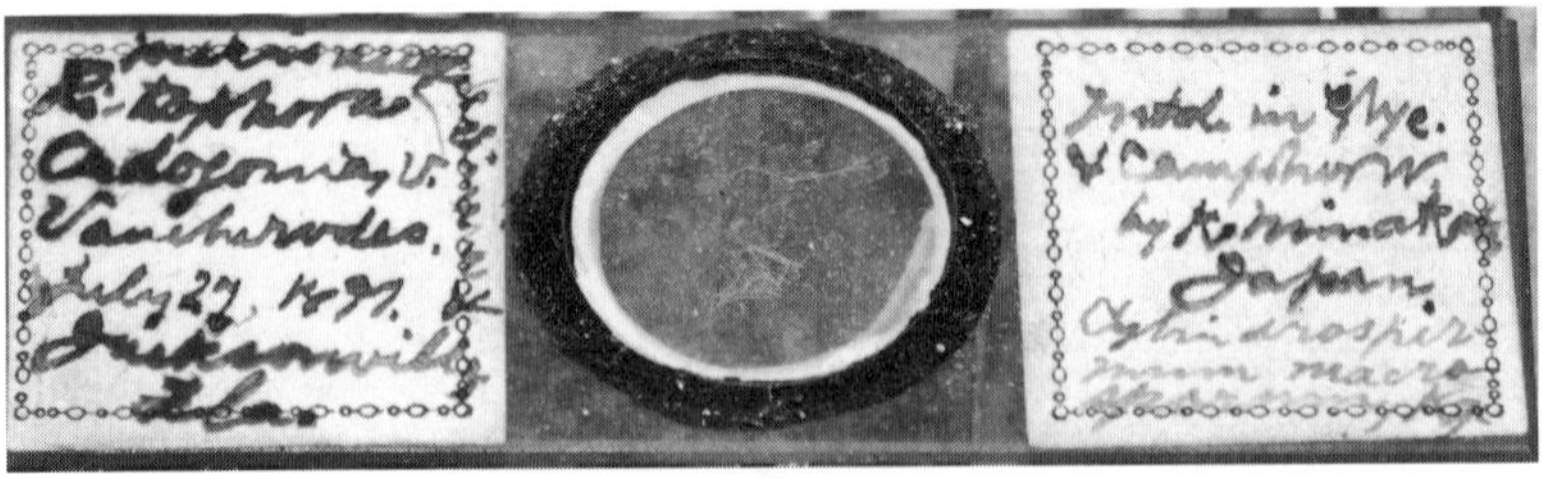

熊楠が米フロリダ州ジャクソンヴィルで採集したピトフォラ・オエドゴニアのプレパラート標本。左側のラベルに Pithophora Oedogonia, v. Vaucherioides. July 27, 1891. Jacksonville, Fla.、右側に by K. Minakata, Japan. と、採集日時・採集地・採集者を明記している

ついての報告である①②にしろ、ホオベニタケ属の地域分類についての報告である③にせよ、また変形菌変形体の色についての報告である⑤⑥も、膨大な量の観察と調査を行ったあげくに、ささやかな新知見を報告しうるのみの分類学・分布研究という地道な領域での貢献である。熊楠の旺盛な英文執筆活動のなかでは、量的にはまったく小さなものだが、その背後には、多くの時間と労力が費やされている。

①②は、バーミンガムの藻類研究者G・S・ウェストとの通信のきっかけとなり、熊楠に新たな挑戦への展望を開くことになった。参考資料として掲載したウェストのコメントは、①の翌日付となっている。熊楠はウェストの協力を得て、日本産藻類図譜を刊行する希望をもっていたことが知られている。また、③④には、おそらく編集部からの照会を受けて、ジョージ・マッシーのよせたコメントが同時掲載されている。マッシーは、イギリス菌学会初代会長を務めた大家である。さらに、日本産変形菌の採集に着手した熊楠が、この分野では当時世界的な権威だったリスター父娘の有力な協力者（標本および情報提供者として）となり、その『粘菌モノグラフ』の二度の改訂（一九一一年、一九二五年）にも貢献したことはよく知られている。本章におさめられたような基礎情報の報告は、最終的には、こうした網羅的な目録的刊行物の一部になるという展望のもとになされたのである。①のように、単独での著作の体をなしていない情報提供も、⑤⑥の図鑑の一部分のような叙

述様式も、そういった周辺事情を念頭に読まれる必要がある。

しかし同時に、⑤⑥は、純粋な観察事例報告にとどまらず、日本での分布調査における自らの貢献を明示したものになっている。客観的な文体による報告のなかで、自己顕示欲を抑えきれなかったかのように自分の貢献を指摘しているところはいかにも熊楠らしい。

（田村義也）

ピトフォラ・オエドゴニア
Pithophora Oedogonia

『ネイチャー』一九〇二年七月一七日　六六巻一七〇七号

南方熊楠氏は、日本の和歌山市にある池から採集した淡水藻の標本を顕微鏡スライドの形で二点、編集部宛に日本から送付された。氏は、一八九一年から一八九二年にかけて、フロリダ州ジャクソンヴィル付近で自ら採集したピトフォラ・オエドゴニア・ヴォーシェリオイデス *Pithophora oedogonia* Wittrock, var. *vaucherioides* Wolle の標本を多数所有しており、それらは今回送付されたものと細部にわたってよく一致しているので、氏は両者を同じ種と考え、意見を求めている。また、「ウィトロック氏の、ピトフォラ科についての精細な研究が一八七七年に刊行された後で、ピトフォラ・キューエンシス *P. kewensis* 以外に、旧世界のどこかで報告された種はあっただろうか」と述べている。編集部はハウズ教授に南方氏の標本を送ったところ、教授から次の返信があった。

「この日本人による同定が正しいことは疑いない。イギリスでは、マンチェスターの運河で採集されたこの属の一変種がはじめての発見であり、それは外来種だったに違いないことを、レンドル氏と私の元生徒であったW・ウェスト・ジュニア氏が共同発表している〔英国〕『植物学雑誌』三七巻二八九頁、一八九九年、参照)。私は、この指摘を最終結論としたい。南方氏の二つ目の質問に対する答えについては、前述の論文を参照されたい。*P. kewensis* もまた、その後発見されていないことからすると、外来種だったに違いない」

参考資料

ピトフォラの分布　G・S・ウェスト

Distribution of Pithophora

『ネイチャー』一九〇二年七月二四日　六六巻一七〇八号

七月一七日号の「ノーツ」欄に、ピトフォラ属のうちピトフォラ・キューエンシス *P. kewensis* 以外で、日本をのぞく旧世界から一八七七年以降に報告された種があったかどうかの情報を、南方熊楠氏が求めている旨の記事が掲載された。

ピトフォラ・ラディアンス *P. radians* West and G. S. West は、アフリカ西岸のルアンダでの発見が〔英国〕『植物学雑誌』（一八九七年一月号三六頁）に記載報告されたが、近年セイロンからも報告されている（『リンネ協会紀要・植物学』二集五巻一三二頁、一九〇二年、参照）。ピトフォラ・レイネッキー *P. reineckii* Schmidle は、サモアでの発見が、エングラーの『植物学年報』（一八巻、一八九六年）に記載報告された。発見者のシュミードルは、他にも少なくとももう一種を旧世界で発見し、記載報告しているが、後者は私の手許に文献がない。エングラーの『植物学年報』か『ヘドヴィギア』の最近五年間の号に出ていると思う。

七月一八日　　サイレンセスター、王立農科カレッジ　　G・S・ウェスト

ピトフォラの分布
Distribution of Pithophora

『ネイチャー』一九〇三年四月二三日　六七巻一七四七号

昨年一〇月に、私は田辺町の近くで、かなり以前から耕作されている田圃に行きあたった。その床部には、数十フィート四方にわたって、ピトフォラ・オエドゴニア・ヴォーシェリオイデス *Pithophora oedogonia* Wittrock, var. *vaucherioides* Wolle が繁茂しており、休眠胞子の形成はまだ不十分だった。その場所は、一九〇一年一〇月に私が、胞子の熟した同じ種を採集した和歌山市からは六〇マイルほど南にある（『ネイチャー』六六巻二七九頁〔一九〇二年七月一七日号〕、二九六頁〔七月二四日号〕参照）。これほど離れた場所で同種の藻類が発生しているという事実は、これが日本在来種であることの証明となると思われる。一八九一―一八九二年にフロリダで私が採集した標本は、六月から七月の間に、胞子が成熟していた。

三月一〇日　日本、紀伊、那智山　南方熊楠

ホオベニタケの分布

Distribution of Calostoma

『ネイチャー』一九〇三年七月三〇日　六八巻一七六一号

一九〇一年一二月、当地から数マイル離れた勝浦港付近の窪地で、ホオベニタケ *Calostoma* の一種が群生しているのがみられた。また、今年は、同じキノコが当地で時々発生している。貴誌ゆかりの菌類学者のどなたかに、その種が何であるかを同定していただけることを願って、標本をいくつか本状に同封してお送りする。『植物学年報』二巻、一八八八年掲載のマッシー氏によるホオベニタケ属についての論考に記載されたすべての種のうちでは、ツチイチジクタケ *C. ravenelii* Mass. にもっとも近いように思われる。

私の記憶違いでなければ、この論文のなかでマッシー氏は、ホオベニタケ属を二つの群に分けている。アジアおよびその周辺島嶼《とうしょ》に生育し、球状の胞子をもつ東方群と、アメリカおよびオーストラリアで発生し、楕円形の胞子をもつ西方群である。今回問題となっている日本産種は胞子が長楕円であり、このことは、上記二群を東方群および西方群と呼ぶことにある程度の修正を迫るものかもしれない。

六月五日　日本、紀伊、那智山　南方熊楠

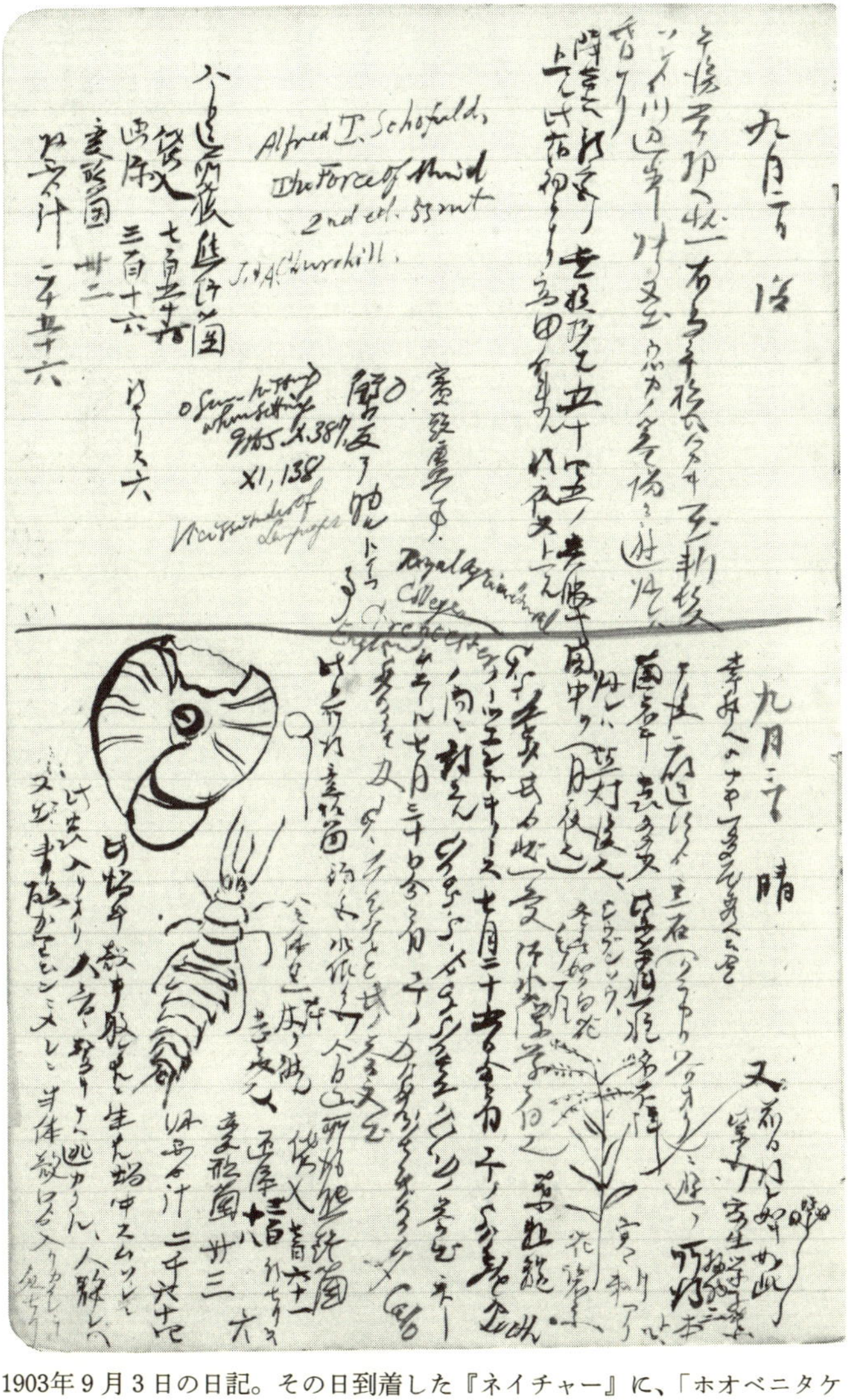

1903年9月3日の日記。その日到着した『ネイチャー』に、「ホオベニタケの分布」とマッシーによるこれへのコメントが掲載されたことを記している

参考資料

ホオベニタケの分布　ジョージ・マッシー

Distribution of Calostoma

『ネイチャー』一九〇三年七月三〇日　六八巻一七六一号

日本から送られた菌類の標本は、ツチイチジクタケ *Calostoma ravenelii* Mass. に属すると考えられる。キュー植物園にある同種のタイプ標本と、重要な点においてすべて一致しているからである。標本に添えられた報告のなかで指摘されている拙論では、胞子の種類を分類のための基準とはしていない。単に、西型については知られているすべての標本が楕円形の胞子をもつのに対して、東型は円形の胞子をもつ、という指摘をしたまでである。

北アメリカ型の種が日本に存在するという事実はたいへん興味深いものではあるが、二つの地域の顕花植物の生態系が緊密な関係をもっていることを考慮すれば、植物学者にとって驚きとするほどのことではないだろう。

ジョージ・マッシー

〔補注〕マッシーによるこのコメントは、熊楠の投稿と同じ頁に並べて掲載された（図版参照）。

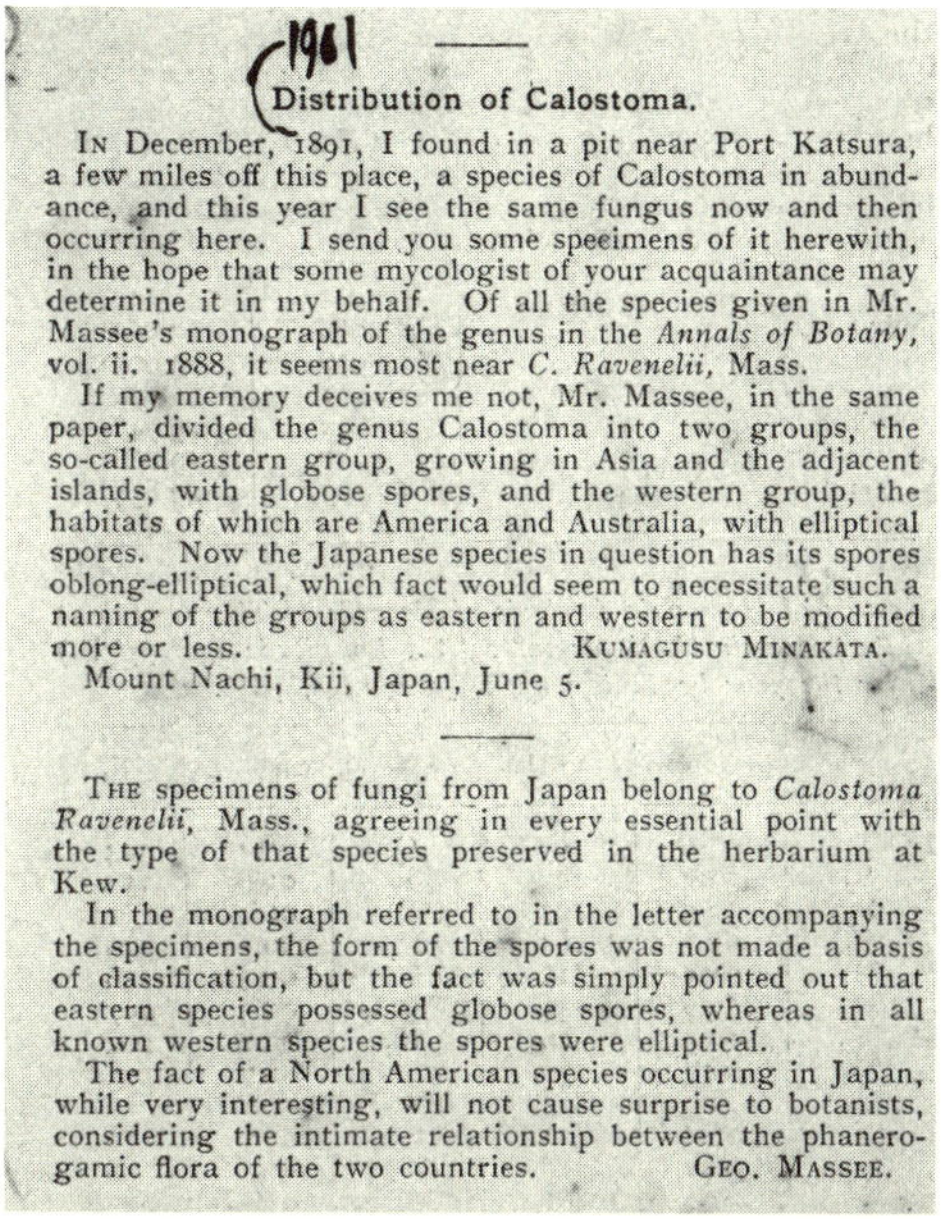

1961

Distribution of Calostoma.

In December, 1891, I found in a pit near Port Katsura, a few miles off this place, a species of Calostoma in abundance, and this year I see the same fungus now and then occurring here. I send you some specimens of it herewith, in the hope that some mycologist of your acquaintance may determine it in my behalf. Of all the species given in Mr. Massee's monograph of the genus in the *Annals of Botany*, vol. ii. 1888, it seems most near *C. Ravenelii*, Mass.

If my memory deceives me not, Mr. Massee, in the same paper, divided the genus Calostoma into two groups, the so-called eastern group, growing in Asia and the adjacent islands, with globose spores, and the western group, the habitats of which are America and Australia, with elliptical spores. Now the Japanese species in question has its spores oblong-elliptical, which fact would seem to necessitate such a naming of the groups as eastern and western to be modified more or less. Kumagusu Minakata.

Mount Nachi, Kii, Japan, June 5.

The specimens of fungi from Japan belong to *Calostoma Ravenelii*, Mass., agreeing in every essential point with the type of that species preserved in the herbarium at Kew.

In the monograph referred to in the letter accompanying the specimens, the form of the spores was not made a basis of classification, but the fact was simply pointed out that eastern species possessed globose spores, whereas in all known western species the spores were elliptical.

The fact of a North American species occurring in Japan, while very interesting, will not cause surprise to botanists, considering the intimate relationship between the phanerogamic flora of the two countries. Geo. Massee.

『ネイチャー』掲載の「ホオベニタケの分布」。熊楠旧蔵の同誌には、誤植を訂正する熊楠の書きいれがある（平凡社版全集ではこれを反映させている）。下部はマッシーのコメント

魚類に生える藻類
An Alga growing on Fish

『ネイチャー』一九〇八年一一月二六日　七九巻二〇三九号

『ネイチャー』一九〇七年四月一八日号、七五巻五九九頁に、通常は流れの速いところに生えるミュクソネーマ・テヌエ *Myxonema tenue* という緑藻が、小さな池に住む金魚の体に繁茂することがあり、そのようにして成長に必要な水流との摩擦を得ているという発見をしたA・D・ハーディー氏の報告があった。

日本でも類似の発見があったことを報告しておけば、興味をもたれる読者もあるかと思われる。一九〇二年一〇月一一日、この町からほど遠くない朝来沼《あっそ》のほとりで、私はたまたまメダカ（「眼が飛びでている」の意、*Haplochilus latipes* Schleg.）という、小さいことで知られる魚の一群を目にした。二—四フィートの幅しかない浅い湿地の沼で、メダカはあまり元気な様子ではなく、ふらふらと落ち着きなく泳いでいた。体には、一見ミズカビのようだが、色合いは緑がかったものが寄生していた。注意深く観察すると、どの個体も腹の下部や側部に角状の突起があって、そこから柔らかな藻の束が伸び、長いものは一センチメートルほどもあった。この発見について私は、後に、当時サイレンセスターにおられたG・S・ウェスト教授への手紙で言及した。この小植物は間違いなくミュクソネーマ属の一種であると思われるが、顕微鏡の性能不足と参考図書の不足のために、それが実際なんの種なのかを確かめられないでいる。

体の表面に藻類が繁茂したままのメダカ五匹と、その藻のスライド二枚、さらにそのミュクソネーマの間にひっかかっていた、大きく幅があり、杼《ひ》形で密なチリ藻のスライド一枚を同封する。どなたか同定してくださる藻類学者の方があれば幸いである。

九月二〇日　日本、紀伊、田辺　南方熊楠

藻を引きずるように泳ぐ魚の図。1935年2月22日付宮武省三宛書簡（『南方熊楠書簡抄』）で、「魚類に生える藻類」の内容がほぼそっくり繰りかえされ、そこにこの図も描かれている

参考資料

魚類に生える藻類　ジョージ・マッシー

An Alga growing on Fish

『ネイチャー』一九〇八年一一月二六日　七九巻二〇三九号

メダカに付着している藻は、ミュクソネーマ・テヌエ *Myxonema tenue* Rabenh. である。チリ藻のほうはエウアストルム *Euastrum* 属だが、断片的すぎて種の決定はできない。ほかに、ゴンフォネーマ *Gomphonema* 属の桂藻類の断片も含まれている。

ジョージ・マッシー

〔補注〕このコメントも、熊楠の投稿と同じ頁に並べて掲載された。

粘菌の変形体の色①

Colours of Plasmodia of Some Mycetozoa

『ネイチャー』一九一〇年六月二三日　八三巻二一二二号

当地での私の体験に基づいて、若干の粘菌の変形体の色について、故リスター氏の『粘菌モノグラフ』（ロンドン、一八九四年）の欠を補う報告をさせていただきたい。

〔学名・和名〕	〔色の説明〕
Physarum melleum Mass.〔シロジクキモジホコリ〕	黄色、後に橙黄色
P. tenerum Rex〔アシナガモジホコリ〕	明るい淡黄色
P. crateriforme Petch, in litt.〔キノウエモジホコリ〕（セイロンおよび日本）	鈍い黄土色
P. gyrosum Rost.〔≡*Fuligo gyrosa*（Rostaf.）Jahn　クダマキフクロホコリ〕	くすんだ淡黄土色、後に濁った淡紅色
Arcyria insignis Kalchbr. and Cke.〔コウツボホコリ〕	無色、後に乳白色

Perichaena variabilis Rost.　透き通った黄褐色
〔＝*Perichaena vermicularis* (Schw.) Rostaf.　イモムシヒモホコリ〕

以下の種では、多くの場合、変形体はリスター氏が記載した通りの色だが、ときとして以下に付記するような色を示す。

〔学名・和名〕	〔通常の色〕	〔時折示す色〕
Physarum cinereum Pers.〔ハイイロフクロホコリ〕	透き通った白	淡い黄色
Stemonitis splendens Rost., var. *webberi* Lister〔スカシムラサキホコリ〕	クリーム色	硫黄色
Lycogala miniatum Pers.〔＝*L. epidendrum* (L.) Fr.　マメホコリ〕	バラ色	明るい卵黄色または乳白色

後者の各種について、グリエルマ・リスター女史は私宛の手紙にこう記している。
「父が『粘菌モノグラフ』を書いた後、父と私はいくどか、白またはクリーム色の変形体から着合子嚢体が上に伸びてくるのを見ています」

ここで、日本の粘菌の種数について一言述べたい。〔英国〕『植物学雑誌』一九〇四年四月号九七―九

グリエルマ・リスター（1860-1949）

アーサー・リスター（1830-1908）

熊楠旧蔵のリスター『粘菌モノグラフ』初版、第二版、第三版。当時の基本文献で、娘グリエルマによって改訂された第二版と第三版には、熊楠の採集標本に基づいた観察が数多く取りいれられている

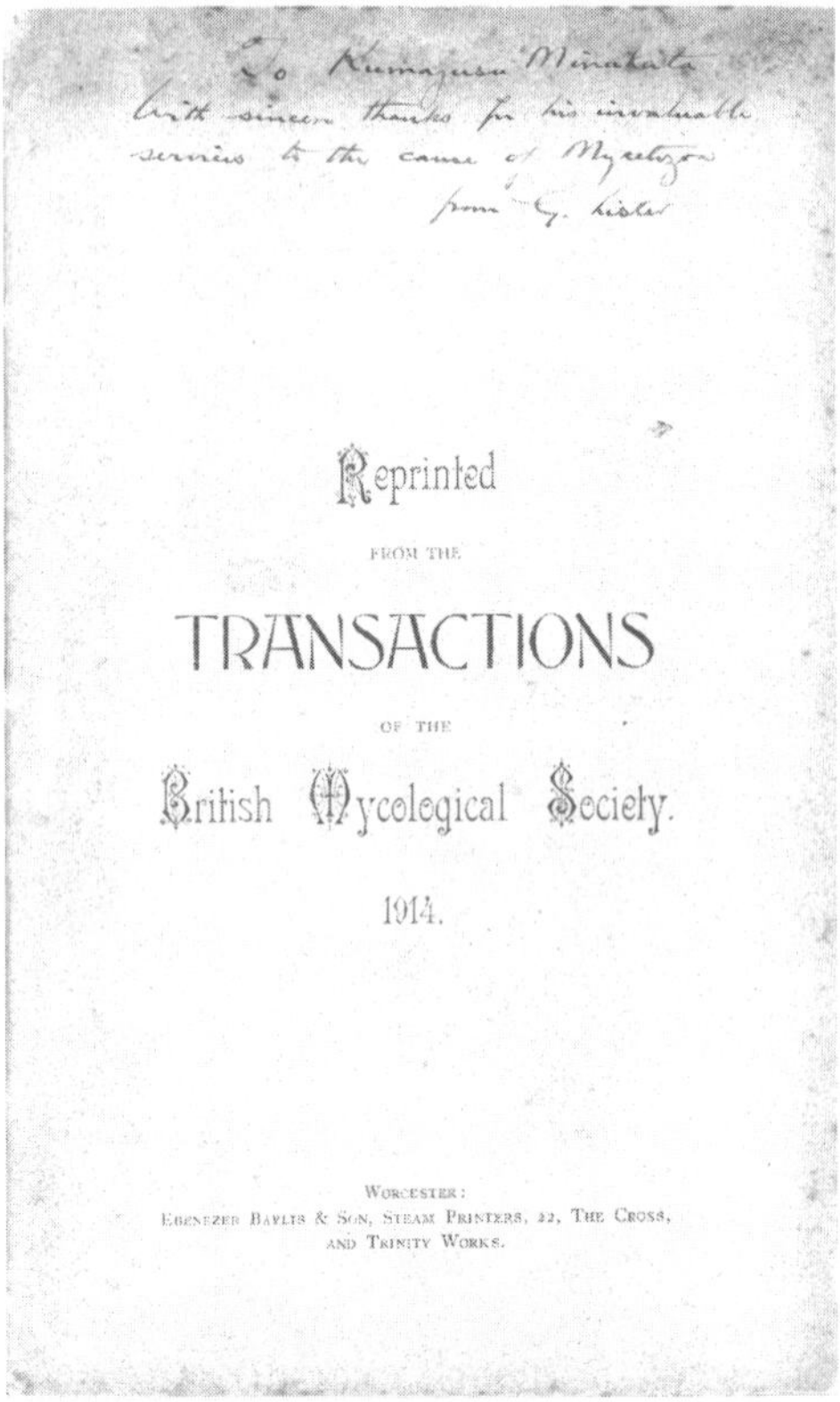

グリエルマ・リスター「日本の粘菌」（1914年）抜刷り。この論文は、熊楠の採集標本に多くを負っており、冒頭では熊楠その人の紹介に頁をさいて、神社合祀反対運動の過程で収監されたことにもふれている。熊楠に贈られた抜刷りの表紙には、「南方熊楠に。その粘菌のための計りしれない奉仕に、誠意と感謝を込めて、G. リスターより」と記されている

九頁で、リスター父娘は、草野〔俊介〕氏が東京で採集した一八種に言及している。そのうち一一種は、これに数ヵ月先だって刊行された松村〔任三〕教授の『帝国植物名鑑』にも掲載されている。一九〇〇年にイギリスより帰国して以来、私は当時自然史博物館植物研究部長だったジョージ・マレー氏との約束を果たすべく、この地で発見した特徴的な粘菌すべての標本を、鑑定のためリスター氏と同女史に送りつづけてきた。この結果、現在では日本の粘菌種は八六に達しており、そのなかには二種の新種、アオウツボホコリ *Arcyria glauca* Lister とコヌカホコリ *Hemitrichia minor* G. Lister のほか、若干の

新変種・新相もある。

五月二一日　日本、紀伊、田辺　南方熊楠

粘菌の変形体の色②

Colours of Plasmodia of Some Mycetozoa

『ネイチャー』一九一二年一〇月二四日　九〇巻二二四三号

上記と同じ題名で、『ネイチャー』一九一〇年六月二三日号四八九頁に掲載された拙稿に、以下のような追加をさせていただきたい。

粘菌の種〔和名〕	変形体の色
Physarum variabile Rex, var. *sessile* Lister〔=*Physarum sessile* Brandza　エナシフクロホコリ〕	橙黄色。
Colloderma oculatum G. Lister〔メダマホコリ〕	くすんで透き通った白色が緑がかったり、または朽ち葉色がかったりしており、後に黄土色。最終的には全体が錆色となり、汚くなる。
Cribraria intricata Schrad.〔フシアミホコリ〕	変形体に厚みがあるときには漆黒、薄いときには脂《やに》色。どちらの色合いの場合でも、アスファルト

Perichaena chrysosperma Lister〔トゲヒモホコリ〕

Craterium concinnum Rex〔コサカズキホコリ〕

を揮発油で溶いた色に似ている。

リスターの『粘菌モノグラフ』第二版（一九一一年）二四八頁では淡褐色とされているが、私の見たところでは淡紅色。

同書九五頁では卵黄色とされるが、私の見たところでは乳白色、後にクリーム色。

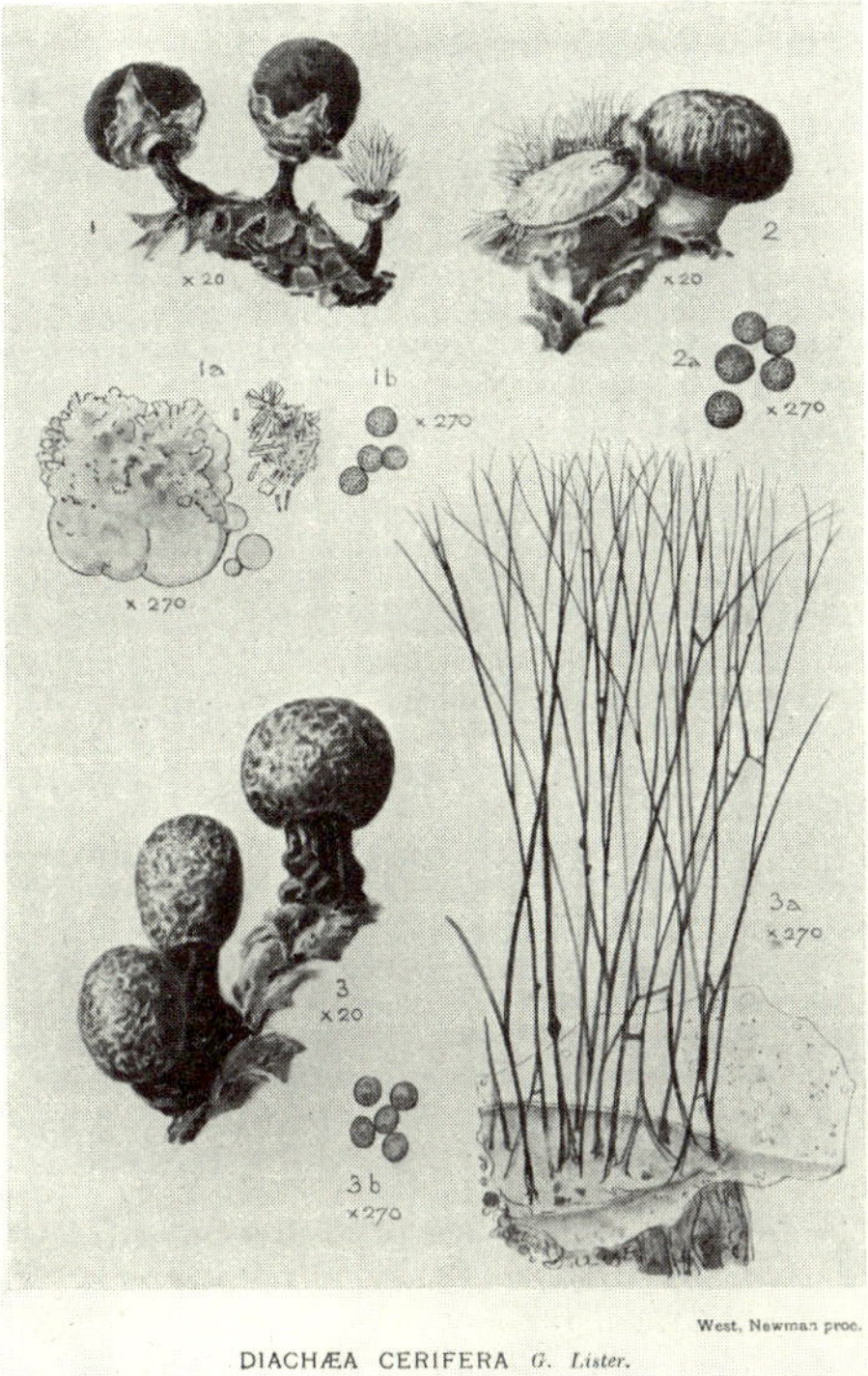

ロウホコリの図（リスターの記載論文から）。熊楠が日本で採集したのをうけて、グリエルマ・リスターによって新種記載報告がなされた。リスターは *Diachea cerifera*（ロウ成分をもつジクホコリの意味）と命名したが、その後、独立の新属 *Elaeomyxa* に分類替えされている

冒頭で言及した拙稿が掲載されて以降、私は、日本国内では初めての種をあらたに一九種採集した。その結果、日本に産する粘菌は全部で一〇五種となり、うち三種は新種である。すなわち、アオウツボホコリ *Arcyria glauca* Lister、コヌカホコリ *Hemitrichia minor* G. Lister、ディアケア・ロブスタ *Diachea robusta*〔訳注〕 G. Lister である。

九月一七日　日本、紀伊、田辺　南方熊楠

〔訳注〕この学名は、熊楠への書簡のなかでグリエルマ・リスターが仮に使ったもので、熊楠のこの文章の時点では未記載だった。翌年リスターは、ロウ成分を分泌するという特徴によって、*Diachea cerifera*（ロウをもつジクホコリ）という学名でこの種の記載報告を行った（図版参照）。この種はその後、その特徴を重視して独立属に分類替えされ、現在の学名はロウホコリ *Elaeomyxa cerifera* となっている。

第14章

雑纂1——俗信・伝統医術

Miscellany (1)—Folklore, Traditional Medicine

①　貝合戦による占いについて①　一八九七年五月一三日
②　貝合戦による占いについて②　一八九八年二月一〇日
③　虫に刺されることによる後天的免疫　一八九七年一〇月二一日
④　頭蓋の人為的な変形、および一妻多夫制に関する習俗のいくつか　一九〇〇年九月六日
⑤　魔よけの籠　一九〇九年五月二七日
⑥　石、真珠、骨が増えるとされること（不掲載稿、一九一三年執筆）
⑦　古代の開頭手術　一九一四年一月一五日

第14章および第15章では、『ネイチャー』掲載論考のうち、特定の主題による連作ではない個別的なものを「雑纂」としてまとめた。これら各文章の執筆年代は、ロンドン時代の一八九七年から帰国後の一九一四年までにわたっている。そのうち、滞英中の文章は、最後の年となる一九〇〇年を頂点に、後半期に執筆されたものが多い。

熊楠は、一八九九年六月の「利口な子供」を皮切りに、『ノーツ・アンド・クエリーズ』誌への投稿を活発に行うようになり、滞英最後の二年間は『ネイチャー』と『ノーツ・アンド・クエリーズ』の両誌に投稿していた。この時期に『ネイチャー』に掲載された記事は、本書では、結果としてそのほとんどが、この「雑纂」二章におさめられることになった。

「東洋の星座」から五年以上経ち、二誌に並行して投稿していたこの時期の熊楠は、筆の練れもあってか、執筆意

欲がきわめて旺盛だった。英文記事の掲載数そのものも、一八九九年には一三本、九月にロンドンを発って帰国することになる翌一九〇〇年にも一一本と、それ以前に比べて倍増している（巻末の関連年表参照）。滞英後半期の『ネイチャー』掲載記事が特定の主題の下にまとめにくい「雑纂」的なものになっていったことは、執筆活動そのものの活発化と並行して、書くことのできるテーマの幅が広がった結果とみることもできるだろう。そして、そのように自分の領域を広げていくことと並行して、二誌の間では『ネイチャー』のほうに、広義の自然科学・技術分野の文章を投稿するという意図的な振りわけもすでに見てとることができる。この姿勢は、一九一四年の「古代の開頭手術」まで一貫しており、こうした振りわけについて熊楠が自覚的だったことは、那智滞在時代の土宜法龍宛書簡（明治三六年七月一八日付）で、両誌を「科学雑誌」および「文学雑誌」と説明していることにはっきりと現れている。

ここには、特定地域の珍しい動植物の生態についての自然科学的報告が話題の中心をなすものから、地域の習俗に比重を置くものまで広範な話題が含まれている。本書では、関心の中心がどこにあるかによって、それらを「俗信・伝統医術」と「自然科学」の二章にいちおう分類しているが、その間にはっきりとした線を引くことは難しい。それは、熊楠の好奇心のあり方とその向かう先が、そうした分類にすなおにおさまらない領域逸脱的な性質のものであったことの直接の反映であり、その意味で、この二章には熊楠の英文論考全体の性格が集中的に現れている。

本章には、「俗信」すなわち世界各地の習慣、風俗および民間信仰を主題とする文章をおさめた。このうち、特定地域の習俗および（非民間信仰的な）伝統医術というまとまりをなしている三篇（「虫に刺されることによる後天的免疫」「頭蓋の人為的な変形、および一妻多夫制に関する習俗のいくつか」、および「古代の開頭手術」）は、「伝統医術」として独立させてもよいところだが、はっきりと民間信仰に焦点を当てている他の四篇と合わせて一章とすることにしと思う。西洋近代の外部における「伝統知」の体系への興味という、熊楠の関心の一貫性を読みとっていただけることと思う。

①②は、のちに「本邦における動物崇拝」（『南方随筆』所収、平凡社版全集二巻九五頁）および「戦争に使われた動物」（平凡社版全集三巻一四三頁）でも取りあげられる、タニシを用いる勝敗占いの習俗についてである。後年の日本語論述では、この『ネイチャー』論考に対して、ボルネオでの類似習俗の存在を指摘する反響があったことも追記されている。なお、この両篇は、『国際民族誌報』九巻（一八九八年）に転載された。また②は、平凡社版全集に未収録のもので、初出の『ネイチャー』誌を底本として訳出した。

③は、投稿欄で半年前にやりとりのあった話題に文献をつけくわえただけの短文だが、熊楠が冒頭で参照している先行記事は、エドワード・モースのものである。

⑤は、「邪視」をめぐるテーマ系列に属するもので、「目籠と邪視」すなわち籠にある多数の目が魔をはらうと考える習俗として、日本語著作でも繰りかえし取りあげられている。そのうちもっとも早い時期の「出口君の『小児と魔除』を読む」（のち「小児と魔除」として『南方随筆』所収）は、この英文論考とほぼ同じ頃に成立したもので、邪気払いという問題の広がりのなかに、「目籠」を位置づける論点がより明確である。しかし、本論考は、そういった熊楠固有の問題を奔放に展開させたものではなく、「目籠」という一点に論点をしぼった問題提起となっている。

この時期（明治四〇年代、大正初年）には、この例のように同一論点の英文論考と日本語論文とが並行して執筆された例がいくつかある（次章の「花粉を運ぶコウモリと鳥」など）。

⑥は、南方邸に遺されていた不掲載稿。表現に細かい異同のある二種類の草稿があり、一方は題名の末尾が

'Bony Relics' となっている。一九一三年四月一日の日記に、『ネイチャー』編集部へ発送した記録があり、そこに記された題名と同じ題で末尾に日付、署名が書きいれられているもの（深夜脱稿のため四月二日付）を最終稿に近いと見なすこととした。真珠、仏舎利、石といった無生物がひとりでに増えるという伝承を、自然科学的裏付けのある事実（の誤った理解）として合理的に解釈しようとする試みである。文中で言及されている一九一一年一月『太陽』掲載の柳田の文章とは、「生石伝説」のこと。また、熊楠の一九一一年一〇月九日付柳田国男宛書簡に、同じ問題への言及がみられる。成長し、子を産む石の信仰の広がりを追っている柳田の文章を踏まえつつ、その民俗学的アプローチに対抗するかのように、熊楠は、そうした信仰や伝承が生まれる根拠となりうる自然科学的事実の可能性をさまざまに検討している。この問題は、二人の民俗学者の関心が重なりあったテーマだったのである。

この論考は、次章におさめた「花粉を運ぶコウモリと鳥」と、ほぼ同時期に執筆されており、英文原文は、それぞれへの『ネイチャー』編集部からの掲載謝絶状とともに、『熊楠研究』六号（二〇〇四年）に掲載された。本翻訳の底本も同誌掲載文である。

（田村義也）

貝合戦による占いについて①
On Augury from Combat of Shell-fish

『ネイチャー』一八九七年五月一三日　五六巻一四三七号

日本の文人湯浅新兵衛〔常山〕（一七〇八―一七八一年）は、その著『常山紀談拾遺』（一七六七年頃刊、一巻三丁表）でこの主題について書いている。

「野間左馬之進の言によれば、戦の命運は、『田螺《たにし》』(原注1)を用いて十分予見できる。田螺三匹ずつを二組集めて折敷《おしき》の両隅に置いたときに、前に進むものは将来の勝者であり、退くものは敗れる宿命である。この予見法は大坂の役（一六一五年）(原注2)に際して繰りかえし試され、結果は確かだった。幾度試しても、城主秀頼とその将大野〔治長〕と木村〔重成〕と見なした三匹は、攻め手を率いる家康公、井伊〔直孝〕、藤堂〔高虎〕とみなした三匹によって隅に追いやられた。それ以来、戦の勝ち負けを占うのに、これよりよい法はないとされている（野間の談はここまで）。同じ方法は『武備志』（茅元儀《ぼうげんぎ》撰、一六二一年成立）でも詳述されており、詳細はそちらを見られたい」。ここでふれた中国の書物は、大英博物館蔵書中に四部あるが、残念なことにどれも、この予見法の詳細が語られているはずの一八六巻を欠いている。

ところで、さらに古い中国書である馮拯《ふうしょう》の『番禺記《ばんぐうき》』(原注3)（九九〇―九九四年頃成立）と陸偉〔郭象《かくたん》〕の

『睽車志《けいしゃし》』（原注4）（一二世紀）には（両書とも筆者未見であるが）、この占い法が嶺南の地（今日の広東および広西地方）で古くから行われてきたとあるらしい。

先に挙げた湯浅の言に関連して、カンボジアの占いについてエティエンヌ・エモニエが述べていることも興味深い。

「［カンボジア］王国に外国の軍隊が攻めこんだときには、多くの人々がクチャウ（原注5）を二匹捕って、たらいの底にお盆を敷き、そのなかに砂で小さな土俵を作り、水をいれてこの二匹の貝を浸ける。蠟燭を灯して香を焚き、王国の守護神を呼びだして、このささやかな海戦が、実際の戦争の行方を占ってくれるよう祈る。戦士を表す二匹のクチャウは、一方がひっくりかえるまで闘わされるのである」（原注6）（「カンボジア人の習慣と俗信」、『フランス領コーチシナ―旅行と現地調査』一六号一四二頁、サイゴン、一八八三年）

今のところ、貝を闘わせて占う風習は東洋に限られているように思われる。世界の他の地域に、こうしたやり方の記録例はないだろうか。（原注7）

五月三日　南方熊楠

（原注1）「タンニギ［＝たにし］は食用になる黒い陸生のカタツムリで、水田の泥中から捕ることができる……」（ケンペル『日本誌』一七二七年、一巻一四一頁）。この貝は *Viviparus* 属で、私の記憶が正しければ学名 *V. japonica*［*japonicus*］である。

（原注2）この事件については、たとえばピンカートン『新航海旅行記集成』一八一一年、七巻六一六頁所収のカロン『日本

報告』や、『リチャード・コックスの日記』（一八八三年）で多数言及がある。

（原注3）李治『敬斎《けいさい》古《こ》今黈《こんとう》』（一二三四年頃成立、大英博物館蔵書一五三一六d、四巻二七丁表）に引用。

（原注4）欽定の百科全書である『古今図書集成』〔博物彙編〕一九部〔禽虫典〕一六三巻「螺部紀事〔雑録〕」三丁表。

（原注5）J・ムーラ『フランス語カンボジア語字彙他』（一八七八年、パリ）では、「クチャウ」khchau を単に「貝」coquille と説明している。類似例から推測すると、これもタニシ科 *Paludinidae*〔= *Viviparidae*〕の一種である可能性が高い。

（原注6）この指摘は、ある日本の古伝承を想起させる。すなわち、「壇ノ浦の合戦（一一八五年、この戦についてはアダムズ『日本史』一八七四年、一巻三六頁を参照）がまさに始まろうとしていたとき、熊野別当湛増《べっとうたんぞう》という僧兵が、源平いずれにつくか迷っていた。護持仏のお告げは、白い旗（つまり源氏）に仕えよであったが、これに確信がもてなかったのである。彼はそこで、仏堂の前で、白い雄鶏七羽と赤い雄鶏七羽とを闘わせ、（平氏の赤い旗を表す）赤い雄鶏がみな白い雄鶏に負けたのを見て、源氏につくことを決意した」（『平家物語』一一巻）。

（原注7）戦の行く末を占うのに、神託による類似のやり方については、木の枝を使うニュージーランド人の方法や、ゴート族の王がブタを用いる方法（ラボック『文明の起源』五版二四五頁、およびエンネモーザー『魔術の歴史』ボーン〔科学文庫〕版、二巻四五八頁のメアリ・ホーウィットによる「附論」を参照）などの例を挙げることができる。

貝合戦による占いについて②

On Augury from Combat of Shell-fish

『ネイチャー』一八九八年二月一〇日　五七巻一四七六号

この主題についての拙文（『ネイチャー』五六巻三〇頁、一八九七年五月一三日号）への注の一つで、私は、カンボジア人たちが戦争の占いに用いるクチャウ（貝の一種）が *Paludinidae*〔タニシ科〕に属するらしいとしておいた。これは、日本と中国ではかつて同じ目的のために、タニシ *Viviparus*（＝*Paludina*）の一種が使われたことを考慮に入れてのものであった。最近になって、M・A・パルヴィの記事「カンボジアその他への旅行」（『フランス領コーチシナ—旅行と現地調査』九号四七九頁、一八八二年）を読んでいると、私のその意見に裏付けを与えてくれるくだりに行きあたった。カンボジアの軟体動物の学名を挙げるなかで、この著者は、クショー（おそらくクチャウのフランス語における異形だろう）をラテン語名パルディナ *Paludina* に同定している。なお、近親属のリンゴカイ *Ampullaria* は、カンボジア語名「タル」とされている。

一月三一日　　南方熊楠

虫に刺されることによる後天的免疫
Acquired Immunity from Insect Stings

『ネイチャー』一八九七年一〇月二一日　五六巻一四六〇号

この主題（『ネイチャー』五五巻五三三頁〔一八九七年四月八日号〕ほか参照）に関して、オランダ人トルーテルが一八〇一年に行った『レータコーへの旅の記録』（サー・ジョン・バロウ『コーチシナ航海記』ロンドン、一八〇六年、所収）から以下の興味深いくだり（三八二頁）を引用したい。

「サソリに刺されることは、ヨーロッパ人や入植者にとっては常に危険な結果をともなうものだが、……驚くべきことに、この人々（ブッシュマンたち）にはなんらの害を与えない。彼らがなんとか説明したことによれば、子供の頃からサソリに刺されるのに慣れているので、いつの間にか毒がまったく効かなくなるという。天然痘ウイルスが、一度かかった人に対しては効かなくなるのと同じだという」

一〇月一一日　南方熊楠

頭蓋の人為的な変形、および一妻多夫制に関する習俗のいくつか
Artificial Deformations of Heads, and Some Customs connected with Polyandry

『ネイチャー』一九〇〇年九月六日　六二巻一六一〇号

『人類学』誌掲載のシャルル・ド・ユイファルヴィ氏による最近の記事への貴誌コメント（既刊号三二三頁〔八月二日号〕）に関連して、古代朝鮮において、頭蓋を人為的に変形させる風習があったことに注意を促したい。これは、フン族やインドのフーナ諸王が行っていた方法と類似のものであるようだ。『後漢書』（五世紀成立）の「東夷伝」によると、「馬韓（朝鮮半島西南部）の民は平らな頭をよしとし、子供が生まれるとみな頭に石を押しあてて変形させる」という。

白フン族の一妻多夫制のもとで女性たちがかぶる、角のある頭飾りは、古代日本のある風習を想起させる。藤岡〔作太郎〕、平出〔鏗二郎〕『日本風俗史』（一八九七年）一巻一六九頁に「筑摩祭では、女たちはみな行

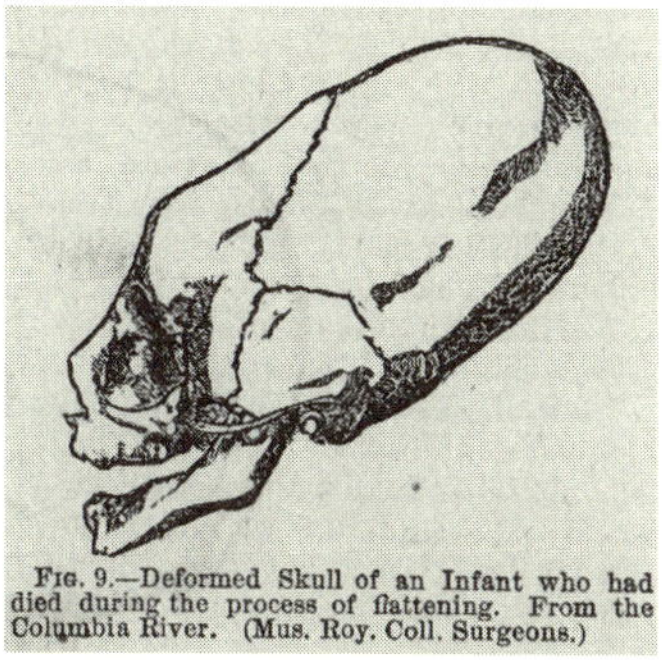
FIG. 9.—Deformed Skull of an Infant who had died during the process of flattening. From the Columbia River. (Mus. Roy. Coll. Surgeons.)

頭部変形頭蓋骨の図。熊楠旧蔵のウィリアム・フラワー『変形の様式』より。アメリカ時代に熊楠が愛読していたフンボルト・ライブラリーの一冊で、スペンサー『風俗と様式』とで一巻になっている

列を作って御輿の後に続くことになっていた。そのとき、その一年間に自分の犯した過ちの数〔＝関係をもった男の数〕だけ鍋を重ねて頭に載せなければならないのである。鵜坂神社でも、祭日に神官が祈禱を捧げている間、女たちがみな同様の懲らしめを受けた」とある。

八月一一日　　サウス・ケンジントン、クレセント・プレイス1　　南方熊楠

魔よけの籠

Baskets used in Repelling Demons

『ネイチャー』一九〇九年五月二七日　八〇巻二〇六五号

日本において旧体制が終わりを告げた頃、すなわち一八六七年頃までは、江戸（今日の東京）の民衆は、陰暦二月の八日には、毎年変わらずどの家でも、竹竿の先に籠をかぶせて戸口に立てる習わしがあった（喜田川〔守貞〕『守貞漫稿』一九〇八年版、二巻二五一頁）。しかし、〔柳亭〕種彦の『用捨箱』（江戸、一八四一年、一巻九）をみると、籠やふるいを長い竿の先や戸口の上方に掲げるのは、一七世紀頃には、この「事始め」の日だけではなく、陰暦一二月八日の「事納め」の日にも行われていたらしい。どちらの名称ももともとは農事に関わりのあるもので、かつて日本の農民が、正月の準備やその後の期間も含めて、陰暦一月のひと月のほか、その前後の約三〇日間をも休みとしていたことを物語る。

種彦は、古い書物を多数引用しつつ、なかでも、ある旅人が語った「自分のふるさとの島では、闇夜に外を出歩くときには、辺りをさまよっている霊を追いはらうための籠を必ず持って出かける」という話を挙げて、この習わしが、元来は魔よけのためのものだったと解釈している。種彦はまた、江戸におけるこの「事始め」の習わしが、江戸〔幕府〕を治める〔徳川〕一族の出身地方からもたらされたこと

（当時すでにもとの風習とはっきり意味の異なるものになっていたが）、そしてその地方では、種彦の時代にもなお、籠を掲げる習わしは、事始めでも事納めでもなく旧暦の節分、すなわち暦上の冬の終わりの日だけであったと論じている。実際、邪悪な霊を払いのけるには、節分の日がもっともよいとされたらしい。というのは、この日の晩には、はるか昔から、炒り豆を投げて悪鬼を追い、家の戸や窓をすべて閉めきって、戸口にヒイラギ *Osmanthus aquifolium* の枝とイワシの干物をつけるという風習が日本中で広く行われていた。鋭い葉と干物の臭気とが、人家に入りこもうとする悪霊を遠ざけるのである。(原注)

昔日の江戸における仕事始めの習わしの起源を、地方に古くから伝わる節分の行事とした種彦の見解の当否はさておき、これに関連してたいへん興味深いことがある。一七世紀のトンキン地方では一年の最後の日に、どの家でも、魔物が入りこもうとするのを追いはらうために、籠を上に挿した竿を戸口に立てていたのをイエズス会宣教師が観察しているのである。彼はこう語っている。

「一年の最後の日が暮れると、どの家の戸口にも、長い木の枝や竿が立つ。その先には、旗ではなく、籠がくくりつけられており、一見似つかわしくないほど〔きらびやかな〕金紙が巻かれている。人々は、畑や庭でかかしが鳥を遠ざけるように、この竿の上の籠と金紙とが、悪魔を追いはらい、自分たちの家に近づけないようにすると信じている。もしこの一年の最後の晩に、戸口の前にこうした備えをしないでいると、悪魔がかならず家に入りこんでしまって、その後一年間災いをなすと信じられている。この印を掲げず、儀式をきちんとしない家は、後ろ指を指されて『そら、魔物の家だ』と言われるのである」（〔ジョヴァンニ・〕フィリッポ・デ・マリーニ『トンキンと日本の物語』ローマ、一六六五年、一二三頁）

この話題に関して、私の大いなる無知をさらすことになるが、お尋ねしたい。日本やトンキン以外に、魔物をおびやかすために籠を用いた民族、あるいは現在もそのような風習をもつ民族がいるだろうか。この風習の起源について、どのような学術的な説明があるだろうか。私の知る限りでは、ヴァイツ『自然民族の人類学』（ライプツィヒ、一八七二年）一巻三四七頁に、タブーとされた場所の印に、サメやトカゲの形に編んだ籠を使う人々がポリネシアにいることが記されている。この目的のために、なぜ籠細工が特に選ばれたのだろうか。

日本で魔よけに籠を使うことの説明として、種彦（前掲箇所）は、元来この目的に使われた籠には、一部五角形の星形の穴がいくつかあいていたと述べている。星形は、魔よけ効果がある形と考えられており、日本のもっとも偉大な占い師〔安倍晴明〕（九二一―一〇〇五年）の名をとって「晴明の印」と呼ばれていたのである。五角形の星形が、中国の儺《な》の儀式（原注参照）における魔物退治の主役である「方相」の眼の形によく似ているために、魔物をたいへんおびえさせるという者もいる。儺は、『周礼』（紀元前一一〇〇年頃成立）では赤い袴と黒の上着を身にまとい、熊の皮の帽子をかぶって、四つの金の眼のある面を着けるとされている。また、ふるいなどの籠細工には、悪霊に対して「九字の印」を結ぶために「九字菱」の形となるよう、わざわざ縦五本横四本の格子状に編むものがある、という見方もある。この九字とは、もとは道教、のちには仏教において、あらゆる魔物を阻む最強の呪文となる漢字九字〔訳注〕である。この説明では、原因と結果がまったく逆転しているようだ。そもそも籠の格子状の細工は、そのなかに入るあらゆるものを安全に保護するのであり、その効果を表したものが九字の象徴となったことは明らかである。それは、古式ゆかしい神社の正面が、格子によってしっかりと守られていることをみても十分理解できることであり、また次のような文章を一瞥することでも明らかであろう。

「（コルドファンでは）住居用の小屋の多くは、正面に屋根の平らな一二フィート四方ほどの納屋が付属しており、乾期にはこの納屋が居間となる。……正面の戸口は広々としていて、そこから光が十分に入るので窓は必要がない。家族の誰かがなかにいれば、戸は必ず開けたままにされる。留守のときには、籠細工で戸口を覆い、木片で止めておく。こうすれば犬や鶏や家畜が入ってこない。これだけで家人がいないことがわかるので、誰もやってこない。鍵はなく、空き巣などがいないために、そもそも必要ではないのである」（ジョン・ペセリック『エジプト、スーダンおよび中央アフリカ』エディンバラおよびロンドン、一八六一年、二一三―二一四頁）

四月四日　　日本、紀伊、田辺　　南方熊楠

（原注）日本におけるこの節分の儀礼は、毎年一年間の死者の幽霊をまとめて追いはらうオーストラリア原住民の儀礼や、今でもボヘミア人のペンテコステや、チロル地方のヴァルプルギスの夜に行われる、姿の見えない想像上の「魔女たち」を家や家畜舎から狩りだす儀礼を想起させる（タイラー『原始文化』ニューヨーク、一八八八年、二巻一九九頁）。古代中国における儺の儀式は、陰暦の大晦日の晩（除夜《チューイエ》）に宮廷の悪魔払いを行うものだったが、七〇六年に日本の朝廷に導入されて以来、民衆の間では、それ以前からの節分の風習と次第に同一視されるようになっていった。大晦日と節分が一致することはきわめてまれであるにもかかわらず、そのようになったのである（屋代〔弘賢〕『古今要覧稿』一九〇五年版、一巻九三一頁）。本文中のトンキン地方の習慣も参照のこと。

〔訳注〕葛洪の『抱朴子』登渉篇では、仙道の修行者が山に入る際に、「臨兵闘者皆陣列前行」の九字の呪文を唱えるとしている。

石、真珠、骨が増えるとされること
Alleged Reproductions of Stones, Pearls, and Bones

一九一三年、不掲載稿

『ネイチャー』一九一二年一〇月二四日号で、シドニー・J・ヒクソン教授は、オウムガイの真珠一粒から小さな真珠が三粒生まれたというルンフィウスの話を引用している。ルンフィウスは、プリニウスの伝えるペアンティデス Peantides とゲモニデス Gemonides〔訳注〕という増殖能力のある石のことを想起したとしている。

『ノーツ・アンド・クエリーズ』一八九五年六月二二日号で故ディーン・アイザック・テイラーは、それより約半世紀前のエセックス地方で、石を産んで「繁殖できる」石があると信じられていたことを、例を挙げて示している。こうした、石がひとりでに増えるという伝承は、日本でも数多くみられ、柳田〔国男〕氏は、『太陽』東京、一九一一年一月号でそのような話をまとめている。各国の文献をみると、この種の話のほとんどは、石塊からその一部の破片が剝がれたり、石の内側に析出した結晶や結核性の瘤塊《りゅうかい》が分離したりしてできたものを、取りちがえたために生まれた話であることが明らかである。

寺島〔良安〕『和漢三才図会』（一七一三年、四七巻）にはこう記されている……「真珠を軽粉《はらや》〔＝水銀粉、甘汞《かんこう》=塩化第一水銀のことか」に長く浸けておくと、ふくれてきてコブができる」。同様に、貝原益軒は『大和本草』（一七〇八年、三巻）でこう述べている。「真珠を甘汞および灯心《とうしん》と一緒に香箱に入れておくと、長い間には子が増える」。一見荒唐無稽なこうした処方も、その根底にはある種の真実があって、識者により科学的説明が与えられる可能性はあると私は思っている。

仏教は、その偉大なる開祖が涅槃に入ってより後、その教義も、伝えられた国も、実に多岐にわたるようになった。しかし、仏陀とその高弟たちの遺骨を崇めるという点では常に一致をみてきた。そしてその信仰には、奇跡の伝説が多数ともなっている。これまでに存在した遺骨（サンスクリット語でsarîra、これに基づいてパーリ語でも sarira、チベット語で Sha-ru、中国語で Shie-li〔舎利〕、日本語とモンゴル語で Shari などと呼ばれる）を合計すると途方もない量になることは疑いようがない。中国には、仏陀の遺体を火葬にしたところ、無数の――八斛《こく》四斗《と》といわれる――仏舎利が得られたという伝説や、僧璨《そうさん》上人（六〇六年没）の遺体は、火葬の後、五色の仏舎利を三〇〇体分も遺したという伝説がある。さらに、子孫繁栄の力を得るために、こうした石状のものを身につけることも行われた。そのことは、中国と日本の文献で以下のように伝えられている。

「四〇五年に、広州で一つの奇跡がおこった。仏舎利がひとりでに二つに分かれ、さらにそれが三つになったのである。その二七〔三七〕年後、ある高平の住民が奇跡によって二つの仏舎利を手に入れたのだが、その後それらは、次第に数を増やして全部で二〇にもなった」――道宣『三宝感通録』六六二年、第一巻

「弘法大師が中国から持ちかえって京都の東寺に納めた仏舎利は、もとは八つだった。年を追うごとにそれらはひとりでに数を増し、九五〇年二月には全部で四二九九、一〇一四年一月には四九〇一にまでなった。そのうちいくつかは金色をしていたとされる。しかし今では、そのほとんどは灰のようなものに変わってしまい、数えることはできない」──『東寺雑記』一七世紀成立か

仏舎利の実態については諸説がある。人間の骨または結石も含まれていることは間違いないが、その多くはさまざまな代替物からこしらえられたものである。三世紀にはすでに、中国のある懐疑論者が仏舎利のことを普通の石にすぎないとしている（道宣、前掲箇所）。仏舎利とされるものに真珠が含まれていることは疑いない。六〇一年に〔隋の〕文帝とその家臣たちが、シジミ貝（*Corbicula*）から二〇日のうちに一九の仏舎利を見つけたという同時代の記録がある（王劭《おうしよう》『舎利感応記』）。小野蘭山の『本草〔綱目〕啓蒙』第四巻（一八世紀〔一八〇三―一八〇六年〕）によると、日本の仏舎利の多くは何かの混合物で、まれにはその成分となっている玉髄石がしたたりでることがある。それは、小さく、まるく、透きとおっていて、白、青白色、赤あるいは複合色を示すことがある。

このようにさまざまな意見があり、そのなかには妥当なものとそうでないものがあるようだが、いずれにしても昔日の日本人や、また、おそらくはいくつかの他民族が、火葬の経験によって、珪酸とアルカリが化合してガラス状物質を生みだすのを疑似仏舎利の産出と考えるようになったことについては、ほとんど議論の余地がないだろう。それは、ついには風化してもろくなったり、前出の『東寺雑記』にいう「灰のようなもの」になってしまう。寺島前掲書一〇三巻からもそのことは明らかである。「今日

では人々は、死体を火葬にするときには薪を濡れた薦《こも》で覆っておく。早稲のワラの薦を使うと、そこからにじみ出たものが、焼かれてカラカラになった骨の上に滴のようにこびりついて、仏舎利によく似たものになる」

四月二日　日本、紀伊、田辺　南方熊楠

〔訳注〕『博物誌』三七巻六六章にみえる、パエアンティス（アポロ石）とガエアニス（土石）のことと思われる。

古代の開頭手術
Trepanning among Ancient Peoples

『ネイチャー』一九一四年一月一五日　九二巻二三〇七号

『ネイチャー』一九一三年一〇月三〇日号二七三頁の短信は、前史時代の開頭手術について、故リュカ・シャンピオニエール博士がパリの五学士院連合会の前回の年次総会で発表した論考に言及しつつ、こう考察している。

「ギリシア人、エジプト人、アラブ人、インド人、中国人といった高文明人種の間で、この手術が行われていなかったことは注目に値する……」

しかしながら、以下に引用する記述は、古代のギリシア人とインド人に関する限り、この表現の信憑性に影を落としているようである。

「外科に関する彼（ヒポクラテス）の著述は、やはり重要かつ興味深いものではあっても、薬学についての論考と同じくらい慎重なものとはいえない。たとえば、『頭部の損傷について』という文章で、彼が穿孔手術を推奨する度合いは、後世において経験上安全とされているよりもはるかに強硬で、また広い症例に及んでいる」（『エンサイクロペディア・ブリタニカ』一九一〇年、一三巻五一八頁「ヒポクラテス」

の項〕）

「（ヒポクラテスの著作集のうち）これに次いで巧みなものは、頭部の傷害と損傷についての章である。……穿孔手術はもっともよく用いられた手段であり、圧迫症がないときですら行われた」（同、二六巻一二五〔一二六〕頁〔「外科手術」の項〕）

「ジーヴァカ（後に医者の王と呼ばれることになる人物）は、頭蓋に穴をあける手術以外のすべての治療の技術を身につけていた。あるとき、頭の病に苦しんでいた男がアトレーヤ（ジーヴァカの師）を訪れ、治療を頼んだ。アトレーヤは、今日穴を掘って、そこに肥やしをやらないといけないと答えた。……アトレーヤが来て、男を穴に入らせ、頭蓋に穴をあけて、トカゲをやっとことでつまみだそうとした（そのときジーヴァカは取りだし方を教えた）。……これらがすべてすむと、男は治っていた」（F・A・フォン・シーフナー『チベットの民話』ラルストン訳、一九〇六年、九八頁）。同書一〇〇頁には、ジーヴァカが、頭がひどくかゆかった男の頭蓋から、同じ手術によってムカデを一匹引きだして治したさまが語られている。二世紀に漢訳された『ジーヴァカとアムラパーリー（彼の母）の生涯』〔『仏説奈女耆婆《なじよぎば》経《きよう》』〕では、ジーヴァカは黄金の刃物を使って頭蓋切開手術を行っている。

「サニアシ人は首だけ地上に出して埋葬される。同じ教団の宗教家が、死者の頭が割れるまでココヤシの実を打ちつける。その後で、頭に土がかけられる。口や耳など身体の穴は穢れていると彼らは考えているので、死者の魂が抜けでるための出口をあけてやるのが、より礼節に適うとされているのだろう。この奇妙な習慣の動機は、そのように理解せざるをえない」（ピエール・ゴヌラ『インド・中国航海記』パ

リ、一七八二年、一巻九三頁）

一九一三年一二月一三日　日本、紀伊、田辺　南方熊楠

第15章

雑纂2——自然科学など

Miscellany (2)—Natural Sciences, etc.

解説

①エン麦の黒穂菌《くろぼきん》を画家の顔料として使うこと　一八九八年三月一〇日
②水平器の発明　一八九八年一二月一五日
③中国のペスト　一八九九年二月一六日
④ライオンの天敵　一八九九年四月二〇日
⑤トウモロコシ　一八九九年九月三〇日（『ノーツ・アンド・クエリーズ』）
⑥インディアン・コーン①　一九〇〇年二月二三日
⑦インディアン・コーン②　一九〇〇年三月二九日
⑧中国の蟹災害　一九〇〇年三月二二日
⑨タコの酢とクラゲのアラック　一九〇八年一一月五日
⑩「オロコマ」という奇妙な哺乳類　一九一〇年七月一四日
⑪花粉を運ぶコウモリと鳥　（不掲載稿、一九一三年執筆）

本章「雑纂2――自然科学など」では、前章と関連しながら、今日の学問分類でいえば自然科学的認識の対象となるものに焦点が当てられている文章をおさめた。これらの文章は、第13章「隠花植物研究」におさめられた藻類および菌類の観察報告とは方法論がはっきり異なり、東西の文献を渉猟した科学・技術史および紀行・民族誌に大きく関心を傾けている。熊楠の筆力がもっとも奔放に発揮されたのは、明らかにこうした文献研究の領域であった。

このことは、帰国後熊楠の英文投稿先が『ノーツ・アンド・クエリーズ』に大きく偏っていく（全体では『ネイチャー』の六倍ほどになる）理由でもあろう。

なお、本章③―⑧は、一八九九年から一九〇〇年という熊楠のロンドン滞在最終期に執筆されている。これは、いわゆる「追放」事件以降、大英博物館閲覧室を利用できなくなった時期にあたる。

本章後半の三篇は、前章の「石、真珠、骨が増えるとされること」および「古代の開頭手術」とともに、熊楠の『ネイチャー』誌への投稿の最後期のものとなっている。このうち⑨と⑩は、紀行文学的関心からの読書で出会ったエピソードを紹介しただけの短文であり、特に前者は二つの主題を一文章にまとめて書いてしまったため、印象も散漫で執筆意図が不明確である。

また⑪は、広範な文献渉猟と田辺地域のメジロの生態調査（聞きとりを含め）を行った、かなり力のこもった文章なのだが、「花粉媒介者」というはじめのテーマから関連するさまざまな話題へと文章が逸脱するところなど、やはり熊楠らしい文章である。この原稿は、『ネイチャー』編集部からの謝絶状とともに南方邸に保存されていた（ともに『熊楠研究』六号、二〇〇四年）。熊楠の記事が「長すぎて」掲載できないが、「散漫でないものに」書きあらためられれば、掲載を検討する旨が礼儀正しい表現で述べられている。この評価は、熊楠の文章に照らして決して不当なものではない。

一九一三年四月上旬に熊楠は、「石、真珠、骨が増えるとされること」と「花粉を運ぶコウモリと鳥」を相前後して『ネイチャー』へ投稿しており、両者は同時期に執筆されていたことになる。これらが掲載を謝絶されたことは、熊楠にとって衝撃であった。五月二八日の日記には、後者の原稿が謝絶状とともに返送となったことと、「予《よ》、大《おおい》に失望し、終日不快なり」という感想が記されている。前者の不掲載についての記事（返送受信など）はなぜか日記にみえないが、長文の力作二本がともに非掲載となったことが熊楠に与えた心痛は想像に難くない。

一八九三年の「東洋の星座」以来、熊楠は、『ネイチャー』投稿者中でも「常連」といっていい頻度で執筆を続けてきた（一九〇〇年の帰国後と、一九〇六年前後の二度の中断はあったが）。その間、イギリスの読者に対して、非西洋近代の学問を紹介することにより西洋近代科学を相対化するという熊楠の姿勢は、彼なりに一貫していたといってよい。しかし『ネイチャー』誌のほうは、その間に性格を変容させていったようである。それは、創刊者ロッキャーの、科学愛好家や一般読者を指向した誌面作りから、次第に自然科学の専門分野への傾斜を深め、職業研究者のための学術誌に純化していく過程といってよい。自然科学分野の論考各篇でも自在に発揮されている熊楠の領域横断的・好事家的性格が、『ネイチャー』誌との間でズレを生じさせていた可能性は高く、一九一三年の出来事は、そのことを彼に自覚させずにはおかなかったであろう。この後、一九一四年一月の「古代の開頭手術」を最後に、熊楠の英文論考発表の舞台は『ノーツ・アンド・クエリーズ』誌にしぼられていくことになる。

⑤⑥⑦は、史料のなかにみえるIndian Cornが、アメリカでいう「インディアンのコーン」つまり「トウモロコシ」を指しているのかどうかを問題としている。よく知られている通り、北米大陸から旧世界へトウモロコシが伝えられたのは、一五世紀末のヨーロッパ人によるアメリカ「発見」以降のことで、それ以前には、英語のコーンという言葉は小麦などの穀物類を指す日常語彙《ごい》であった。インドについての記述のなかに「インディアンのコーン」という表現を見いだした熊楠が、トウモロコシの伝播に関するこうした常識が覆る可能性を探って、『ノーツ・アンド・クエリーズ』と『ネイチャー』の両誌で問題提起をしたのがこの三篇である。

熊楠は原文で、今日の意味のトウモロコシをmaizeまたは学名の*Zea mays*と明示し、文献史料のなかの「インディアンのコーン」Indian Cornという言葉と慎重に使いわけている。もちろん、熊楠が紹介した史料のなかの「インディアン」は東洋のインドのことであり、他方、近代以降にトウモロコシに与えられた英語名称Indian Cornの「インディアン」は、アメリカ先住民を指す。こうした想像力の飛躍と、その裏付けを求める執念深い文献渉猟こそが熊楠の真面目である。

⑪については、ほぼ同内容の「蝙蝠および鳥類の花粉媒介につきて」（平凡社版全集五巻）も、同年三月中に執筆されたことが日記から明らかである。英文論考では、岡村周諦からの文献の教示が原注1として追記されているが、日本語版論文（末尾に「三月三十日」とある）では、これが本文中に組みいれられている。遅くとも、岡村に宛てていったん成稿を発送した三月一六日から、岡村からの書簡を受けとった三月二九日までの間には、英文論考もほぼ完成していたためだろう。英語版と日本語版が並行して執筆されたことがはっきりしている、興味深い例である。

（田村義也）

エン麦の黒穂菌を画家の顔料として使うこと

Oat Smut as an Artist's Pigment

『ネイチャー』一八九八年三月一〇日　五七巻一四八〇号

マーシャル・ワード教授の同題の記事（既刊号三八九頁〔二月二四日号〕）に関してつけくわえさせていただきたい。宮部〔金吾〕氏によると、黒穂菌 *Ustilago esculenta*（日本語ではマコモズミ）のオリーヴ色をした胞子は、日本では婦人の眉墨に使うほか、頭髪の薄くなったり白髪まじりになったりした高齢女性が、油と練りあわせて頭や髪に塗って使う。同じ著者はこうも言っている。「今日では、漆工芸の世界でも、古さびた色を出すために漆に混ぜて使うことが広く行われている」（『植物学雑誌』東京、九巻一九七頁、一八九五年五月）

二月二五日　　南方熊楠

水平器の発明

The Invention of the Gimbal

『ネイチャー』一八九八年一二月一五日　五九巻一五二〇号

水平器のしくみがいつ、誰によって考案されたかを、貴誌または貴誌読者中のどなたか教えてくださる方はいないでしょうか。

SW、ウォーラム・グリーン、エフィ・ロード7　南方熊楠

中国のペスト
Plague in China

『ネイチャー』一八九九年二月一六日　五九巻一五二九号

『エンサイクロペディア・ブリタニカ』（九版、一九巻一六八頁〔「ペスト」の項〕）で、J・F・ペイン博士はこう記している。

「中国で近年、東洋ペストの発生がいくども伝えられているのは興味深い。これは、雲南省では一八七一年以来観察されている。……風土病のようだが、もとビルマから来たとの風説がある。（一八七二年に）この地方での叛乱が鎮圧されて以来、顕著になった」

しかしながら、最近私が目にした洪亮吉《こうりょうきつ》の『北江詩話』（大英博物館蔵書一五三一六a、四巻四丁裏）には、雲南省では、はるか以前からこの疫病が発生していたことの証言となる一節がある。というのは、一七三六〔一七四六〕年に生まれて一八〇九年に没したこの著者は、自分の同時代人がペストで死んだといっているのである。「師道南は、今の望江の令である師範の子で、その（詩の）才能が知られていたが、わずか三六歳〔訳注1〕で死んだ。……その頃、（雲南の）趙州では、白昼から怪しい鼠が人家で見られ、地面に倒れていたり、血を吐いて死んでいたりした。ひとたびその毒気に冒されると、あっという間に死が訪れ、それを逃れた者は一人もいなかった。このことについて道南が作った『鼠死行』という賦は、彼の生涯の傑作だが、彼自身、数日後〔訳注2〕には、この『奇妙な鼠の疫』によって死んだ」

二月一一日　　SW、ウォーラム・グリーン、エフィ・ロード7　　南方熊楠

〔訳注1〕「わずか三六歳で死んだ」としている箇所は、『北江詩話』の原文では「三〇前に死んだ（年未三十卒）」となっている。

〔訳注2〕同じく、『北江詩話』の原文では「数月後」となっている。

ライオンの天敵

The Natural Prey of the Lion

『ネイチャー』一八九九年四月二〇日　五九巻一五三八号

ジャン・バティスト・タヴェルニエは、その著『インド旅行誌』〔V・ボール訳、一八八九年、二巻三九七頁〕で、クローシェイ氏が貴誌前号〔四月一三日号〕（五五八頁）で述べていた標題の例とよく似た話を伝えている。

「（岬の）砦から二、三リーグ離れたところで、そのオランダ人は、一頭の死んだライオンを見つけた。死体にはヤマアラシの針が四本刺さっており、針の全長の四分の三ほどが肉に食いこんでいた。このことから、ヤマアラシがライオンを殺したのだと結論できた。そのライオンの皮は、脚にとげが刺さったままで、今も残っている」。この箇所に英訳者はこう注記している。「インドでは、同じ原因で死んだ虎の例や、ときには人が撃ち殺した虎にヤマアラシの針が刺さっていた例が、数多く記録されている」

中国の古い格言「ハリネズミも虎を倒し、蛇も豹を制す〔猬使虎申、蛇令豹止〕」（劉安『淮南子《えなんじ》』紀元前二世紀〔『本草綱目』五一巻に引く〕）も、これらと同様の観察に基づいているのだろう。

四月一五日　SW、ウォーラム・グリーン、エフィ・ロード7　南方熊楠

トウモロコシ

Maize

『ノーツ・アンド・クエリーズ』一八九九年九月三〇日　九集四巻

「メイズまたはインディアン・コーンと呼ばれるトウモロコシは、エジプトの碑文には姿が見えず、そのほか、一六世紀以前にアフリカまたはアジアを訪れたいかなる東洋人旅行者によっても言及されたことがない」と、『エンサイクロペディア・ブリタニカ』一五巻三〇九頁〔「トウモロコシ」の項〕にはある。

しかしながら、ピーコック氏によれば、フェイバー博士とゴッス氏は、トウモロコシを東洋に在来と思いこんでいたのであり、ほかにも、学識ある人々で、同じ誤りに陥った例はいくつもある。それらの全般的な紹介と誤りの指摘については、A・ド・カンドール『栽培植物の起源』三八八頁以下を参照されたい。そこに挙げられている報告者に一致した誤りとは、モロコシをトウモロコシと混同したことである可能性がきわめて高い（同書三八八頁）。こうした混同の可能性は、中国人と日本人の認めるところであろう。サトウモロコシと似ているために、トウモロコシを、中国人は「玉蜀黍」つまり宝石の・甘い・モロコシと呼び、日本人は「トウモロコシ」すなわち中国（または外国）の・甘い・モロコシと呼んでいるのである（呉其濬『植物名実図考』和刻本、二巻二一丁、および菊岡〔沾涼〕『本朝世事談』一七三三年、二巻四参照)。

これに関連して、『アタナシウス・ニキティンの旅誌』(著者は一四七五年以前の没で、アメリカはまだ発見されていなかった) の故ウィルホースキー伯爵英訳本 (ハクルート協会刊行著作集第二二) 一七頁に、インド人たちは「インディアン・コーンとニンジンの油漬け、そしてさまざまな香草を食べている」と記されており、私はこの点に強い関心をもっている。貴誌読者のなかに、この記録について原資料を手にすることのできる方があれば、「インディアン・コーン」に相当する言葉を教えていただけないだろうか。

南方熊楠

SW、ウォーラム・グリーン、エフィ・ロード7

インディアン・コーン①
Indian Corn

『ネイチャー』一九〇〇年二月二二日　六一巻一五八二号

『エンサイクロペディア・ブリタニカ』一五巻三〇九頁によると、トウモロコシは、一六世紀以前にアフリカまたはアジアを訪れたいかなる東洋人旅行者によっても言及されたことはないという。これに対して私は最近、ハクルート協会刊行の『一五世紀のインド』を読むうちに、いささか疑念をもつに至った。そこに、ロシア人アタナシウス・ニキティンの『旅誌』が故ウィルホースキー伯爵による英訳で収録されており、一四七〇―一四七四年頃に行われたニキティンの東洋旅行の彼自身による記述のなかには、インドについてこんな言及がある。「彼らはインディアン・コーンとニンジンの油漬け、そしてさまざまな香草を食べている」（一七頁）。インディアン・コーンという穀物についてのこの記述は、西の〔アメリカ〕大陸が発見される以前から、東洋でもトウモロコシが知られていたという説を支持するような、なんらかの重みをもつものだろうか。それとも、インディアン・コーンと英訳された穀物は、トウモロコシ *Zea mays* とは別のものなのだろうか。

この疑問に関連して述べておきたいのは、日本へのトウモロコシの移入についてA・ド・カンドールが、ケンペル（一六九〇—一六九二年日本滞在）が言及していない（原注）ことだけを根拠として、それより後の時代のこととした誤りである。日本国内の著作（菊岡〔沾涼〕『近代世事談』〔『本朝世事談』のこと〕一七三三年、二巻四）によると、天正年間（一五七三—一五九一年）の初め頃には、日本列島にトウモロコシがもたらされている。それより先に「モロコシキビ」（中国のキビ）の名前で入っていたサトウモロコシ *Sorghum saccharatum* にならって、トウモロコシ（中国のモロコシキビ）と呼ばれたのである。西日本での普及に続いて、東日本に広まった頃に、そう呼ばれるようになった。直接それが移入された西日本の方言では、ナンバンキビ、すなわち南蛮人（スペイン人とポルトガル人）のキビと呼ばれた。スペイン人とポルトガル人は一六三九年以降入国禁止となったので、この年号がトウモロコシ移入の可能性の下限であろう。

ＳＷ、サウス・ケンジントン、クレセント・プレイス1　南方熊楠

（原注）『栽培植物の起源』三九二頁。

インディアン・コーン②
Indian Corn

『ネイチャー』一九〇〇年三月二九日　六一巻一五八七号

中村〔惕斎《てきさい》〕『訓蒙図彙《きんもうずい》』（初版一六六六年、一六巻七丁裏）には、トウモロコシの木版画と、前回の拙論で挙げた（既刊号三九二頁）その中国名と和名が載っていることをごく最近発見した。これにより、ケンペルは『日本誌』（一七二七年）でトウモロコシに言及していないが、見たことはあるはずで、彼の滞在以前から日本にトウモロコシが移入されていた事実を知っていたに違いないということがわかる。なぜなら、『日本誌』中の動植物の図譜のほとんど（一巻図版九―一四）は、実はこの『訓蒙図彙』という、かつて日本では広く読まれた百科事典からの複製（一二―一五巻）だからである。

三月九日　　ＳＷ、サウス・ケンジントン、クレセント・プレイス１　　南方熊楠

中国の蟹災害
Crab Ravages in China

『ネイチャー』一九〇〇年三月二二日　六一巻一五八六号

左丘明（紀元前六世紀）のものとされる『国語』（「諸国からのよき言葉」の意）には、越（今日の浙江地方）の王が、参謀からの進言で開戦の準備を延期した話がみえる。その参謀は、『稲蟹』が稲を食いつくして、人には籾一粒も残っていない」と、「よき言葉（適切な助言）」を述べたのである。日本の博物学者青木昆陽は、中国の『平江記事』を引用して、一二九七年呉（今日の江蘇省）でおこった蟹災害のことを語っている。「あらゆる田畑がカニで覆いつくされ、実った稲はみなだめになってしまった」（『昆陽漫録』一七六三年成稿、一八九一年版、一六四頁）

段成式（八六三年没）もこのカニに簡単にふれている。「八の月になると、カニは腹のなかにほんとうに稲穂を抱える。その長さは一インチほどで、カニはそれを『海の神』(原注1)への贈り物として東へと運ぶのである。これを運びおえる前のカニは食用にならない」（『酉陽雑俎』和刻本、一六九七年、一七巻四丁表）。同じ時代に、陸亀蒙《りくきもう》（八八一年頃没）は「蟹志」（『淵鑑類函』一七〇一年、四四四巻一八丁）でこう述べている。

「これらのカニは湿地に穴を掘って住んでいるが、秋から冬にかけて巣穴から姿を現す。江東の人々によると、カニは稲が実る頃、稲穂を一本ずつ携えて、首領に挨拶をしにいくのだという。夜ごと朝ごとに、カニたちは川を渡るので、人々は流れにやなを仕掛けてカニを捕る。しかし、一〇匹のうち六、七匹までは堰を乗りこえてゆき、川で大きく育つ。そこからカニたちは海に向かって同様の行進をし、やはり同じような苦難にあうのだが、前よりもさらに巧みにそれを逃れる」

後の宋王朝（九六一―一二七九年）の頃に成立した、傅肱《ふこう》筆という『蟹譜』には、こうある。

「山間部の渓谷の岩の割れ目には、小さなカニがいる。赤く硬いので、石蟹という。子ガニのときは、真夏で食べられる穀物がないため、アシの根を餌とするので、蘆根蟹という。これは小さく味も悪い。陰暦八月頃には、脱皮して大きくなり、稲やキビが実ると、どのカニもそれらの穀物の花穂を腹のなかに抱えて川へと走る。そのため楽蟹（ほがらかなカニ）といい、肥えていてもっとも美味である。この後、海へ下ったカニは、穂を首領に献上する」（同書一九丁表）

これらの言い伝えは、中国人の奇抜な創作物語の好例である。学識のある者は誰も、ひとたびこれを読めば疑いを抱くことはないだろう。というのも、これらの「穀物ガニ」がその王に捧げるとされるものが、海で産卵するために胎内に宿した卵であることは、あまりにも自明と思われるからである。

青木（前掲書）が考えたように、稲を運ぶカニが、作物に損害を与えるカニと同じものかどうかは、はっきりとはわからない。だが、おそらくはそうなのだろう。そこで、貴誌の誌面を通じて、どなたか私の疑問に答えていただければ、たいへん嬉しく思う。（1）こうした言い伝えに登場するカニとは、なんという種のカニなのか。（2）現代の中国でも、こうした蟹災害が報告されているのか。ド・ロシュフォールの『アンチル諸島の自然および風習誌』（ロッテルダム、一六六五年、二五五頁）をみると、西インド諸島のムラサキオカガニというよく知られたカニは、タバコ畑を荒らしはするが、穀物に害はないようである。中国のカニについては、穀物を荒らす話が広範囲に存在するのである。他方、F・ルニャが一七世紀末にロドリゲス島のオカガニについて記しているところをみると、この種がワタリの時期にみせる破壊的な力は、中国のカニに匹敵するようでもある（［F・ルニャ］『航海記』一八九一年版、九二頁参照）。

干宝（四世紀）の『捜神記』には、こうした記述がある。「二八三年に、会稽《かいけい》地方のカニがみなクマネズミに変わり、田圃を覆いつくして大災害を引きおこした。成獣になる前のネズミは、毛と肉はあっても骨がなく、田のうねを越えられなかった。しかし、数日のうちに猛々しくなった」。この記述は、クマネズミやノネズミの発生の説明としては疑わしいが、クマネズミの毛皮がいわゆる毛ガニ（ステッビング『甲殻類』図版Ⅲ参照）の毛と似ていることに、ある程度起因しているのかもしれない。しかし、それよりもむしろ、陸上で田や畑を荒らすカニが[原注2]、古代の人々によく知られていたことによるのかもしれない。

SW、サウス・ケンジントン、クレセント・プレイス1　南方熊楠

（原注1）金刀比羅宮（船乗りたちの守り神）を信仰する人々は、カニ食をタブーとする。

（原注2）日本の毛ガニは、中国で稲を運ぶカニを捕るのと同じ方法で捕ることができる。日本人は、このカニが秋には川を下ることをよく知っており、ある種の魚のように再び上ってくることはないのも知られていた（貝原〔益軒〕『大和本草』一七〇八年、一四巻四八丁）。ところが、カニが穀物を海へ運ぶという言い伝えは、日本にはまったくない。これに少しでも近い話として、私が見いだしえた唯一の例が『北窓瑣談』にある。それによると、前の世紀〔一八世紀〕の末頃に、京都近郊の淀川に小さなカニが大量に発生して、手のひらに何度水をすくってもカニで一杯になったことがあるという。

葉の下の蟹図。1888年（渡米直後）の日記表紙裏に描かれたもの

タコの酢とクラゲのアラック

Polypus Vinegar—Sea-blubber Arrack

『ネイチャー』一九〇八年一一月五日　七九巻二〇三六号

（1）酢のタコ polype vinaigre と呼ばれるものについての、ホスキンズ＝アブラホール夫人の質問（『ネイチャー』一九〇六年八月九日、七四巻三五一頁）への回答としては、遅きに失しているかもしれないが、これまでのところ貴欄には回答が寄せられていないようなので、科学的な解明のための重要な手がかりとなると思われる以下の記事を引用したい。

「黄海の大いなる驚異のなかの一つに、近年発見されたばかりの不思議なポリプ polypus がある。この興味深い植虫類は、牛荘〔遼寧省南部、営口〕の海岸では章魚の名で知られるもので、真水に入れられると水を酢に変える性質がある。このことは、ユックの中国およびチベット旅行記ではじめて伝えられたが、本国の博学者たちは懐疑的で、後年、やはり宣教師だったペルニ氏が実物をパリへ送るまでは、誰もその存在を信じなかった。送られてきた標本は、生きているものが一つ、死んだものが一つだったが、馴化《じゅんか》協会の水族館で水槽に入れられると、そのどちらも水槽の真水を酢に変えたのである」（A・フォーヴィル「山東地方」、『中国時報』二巻六号三六六—三六七頁、一八七五年）

私の知る限りでは、この珍しい生き物について言及もしくは記録した中国の文献はないようである。しかしながら、ユックがポリプ polype といったのは、ひょっとすると頭脚類のことだったのではないだろうか。というのは、中国の本草学では章魚（「魚」は正しくは yu ではなく yü）をタコにあてており、そしてプリニウス『博物誌』九巻四八章などでも明らかなように、タコは古代の記録者たちが多脚類 Polypi〔単数形は polypus〕と称した生物の一種なのである（『エンサイクロペディア・ブリタニカ』九版、一九巻四二八頁〔「ポリプ」の項〕も参照）。

（2）王立協会会員ジョン・フライヤー博士の『一六七二年から一六八一年までの九年間の八通の書簡による東インドおよびペルシア新紀行』（ロンドン、一六九八年、六八―六九頁）は、スーラットの南六〇

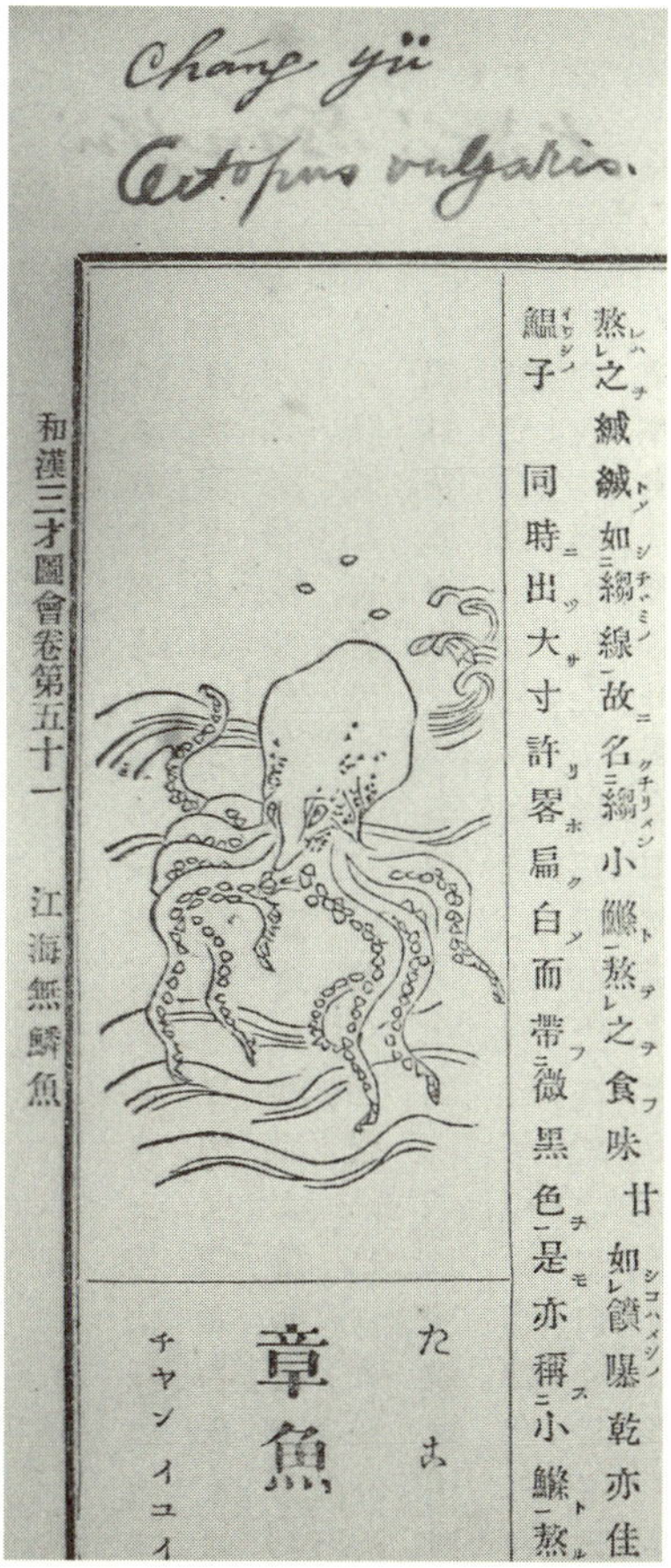

熊楠旧蔵『和漢三才図会』「章魚」の項。本文でふれている中国音 Chang yü と、マダコの学名 *Octopus vulgaris* が書きいれられている

リーグ、ゴアからは北に同じだけ離れたボンバイムという島について、住民たちの不健康の原因を列挙したうえで、こう述べている。「これらのうちでも最悪のものとして、フール・ラック（ポルトガル人たちが、ブラッバー〔ぶよぶよ〕すなわちカーヴィルクラゲから作るブランデー〔アラック〕の一種。ブラッバーはぶよぶよの姿で泳ぐのでこう呼ばれていて、まるで中身は何もないようにみえるが、触れば棘《いばら》のように刺す。またカーヴィルクラゲは、ちょうどポルトガルのカーヴィル〔カラベル〕船のように、波の上で風を受けて進むのでこう呼ばれる。これはクラゲ〔訳注〕だと考えられるが、蒸留したものを飲むと愚かになる）と娼婦が挙げられる」

日本や中国では、何種類かのクラゲが好んで食べられることはよく知られているが、蒸留酒を作ることのできる腔腸動物などというものは、上記の例のほかには聞いたことがない。読者諸賢のどなたかに、これが空想か事実かを教えていただけないだろうか。

八月六日　　日本、紀伊、田辺　　南方熊楠

〔訳注〕原文の Gelly の語は未詳。この引用文全体が文意不明確だが、熊楠は、腔腸動物の話題として書いているので、jelly fish すなわちクラゲととることにした。

「オロコマ」という奇妙な哺乳類
A Singular Mammal called “Orocoma”

『ネイチャー』一九一〇年七月一四日　八四巻二一二四号

イエズス会カット神父によるブエノスアイレスからの一七二九年五月一八日付書簡（『教養好奇書簡集』リヨン、一八一九年、五巻四六六頁）には、以下のような一節がある。

「これらの動物のほかに、たいへん奇妙に見えるものがある。モクス人たちはオロコマ（または、同巻六六頁所収『スペイン通信抄』によれば「オコロム」）と呼んでいる。それは、キツネ色の毛と、とがった鼻と、大きく鋭い歯をもつ。この動物は大型の犬ほどの大きさで、武器を持ったインディオに出会うとただちに逃げる。しかし武器を持っていないのがわかると、インディオに襲いかかってきて、地面に倒し、何度も踏みつける。インディオが死んだと思うと、木の葉や枝を覆いかぶせてから帰る。インディオは、この動物のそうした性質を知っているので、それが姿を消すとすぐに起きあがって逃げるか、さもなくば木に登り、離れたところからことのなりゆきを見守るのである。オロコマはやがて虎をともなって戻ってくる。虎は獲物を分けあうために招かれたかのようである。しかし、獲物がもはや見つからないので、オロコマは恐ろしいうなり声をあげ、虎を悲しげに、また困ったように見る。あたかも無駄な旅をさせて申しわけないとでもいっているかのようである」

私の大いなる無知をさらしてお訊ねしたい。この「オロコマ」とはどのような種類の哺乳類なのか、そして、この話にはいささかでも根拠があるのだろうか。編集部および読者諸氏には、当方には科学の参考図書がまったくないことをご賢察いただければ幸いである。

六月一五日　　日本、紀伊、田辺　　南方熊楠

花粉を運ぶコウモリと鳥
Some Bats and Birds as Agents of Pollination

一九一三年、不掲載稿

『エンサイクロペディア・ブリタニカ』一一版二二巻の「花粉媒介」の項に、「ジャヴァに自生するフレイシネチア〔ツルアダン〕と、トリニダードにあるバウヒニア〔ハマカズラ属〕の一種には、コウモリが来て花粉を運ぶ」とある。

唐代（六一七〔六一八〕―九〇六〔九〇七〕年）に成立した中国南部の地理書である、段公路の『北戸録』には、以下のようなくだりがある。「隴州《ろうしゅう》（今日の広西の太平府〔訳注1〕）では、赤い色で、背中が深紅のコウモリを産する。翼脈（翼の縁のこと）だけは色が淡い。多くの場合、つがいになって、紅蕉（文字通りには赤いバショウ。日本の江戸時代の文献によれば、ヒメバショウ *Musa coccinea*）の花の間に身を隠して眠る。つがいの一方が捕まっても、もう一方は決して逃げさろうとしないので、南方の人たちは、このコウモリから媚薬を作る」。さて、ここでいわれている「赤いコウモリ」とは、実はコウモリに似てはいても鱗翅目《りんしもく》〔チョウ〕の仲間で、訪れる深紅の花の色に擬態している可能性はないだろうか。とはいっても、テネントが記しているように、熱帯には鳥の羽毛のように鮮やかな彩りをもったコウモリがいることを考えると、これはまさしく花粉を媒介するコウモリの一種である可能性も、やはりある。テネントによれば、明るい黄色、深い橙色、あるいは赤に近い鉄錆色のコウモリがおり、そのうちある種のコウモリはふつうのハチとたいして変わらない大きさである（『セイロン自然誌』一八六一年、一四、二八頁参照）。その地域で慎重な調査を行うことによって、この「赤いコウモリ」が――それが実際のところなんであろうと――一〇世紀以上前と同じく、この地域に今でも棲息しているかどうか確かめられれば興味深いことだと思う。

有史以前から、日本人は――少なくとも私のいる南方の紀伊地方では――ツバメの仲間の二種の鳥になじみが深い。それは日本種のメジロと、ヒヨドリという鳥で、どちらもある種の冬咲きの花から栄養を得ている。この事実は、なぜかこれまできちんと記載されたことがないようだ。[原注1]

日本のメジロ *Zosterops japonica* は、通常果実や昆虫を食べている。冬に気候が厳しくなって、これらの食餌が得られなくなると、ウバメガシ *Quercus phillireoides* の樹皮の裂け目からしみでる甘い樹液を吸う。[原注2]

しかし、メジロはたいてい、この季節には山を降りて海岸部の低地に移動し、花を訪れるようになる。早いうちからこの鳥が群れをなして里に現れれば、それはまず、山間部に始まるその年の寒さが、例年より厳しいことのしるしと見なされる。去年の冬がまさにそうであった。私の住む、田辺という海沿いの町ではウメ *Prunus mume* の木が多く栽培されており、そこにかつてないほど多くのメジロが飛来した。メジロたちは蜜を求めるだけでなく、蜜に集まる虫たちも目当てに日々梅林を飛びまわった。私の知人の一人は不精者で、毎日、自分の庭のウメの花に集まるメジロを捕らえ、焼いては食べていた。ある日などは、正午までに八羽も捕ったと私に話したことがある。この男が言うには、捕ったメジロはどれも鼻先が花粉まみれだったという。――そのことは、私自身過去一〇年間に幾度も目撃したことである。ウメの花が終わると、メジロたちはモモの花に行くといわれているが、私自身はそれを見たことがない。

『花卉生物学提要』第一部（ライプツィヒ、一九〇四年）のなかで、パウル・クヌート博士は、「虫媒花である日本のビワ *Eriobotria*〔*Eriobotrya*〕*japonica* には、南アメリカではハチドリ、南アフリカではミツオシエが集まる」としている。しかし実は、その原産国において、果樹であるこの木の花にもっともよく来るのはメジロである。当地から六マイルほど離れた海辺に枇杷山という丘があって、実際、そこはビワで覆われている。冬にビワの花が咲くと、丘一帯の空気に甘い香りが漂う。その香りに誘われて、何千羽ものメジロが蜜を堪能しにやってくる。そして、それと知らぬうちに、花たちの婚礼の式における取持ち役となって、実を結ばせるという重要な役割を演じるわけである。

ツバキ *Camellia japonica* は、メジロが冬期に訪れるもう一つの木である。メジロはいくつもある園芸品種よりも、野生種のツバキのほうによく訪れるが、それは花の蜜の分泌量が多いことによる。(原注3)

こうした鳥たちは、花のついたツバキの枝に鳥もちを塗って、おとりの周りに並べるだけで、簡単に捕ることができる。あるいは、この鳥が花のおしべの間に首を突っこんでいる間に、鳥もちを塗った木べらを使って捕ってもよい。メジロと花粉との結びつきが常識であったことは、この鳥ののどの部分の黄色い色を、花粉で染まったためだとする民間信仰の存在からもわかる。

ツバキを熱心に訪れることは、ヒヨドリ *Hypsipetes amaurotis* も同じである。蜜を求めて熱心なこの鳥が頭に落ちたツバキの花を、帽子のようにかぶっているのが時折見られる。（原注4）この鳥は疑い深く、決して人には近づかない。しかし、その灰色の頭部が黄色い花粉で汚れたところは、鈍いオリーヴ色のメジロに比べても、ずっと遠くからわかる。

さらに、シナイ *Turdus chrysolaus*〔訳注2〕（？）とウソ *Pyrrhula griseiventris* は、それぞれツバキとニッケイ *Cinnamomum loureirii* の花粉を運ぶという話を時々耳にするが、これは私には信じられない。

四月八日　日本、紀伊、田辺　南方熊楠

（原注1）この投稿を書き終えたあとで、私は高名な蘚苔《せんたい》類学者である岡村〔周諦〕氏から、このことが藤井〔健次郎〕博士の『普通教育植物学教科書』（東京、一九〇一年、四五頁）に簡潔に記されていることを教えられた。「小さな鳥類は花の蜜を吸いに行くことがある。ビワ *Eriobotria*〔*Eriobotrya*〕*japonica* やツバキ *Camellia japonica* などの花をヒヨドリやメジロなどが訪れることはよく知られている」

（原注2）籠で飼っているメジロが弱ったときには、蜂蜜を与えると喜んで食べ、それによって回復する。ハナアブの幼虫であるオナガクソムシを蜂蜜と一緒にこねたものが、この鳥にとっての最高のごちそうといわれる。

（原注3）淡路島産のある変種のメジロは、〔ツバキの仲間の〕茶の木の花を特に好むという。

（原注4）寺島〔良安〕の『和漢三才図会』（一七一三年、四三巻）では、この鳥がツバキの花を食べるとある。誤った観察に基づく誤謬である。

〔訳注１〕邦文「蝙蝠および鳥類の花粉媒介につきて」のなかで、熊楠は、ブレットシュナイダーを参照して、この隴州は正しくは龍州であると指摘している。現在の広西チワン族自治区龍州県にあたり、ベトナムと国境を接している。なお、明代から清代にかけては、この地区に太平府が置かれていた。

〔訳注２〕*Turdus chrysolaus* はアカハラ。日本で繁殖する。熊楠が挙げているシナイは、シロハラ *Turdus pallidus* のことか。

あとがき

南方熊楠のこれまであまり知られなかった分野の仕事が、ようやく読者の前に全貌を現すことになった。特にこの『ネイチャー』誌篇は、日本ではまだ無名に近い存在であった時期に、熊楠が英文で書いた論文が中心となっている。学者としての熊楠がどのような姿で誕生したかを、これらの論文は多様な側面から語っている。人文科学と自然科学の領域を越境し、東洋と西洋の障壁を貫通し、古代と現代との往復を繰りかえしながら、熊楠の追究は展開している。研究の条件が整っていなかったためもあって、個々の論文としてはさまざまな過不足を含みながらも、ここには若き日の熊楠のまなざしの在りかが、かえって明確に示されている。

個々の論文については解説に詳しいので、その背景となる事情を補足しておきたい。

アメリカに渡って一年足らずで大学という居場所を失った熊楠は、自力で学問への道を切りひらくことをよぎなくされた。それ以後しばらく、日記の大半を埋めているのは、アナーバー近郊に始まってフロリダ半島から西インド諸島へと足をのばしての植物採集の記事である。植物採集そのものが、自己の精神的な閉塞状況の克服を意図したものであると同時に、学問的な成果を期待しての行為でもあった。だが、その一方で熊楠は将来に向けてのさまざまな模索も進めていた。

二つ目の大学と訣別する数ヵ月前、一八八八年八月から熊楠は『ネイチャー』の購読を始めている（日記同年八月三日の項参照）。かつて東京の大学予備門にいた頃の読書・研究ノートである「課余随筆」巻二には、一八八五年四月九日号の『ネイチャー』に、神田孝平の『日本大古石器考』の英訳本の概略と批評が掲載されている、と記している。このとき、熊楠は図書館で直接『ネイチャー』を手に取ったのではなく、間接的な紹介によった可能性が高いが、その雑誌の価値を認め、日本人の仕事がイギリスの代表的な雑誌で評価されることに敬意をいだいたのは確かであろう。

これより先、ニューヨークで刊行されていた『ポピュラー・サイエンス・マンスリー』誌は、アメリカに渡った直後から毎月店頭で購入し、逐次、東京専門学校（早稲田大学の前身）に在学中の弟常楠に送っている。そのためもあってか、その主要論文は「The Scientific Memoirs」と題する大判ノート三冊に書き写されている。論文の題目を見ると、生物学関係は少数で、人類学的な内容のものが多い。

「ロンドン抜書」のさきがけともいうべき「The Scientific Memoirs」にも、一八八八年三—四月に書き写したという日付があって、『ネイチャー』の購読を始める少し前であることがわかる。この二つの雑誌をながめることで、熊楠は英米の学界の動向や英文論文の手法を知ることができたにちがいない。

同じ一八八八年の一一月、ランシングにある大学をやめてアナーバーへ転居して数日後、熊楠は友人から『哲学字彙』という本を借りて何日か書き写している。これは東京大学三学部で編集して一八八一年に刊行した英語・日本語対訳の学術用語集である。熊楠が英文の学術書を本格的に読もうと決意したことの一つの現れといえよう。あるいはいつの日か英文で論文を書くという予感もあったかもしれない。

また、この頃の熊楠は中国の古典を英訳するという仕事も画策していた。

一八八九年一二月には、別の友人からまた同じ『哲学字彙』を借りて、こんどは付録として掲載された「清国音《しんこく》符」を書き写している。「清国音符」は漢字を中国語の発音のローマ字表記別に配列したものである。「清国音符」を書き写したノートの付記と日記の記述によると、熊楠は以前から中国の書物を英訳したいと考えていたが、それを一九九〇年から始めるためと書いている。

だが、結局この熊楠の計画は実現しなかった。後年には『方丈記』の英訳を手伝うといった仕事がなされるにしても、その頃の熊楠のおかれていた状況では、翻訳の成果を収入に結びつけることもむつかしかった。また、すでにイギリスでジェイムズ・レッグらによる中国古典の翻訳がさかんに行われていたことも、視野に入っていたかもしれない。

しかし、この構想に基づく準備は、のちに英文の論文を書く際に大いに活用された。仏典を含む中国や日本の文献に出てくる固有名詞をローマ字に改めることは、そのために不可欠の作業であった。熊楠の常用した活字本の『和漢三才図会』に書きこまれた中国音のローマ字表記も、その一例である。大英博物館に出入りするようになってからは、本書の凡例の付記に挙げたロバート・モリソンの字書のような大部のものが参照できたにしても、先の「清国音符」以外に、漢字の発音を記した字典が手元にあったかどうかは現在のところ不明である。

本文の解説や図版の説明でもふれているように、それぞれの論文の主題となった創見は、しばしば熊楠の読書・研究ノートに書きこまれている。熊楠にとって本を読むことは、たいていの場合、その全部あるいは一部を書き写すことでもあった。たとえば、「東洋の星座」に関連するノートの場合、図版にも挙げたように、手元に活字本があったはずの『和漢三才図会』の文章や図までも書き写している。そこに自分の創見を書きくわえるためには必要な手順であったのかもしれないし、あるいは熊楠独特の資料整理法であったことも考えられる。

初期の読書・研究ノートの代表的なものは「課余随筆」である。最初の三冊は大学予備門時代に書きはじめられ、巻三はアメリカ、イギリスでも書きつがれている。巻九以降は巻次が乱れているため判然としないが、巻一〇で終わりと見なされている。巻一の巻頭に「(前略) 課程を修むるの余暇、更に此撰有り。一見一聞必ず採記して以て他日の有用を期す」とあるのが題名の由来だが、大学をやめて「課程」が消失してからも同じ題名でノートは書きつがれ、帰国前年の一八九九年にまで及んでいる。

主に大英博物館図書館で欧文の書物を書き写した「ロンドン抜書」全五二冊は、一八九五年から一九〇〇年に及んでいる。そのため、「課余随筆」の後半部分は、「ロンドン抜書」と重なりあう時期に、主に日本と中国の書物を書き写すノートとして使われている。意外なことに、中国独特の形式をもつ百科事典の『古今図書集成』や、仏教事典の『法苑珠林』など大部の漢字文献を、熊楠がはじめて利用したのは大英博物館においてであって、「課余随筆」にはそれらの大量の抜書がみられる。(後年に至るまで愛用する中国の百科事典『淵鑑類函』もイギリスで購入し、当時から各所に書きこみを行っている。)

同じ漢籍でも、熊楠が繰りかえし活用した『酉陽雑俎』は、大学予備門の頃に江戸時代の和刻本を購入している。中学時代のノートにも書名はみえるから、当時すでに手に取って見た可能性はある。第2章の解説に引かれたように、同書に保護色の記述があることを「十五、六のときに」知っていたとすれば、この時期に相当する。

ただし残されたメモとしては、大学予備門時代のノートである「輯録《しゅうろく》」や「課余随筆」巻一にみえるのが、保護色についての最初の言及である。後者から数えると、その記述に気づいた九年後に論文を書いたことになる。また同じ『酉陽雑俎』にみえるアミミドロ(水網藻)の記述は、ロンドン時代の「課余随筆」巻三に指摘がありながら、論文として発表したのは一〇年ほど後の一九〇四年であった。

このほかにも、本書に訳出した論文の資料についての筆写が、「課余随筆」や「ロンドン抜書」に記された例はいくつもある。それらのノートの書き方をみると、例外がまったくないわけではないが、ふだんの熊楠は、あるテーマに限定して資料をさがすという方法をとっていない。大きな広がりのある関心に基づいて、さまざまな書物を読み進めながら、気づいたことをあれこれと書きとめておく。そして、『ネイチャー』や『ノーツ・アンド・クエリーズ』などの雑誌で話題になったテーマが、自分のかねてからの関心と重なりあうと判断すると、それらのノートから資料を取りだして論文を書くというのが、いつもの手法である。

言いかえれば、帰国後の読書・研究ノートである「田辺抜書」全六一冊（黄檗版《おうばくばん》大蔵経の抄写も含む）も合わせて、これらの抜書類の集成をたどれば熊楠の目指した学問の全体の輪郭を描くことができるだろう。一方、熊楠が生涯にわたって活字として残した著述は、受け身になることの多かった執筆の姿勢とも関係して、その全体像を伝えているとは言いがたい。その意味では、英文論文のために取りだした資料も、これらの抜書類の全体からすればごく一部分でしかない。しかし、逆に熊楠が何を意図してこれらのテーマを取りだしたかという観点からすれば重要な一側面を構成する。

この英文論文の翻訳は、そうした熊楠の仕事の、これまでの紹介の欠落部分を埋めるために企画され、進められてきた。今後は、『ネイチャー』誌篇に続く英文の論文についても、この計画を続行させることを予定している。

本書の翻訳作業は、第1章から第12章までを松居竜五が、第13章から第15章までを田村義也が担当して、まず初稿を作成した。各章の解説は初稿の担当者が執筆した。初稿の全体にわたって、中西須美は訳文を英文と照合して検討し、また飯倉照平は引用された中国語の文章や漢訳仏典との照合を行い、田村は引用された英語以外の外国語の文章との照合を行った。初稿についてのそれぞれの検討結果を持ちよって編集会議で議論した上で、さらに担当者によって二稿や三稿が作られた。

本書が企画されたのは二〇〇〇年であったが、訳稿を検討するためにほぼ毎月一回開かれた編集会議は、二〇〇二年の夏頃から三年以上にわたって続くことになった。編集会議でいちばん議論されたのは、引用された内外の原典と熊楠の英訳した文章との関係であった。結局、当時の英語圏の読者が熊楠の論文を読んだときの語感に近いものを、日本語の訳文で再現することを目標とした。したがって原典との照合はあくまで参考にとどめ、なるべく熊楠の英訳を尊重して生かすことにし、必要な場合には訳注などで補うことにした。
松居の担当した初稿の一部は、かつて平凡社の編集者であった故長谷川興蔵の用意してあった資料を用いて作成され、『月刊百科』(平凡社)や季刊『文学』(岩波書店)、『南方熊楠　一切智の夢』(朝日選書)に掲載されたことがある。今回、すべてを改稿して本書におさめた。
なお索引の作成については丸尾史子の協力を得た。また関連する日本語著作の表の作成は松居が、さらに関連年表と全体にわたる最終校訂は、田村が担当した。
和歌山県田辺市の南方熊楠顕彰会、同白浜町の南方熊楠記念館には、多数の図版を提供していただき、また関連する資料の閲覧についても便宜をはかっていただいた。

本書の編集作業にあたっては、日本学術振興会科学研究費基盤研究A「南方熊楠草稿資料の公刊および関連資料の総合的研究」(代表・松居竜五)を利用した。また、一部、龍谷大学国際社会文化研究所共同研究「南方熊楠英文論文の連関的研究」も利用している。

本書の企画・編集は集英社新書編集部の椛島良介氏によって進められた。最終段階では校正の方々にもたいへんお世話になった。長く南方熊楠に傾倒してきた椛島氏の熱意によって、きびしい出版事情のなかで本書の刊行が実現できたことに深い感謝をささげたい。

(飯倉照平)

『ネイチャー』掲載論文関連年表

本書に収録された南方熊楠の英文著作を時系列に沿って配列し、関連事項や時代状況と対照できるようにした。上段には熊楠の動静と関係著作活動、下段には、熊楠に影響を与えた出版物や出来事、および日本とイギリスを中心とした世界情勢を記した。

『ネイチャー』誌および『ノーツ・アンド・クエリーズ』誌は、それぞれNAおよびNQとした。本書に翻訳を収録した論文は、太字で示した。

西暦	熊楠の動静・関係著作活動	関連する出版物・出来事・世界情勢
一八四九		ウィリアム・トムズ、『ノーツ・アンド・クエリーズ』創刊
一八六七	五月一八日（旧暦四月一五日）、和歌山に生まれる	
一八六八		明治改元
一八六九		ノーマン・ロッキャー、『ネイチャー』創刊
一八七一		タイラー『原始文化』（第14章参照）

一八七二		グベルナティス『動物神話学』（第3章参照）
一八七六		南条文雄、イギリス留学（〜八四年。熊楠は南条の漢訳仏典目録を大英博物館で利用した） スペンサー『社会学原理』（全三巻、九六年まで継続刊行。第4章参照）
一八七七		東京大学設立
一八七八		イギリス・フォークロア学会設立
一八七九	三月、和歌山中学校に入学	東海散士（柴四朗）、アメリカ留学（〜八五年） モース『大森貝塚』（第12章参照）
一八八〇		10月28日号NAに、フォールズ「手の皮膚小溝について」、11月25日号NAに、ハーシェル「手の皮膚小溝」（第5章参照）
一八八三	三月、和歌山中学校卒業、上京して共立学校に入学	モース『動物進化論』（第2章参照）
一八八四	九月、大学予備門に入学	森鷗外、ドイツ留学（〜八八年） 新渡戸稲造、アメリカ留学（のちドイツへ移り、九一年帰国）

一八八五	一二月、大学予備門で落第	東海散士『佳人之奇遇』(九七年まで継続刊行。熊楠に渡米のきっかけを与える)
一八八六	二月、大学予備門を退学、帰省 一二月、横浜より渡米	宮部金吾、アメリカ留学(〜八九年。植物病理学についての宮部の論文は、熊楠が日本人の論文を英語で読んだ最初期のもの)
一八八七	一月、サンフランシスコ着 八月よりミシガン州ランシングおよびアナーバーに居住。この後一八九二年九月までのアメリカ時代は、植物および菌類採集に多くの時間を費やす	牧野富太郎ら『植物学雑誌』を発行 クラウストン『民間伝承と作り話』
一八八八		寺石正路「食人風習ニ就テ述ブ」(『東京人類学会雑誌』34号。第12章参照)
一八八九		大日本帝国憲法発布 『エンサイクロペディア・ブリタニカ』第九版完結
一八九〇		ラフカディオ・ハーン来日 フレイザー『金枝篇』初版(第11章参照)
一八九一	五月〜翌年一月の間フロリダ、キューバなどに滞在	ロンドンでジャパン・ソサエティ創立 国際フォークロア学会でジェイコブズが説話伝播主

一八九二	一～八月、フロリダ州ジャクソンヴィルに居住 九月にニューヨークより渡英、リヴァプールを経てロンドンへ。ロンドンで父の訃報（八月八日没）を受けとる	義を提唱する（第7章参照） ゴールトン『指紋』（第5章参照） この頃シャーロック・ホームズ・シリーズがベストセラーとなる
一八九三	九月二二日、「東洋の星座」の校正刷りを持ってフランクスを訪ねる（大英博物館との最初の接点） 10月5日号NAに「**東洋の星座**」 10月12日号NAに「**動物の保護色に関する中国人の先駆的観察**」	8月17日号NAに、M・A・B「**星をグループ化して星座とすること**」 オステン＝サッケン「古代人のブーゴニアと双翅類の昆虫ハナアブとの関係について」（第3章参照） 土宜法龍、米シカゴでの万国宗教会議第一回大会（九月）に参加した後、訪れたロンドンで熊楠と知りあう（その後、パリに滞在し、熊楠と文通を続ける） 12月28日号NAに、オステン＝サッケン「**古代人のブーゴニア俗信についての質問**」
一八九四	5月10日号NAに「**蜂に関する東洋の俗信**」（末尾に「東洋の星座」への**付記**あり） 5月17日号NAに「**コムソウダケに関する最古の記述**」 5月24日号NAに「**蛙の知能**」	日英通商航海条約締結 日清戦争（～九五年） スピアマン「警察による個人識別」（『一九世紀』9月号。第5章参照） 11月22日号NAに、ハーシェル「指紋」（第5章参

	八月三一日、オステン＝サッケンがハイデルベルクよりロンドンの熊楠下宿を訪問（第3章参照） この年の『ネイチャー』二五周年記念号の「寄稿者リスト」に名を挙げられる 11月8日号NAに「**北方に関する中国人の俗信について**」 11月15日号NAに「**洞窟に関する中国人の俗信**」 12月27日号NAに「**『指紋』法の古さについて①**」	照） オステン＝サッケン『**牛から生まれた蜂の古説（ブーゴニア）とハナアブの関係**』 アーサー・リスター『粘菌モノグラフ』初版（第13章参照） シュレーゲル、『通報』で「落斯馬」について情報を求める（第9章参照） ロッキャー『天文学の夜明け』
一八九五	1月17日号NAに「**『指紋』法**」 1月24日号NAに「**琥珀の起源についての中国人の見解**」 2月28日号NAに「**宵の明星と暁の明星**」 4月25日号NAに「**マンドレイク①**」 四月末、大英博物館入館証を取得し、「ロンドン抜書」など大英博物館蔵書の筆写を開始 6月27日号NAに「**網の発明**」 11月28日号NAに「**さまよえるユダヤ人①**」	シュレーゲル、『通報』に東洋での指紋利用について記し、熊楠の「『指紋』法の古さについて①」を紹介（第5章参照） シュメルツ、『国際民族誌報』に指紋利用史について記す（第5章参照） オステン＝サッケン『**古代人のブーゴニア伝説の解説への追補**』 4月11日号NAに、フェート「マンドレイク」が紹介される（第6章参照） シュレーゲル（『通報』）、シュメルツ（『国際民族誌報』）がそれぞれ熊楠の「マンドレイク①」を転載（第6章参照）
一八九六	2月6日号NAに「**『指紋』法の古さについて②**」、	アストン『日本書紀』英訳

一八九七

「**驚くべき音響①**」
3月5日号NAに「**驚くべき音響②**」
4月30日号NAに「**驚くべき音響③**」
5月28日号NAに「**驚くべき音響④**」
8月13日号NAに「**マンドレイク②**」

1月7日号NAに「**死者の婚礼**」
一月三一日から三月四日にかけての書簡で、シュレーゲルと**ロスマ論争**（第9章）を繰りひろげる
三月、孫文と出会い、以後、孫文離英直前の六月末まで親しく交流する
5月13日号NAに「**貝合戦による占いについて①**」
9月9日号NAに「**ムカデクジラ①**」
10月21日号NAに「**虫に刺されることによる後天的免疫**」
一一月八日頃より数回、大英博物館内で諍いごとを惹きおこす

鈴木大拙、渡米（～一九〇七年）
フランクス没
ヴィクトリア女王即位六〇周年記念祝典（ダイヤモンド・ジュビリー）が行われる
9月16日号NAに、W・F・シンクレア「**ムカデクジラ**」

一八九八

2月10日号NAに「**貝合戦による占いについて②**」
3月3日号NAに「**マンドレイク③**」
3月10日号NAに「**エン麦の黒穂菌を画家の顔料として使うこと**」
6月2日号NAに「**ブーゴニア俗信に関する注記―イ**

デュルケーム『社会学年報』創刊
ウォリス・バッジ『死者の書』、A・ラング『宗教の形成』

ンドにおけるハナアブの存在」
七月、ディキンズと『竹取物語』英訳の表現をめぐって口論となる
九月八日、ブリストルでの英国科学振興協会人類学部会で、熊楠の「**日本におけるタブー体系**」が代読され、報告書にその**概要**が掲載される
10月13日号NAに「**ムカデクジラ②**」
12月15日号NAに「**水平器の発明**」（半年後NQに同文を再び投稿）
一二月一四日、大英博物館より追放通知を受けとる
一二月二〇日以降、大英博物館に取りなしを頼むため、『ネイチャー』編集長ロッキャーに数回会う

一八九九

二月頃より、自然史博物館およびサウス・ケンジントン博物館をしばしば利用する
2月16日号NAに「**中国のペスト**」
4月20日号NAに「**ライオンの天敵**」
6月3日号NQに「利口な子供」と「水平器の発明」（同誌への初めての投稿、後者は前年12月15日号NA掲載のものと同一）
6月15日号NAに「**セイウチ**」（6月24日号NQにもほぼ同文で）
8月12日号NQに「**さまよえるユダヤ人②**」

日英通商航海条約施行
ボーア戦争（〜一九〇二年。「履歴書」によれば、イギリスでの日本研究ポストに就く機会をこの戦争のため失った）
シュメルツ、『国際民族誌報』に熊楠の「マンドレイク②③」を転載（第6章参照）
サウス・ケンジントン博物館がヴィクトリア・アンド・アルバート博物館と改称される
新渡戸稲造『武士道』、アストン『日本文学史』、クロポトキン『ある革命家の手記』

	8月26日号NQに「**さまよえるユダヤ人③**」 9月30日号NQに「**トウモロコシ**」	
一九〇〇	2月22日号NAに「**インディアン・コーン①**」 3月22日号NAに「**中国の蟹災害**」 3月29日号NAに「**インディアン・コーン②**」 三〜六月、「日本人太古食人説」執筆（第12章参照） 4月12日号NAに「**幽霊に関する論理的矛盾**」 4月28日号NQに「**さまよえるユダヤ人④**」 九月一日、ロンドンを出航、帰国の途に 9月6日号NAに「**頭蓋の人為的な変形、および一妻多夫制に関する習俗のいくつか**」 一〇月一五日、神戸着。三日後、和歌山の実家へ	パリ万博（四月一五日〜一一月一二日） 九月二八日、夏目漱石、英国留学へ出発。一〇月二八日、パリを経てロンドン着（〜〇三年） 芳賀矢一、漱石と同じ船でドイツ留学（〜〇二年） マックス・ミュラー没 野口英世、渡米 フロイト『夢判断』
一九〇一	一〇月三一日、勝浦へ。この後、一二月に那智山へ移る	ヴィクトリア女王没
一九〇二	三月一〇日、和歌山へ戻る 五月二二日、田辺へ。この後一二月に那智に落ちつくまで、南紀各地を訪問 7月17日号NAに「**ピトフォラ・オエドゴニア**」 一二月二六日、那智の大阪屋へ（この後一九〇四年一〇月まで滞在）	日英同盟締結 7月24日号NAに、G・S・ウェスト「**ピトフォラの分布**」 10月16日号NAに、ゴールトン「**証拠となる指紋**」（ロンドンで指紋が証拠採用された初め）

一九〇三	三月、「**日本の記録にみえる食人の形跡**」、「燕石考」を完成（いずれも雑誌掲載されず）。三月一七日、「ネーチュールへの状古代日本人食人肉説書留にて出す」（『日記』） 4月23日号NAに「**ピトフォラの分布**」 4月30日号NAに「**日本の発見**」 7月30日号NAに「**ホオベニタケの分布**」	7月30日号NAに、ジョージ・マッシー「**ホオベニタケの分布**」 ハーバート・スペンサー没 岡倉天心『東洋の理想』
一九〇四	一〇月一〇日、田辺へ（永住することとなる） 8月25日号NAに「**アミミドロに関する最古の記述**」	日露戦争（〜〇五年） 岡倉天心、渡米（翌年ボストン美術館東洋部長）
一九〇五	四月、『方丈記』英訳（ディキンズとの共訳）を『王立アジア協会雑誌』に発表。ただし、一九〇七年にゴワンズ社刊で単行本となったときには熊楠の名前がなくなる	
一九〇六	二月頃、粘菌研究に関するアーサー・リスターとの文通が始まる 四月頃、リスターから『粘菌モノグラフ』を贈られる 七月二七日、田村松枝（田辺の闘鶏神社社司四女）と結婚 一二月五日、スウィングルより最初の書簡（一〇月二七日付）着。熊楠の『ネイチャー』への植物・菌学	ディキンズ著『古代中世日本文学』ロンドンにて刊行。熊楠は多くの面で協力した

	関連寄稿（第13、15章参照）を読み、アメリカへの招聘を申しいれたもの	
一九〇七	12月26日号NAに「**コノハムシに関する中国人の先駆的記述**」	
一九〇八	六月、「『大日本時代史』に載する古話三則」を『早稲田文学』に発表（日本語で比較説話学を論じた初め。第7章参照） 11月5日号NAに「**タコの酢とクラゲのアラック**」 11月26日号NAに「**魚類に生える藻類**」	アーサー・リスター没 11月26日号NAに、ジョージ・マッシー「**魚類に生える藻類**」
一九〇九	5月27日号NAに「**魔よけの籠**」	『フラヘン・エン・メデデーリンゲン』オランダで創刊（熊楠の「妻の腹に羊を描いた男」を掲載。同誌は半年で廃刊したため、寄稿はこの一篇のみ）
一九一〇	6月23日号NAに「**粘菌の変形体の色①**」 7月14日号NAに「**『オロコマ』という奇妙な哺乳類**」	
一九一一		柳田国男「生石伝説」（『太陽』。第14章参照） アーサー・リスター著、グリエルマ・リスター改訂『粘菌モノグラフ』第二版（第13章参照。序文で

一九一二	九月一七日、「粘菌の変形体の色②」とともに「難破してペルーの海岸に漂着した日本人」をNA編集部へ発送。後者は不掲載で編集部より返送された（一〇月二八日『日記』） 10月24日号NAに「**粘菌の変形体の色②**」	協力者として熊楠の名前を挙げる） 辛亥革命 B・ラウファー「指印法史」（第5章参照）
一九一三	四月二日、「**石、真珠、骨が増えるとされること**」をNA編集部へ発送（不掲載稿、四月二二日付掲載謝絶状とともに返送） 四月九日、「**花粉を運ぶコウモリと鳥**」をNA編集部へ発送（不掲載稿、五月五日付掲載謝絶状とともに返送、五月二八日『日記』） 5月3日号NQに「**スコロペンドラ・ケタケア①**」 8月9日号NQに「**スコロペンドラ・ケタケア②**」	1月18日号NQに、熊楠の「さまよえるユダヤ人」の肯定的な引用（第7章参照） 5月24日号NQに、ジェイムズ・リッチー「**スコロペンドラ・ケタケア**」、C・C・B「**スコロペンドラ・ケタケア**」 6月28日号NQに、ジェイムズ・リッチー「**スコロペンドラ・ケタケア**」 9月13日号NQに、コンスタンス・ラッセル「**スコロペンドラ・ケタケア**」
一九一四	1月15日号NAに「**古代の開頭手術**」	グリエルマ・リスター「日本の粘菌」（『イギリス菌学会報』。第13章参照） 第一次世界大戦勃発（〜一八年）

一九一五		寺石正路『食人風俗志』（一八八八年の論文を発展させたもの。第12章参照）
一九一七		ロシア革命
一九二〇	10月2日号NQに「**スコロペンドラ・ケタケア③**」	

「悪眼（イヴル・アイ）の話」『熊楠漫筆』（八坂書房）87—89頁に抄出して紹介。「蛇に関する民俗と伝説」全集1巻179頁、「小児と魔除」2巻99頁以下に関連記事。
「柳田国男宛書簡」全集8巻147頁に関連記事。

「ペストと鼠の関係」全集3巻13頁に紹介。

「蜀黍について」全集3巻600—601頁に関連記事。

「蟹噛みについて」全集2巻552—553頁にくわしく紹介。

「蝙蝠および鳥類の花粉媒介につきて」全集5巻595—599頁、「七月にさく草花」6巻267頁に関連記事。

	Artificial Deformations of Heads, and Some Customs connected with Polyandry	
1909. 05. 27	魔よけの籠 Baskets used in Repelling Demons	337頁
1913(執筆)	石、真珠、骨が増えるとされること Alleged Reproductions of Stones, Pearls, and Bones	342頁
1914. 01. 15	古代の開頭手術 Trepanning among Ancient Peoples	346頁
1898. 03. 10	エン麦の黒穂菌を画家の顔料として使うこと Oat Smut as an Artist's Pigment	第15章354頁
1898. 12. 15	水平器の発明 The Invention of the Gimbal	355頁
1899. 02. 16	中国のペスト Plague in China	356頁
1899. 04. 20	ライオンの天敵 The Natural Prey of the Lion	358頁
1899. 09. 30	トウモロコシ Maize (『N&Q』)	359頁
1900. 02. 22	インディアン・コーン① Indian Corn	361頁
1900. 03. 29	インディアン・コーン② Indian Corn	363頁
1900. 03. 22	中国の蟹災害 Crab Ravages in China	364頁
1908. 11. 05	タコの酢とクラゲのアラック Polypus Vinegar—Sea-blubber Arrack	368頁
1910. 07. 14	「オロコマ」という奇妙な哺乳類 A Singular Mammal called "Orocoma"	371頁
1913(執筆)	花粉を運ぶコウモリと鳥 Some Bats and Birds as Agents of Pollination	373頁

「平家蟹の話」全集6巻51—52頁に紹介。「涅歯について」全集3巻59—60頁で言及。 「西暦九世紀の支那書に載せたるシンダレラ物語」全集2巻134—135頁でインドに渡った日本僧に言及。
「寺石正路宛書簡」全集9巻333—334頁で言及。「柳田国男宛書簡」全集8巻204—205頁に関連記事。
「千里眼」全集6巻8—9頁、「土宜法龍宛書簡」7巻369頁に言及。「履歴書」全集7巻31—32頁に関連記事。 「土宜法龍宛書簡」全集7巻409頁で言及。 『南方熊楠書簡抄—宮武省三宛』(吉川弘文館)200—202頁に紹介。
「戦争に使われた動物」全集3巻143—144頁に訳出。「本邦における動物崇拝」全集2巻95頁に言及。

1898. 10. 13	ムカデクジラ② The Centipede-Whale	237頁
1913. 05. 03	スコロペンドラ・ケタケア① Scolopendra Cetacea (『N&Q』)	242頁
1913. 08. 09	スコロペンドラ・ケタケア② Scolopendra Cetacea (『N&Q』)	251頁
1920. 10. 02	スコロペンドラ・ケタケア③ Scolopendra Cetacea (『N&Q』)	255頁
1898(執筆)	日本におけるタブー体系　概要 The Taboo-System in Japan, Abstract	第11章263頁
1898(執筆)	日本におけるタブー体系 Taboo-System in Japan	266頁
1903. 04. 30	日本の発見 The Discovery of Japan	271頁
1903(執筆)	日本の記録にみえる食人の形跡 The Traces of Cannibalism in the Japanese Records	第12章284頁
1902. 07. 17	ピトフォラ・オエドゴニア Pithophora Oedogonia	第13章306頁
1903. 04. 23	ピトフォラの分布 Distribution of Pithophora	309頁
1903. 07. 30	ホオベニタケの分布 Distribution of Calostoma	310頁
1908. 11. 26	魚類に生える藻類 An Alga growing on Fish	314頁
1910. 06. 23	粘菌の変形体の色① Colours of Plasmodia of Some Mycetozoa	317頁
1912. 10. 24	粘菌の変形体の色② Colours of Plasmodia of Some Mycetozoa	322頁
1897. 05. 13	貝合戦による占いについて① On Augury from Combat of Shell-fish	第14章330頁
1898. 02. 10	貝合戦による占いについて② On Augury from Combat of Shell-fish	333頁
1897. 10. 21	虫に刺されることによる後天的免疫 Acquired Immunity from Insect Stings	334頁
1900. 09. 06	頭蓋の人為的な変形、および一妻多夫制に関する習俗のいくつか	335頁

「拇印の話」『牟婁新報』1910. 11. 18、21、24、27付（全集未収録）に紹介。「柳田国男宛書簡」全集８巻129頁で言及。

「樟柳神とは何ぞ」全集４巻433―452頁にくわしく紹介。

「『びんずるさん』の話」『紀伊新報』1913. 2. 27付（全集未収録）に紹介。「『大日本時代史』に載する古話三則」全集３巻42頁、「柳田国男宛書簡」８巻403頁、『南方熊楠書簡抄―宮武省三宛』（吉川弘文館）66―68頁で言及。

「履歴書」全集７巻18―19頁で言及。「地突き唄の文句」全集５巻23―25頁、「人魚の話」６巻307―309頁、「古谷氏の謝意に答え三たび火斉珠について述ぶ」６巻480―484頁に関連記事。

「田原藤太竜宮入りの譚」全集１巻152―157頁に議論の経過を含めて紹介。

1894. 12. 27 1895. 01. 17 1896. 02. 06	「指紋」法の古さについて① The Antiquity of the "Finger-Print" Method 「指紋」法 "Finger-Print" Method 「指紋」法の古さについて② The Antiquity of the "Finger-Print" Method	第5章131頁 137頁 138頁
1895. 04. 25 1896. 08. 13 1898. 03. 03	マンドレイク① The Mandrake マンドレイク② The Mandrake マンドレイク③ The Mandrake	第6章147頁 149頁 159頁
1895. 11. 28 1899. 08. 12 1899. 08. 26 1900. 04. 28	さまよえるユダヤ人① The Story of the "Wandering Jew" さまよえるユダヤ人② The Wandering Jew (『N&Q』) さまよえるユダヤ人③ The Wandering Jew (『N&Q』) さまよえるユダヤ人④ The Wandering Jew (『N&Q』)	第7章169頁 171頁 181頁 183頁
1896. 02. 06 1896. 03. 05 1896. 04. 30 1896. 05. 28 1897. 01. 07	驚くべき音響① Remarkable Sounds 驚くべき音響② Remarkable Sounds 驚くべき音響③ Remarkable Sounds 驚くべき音響④ Remarkable Sounds 死者の婚礼 Marriage of the Dead	第8章192頁 194頁 195頁 197頁 199頁
1899. 06. 15	セイウチ Walrus	第9章222頁
1897. 09. 09	ムカデクジラ① The Centipede-Whale	第10章233頁

日本語著作（全集の巻数・頁は平凡社版による。同タイトルの英文論文の関連日本語著作は、二作目以降は省略した。直接論文にふれていないものも関連記事として示した）
「土宜法龍宛書簡」全集７巻241―242頁、「履歴書」７巻13―14頁、「柳田国男宛書簡」８巻391頁で言及。
「動物の保護形色」全集３巻14―15頁に紹介。「兎に関する民俗と伝説」全集１巻74―75頁、「土宜法龍宛書簡」７巻221―222頁で言及。 「西暦九世紀の支那書に載せたるシンダレラ物語」全集２巻134頁、「土宜法龍宛書簡」７巻222―223頁で言及。 「西暦九世紀の支那書に載せたるシンダレラ物語」全集２巻134頁で言及。 「動物の保護形色」全集３巻14頁に紹介。
「上松蓊宛書簡」全集別巻１、63頁で言及。 「虎に関する俚伝と迷信」全集５巻436―437頁に関連記事。 「摩利支天」全集６巻19頁、「柳田国男宛書簡」８巻179―180頁で言及。
「支那民族北方より南下せること」全集３巻110―113頁に訳出。

英文論文と関連する日本語著作

発表号	英文論文（表題・英文原題）	本書の章と頁
1893. 10. 05	東洋の星座 The Constellations of the Far East	第1章27頁
1893. 10. 12	動物の保護色に関する中国人の先駆的観察 Early Chinese Observations on Colour Adaptations	第2章44頁
1894. 05. 17	コムソウダケに関する最古の記述 The Earliest Mention of Dictyophora	47頁
1894. 05. 24	蛙の知能 An Intelligence of the Frog	49頁
1895. 02. 28	宵の明星と暁の明星 Hesper and Phosphor	51頁
1895. 06. 27	網の発明 The Invention of the Net	53頁
1904. 08. 25	アミミドロに関する最古の記述 The Earliest Mention of Hydrodictyon	55頁
1907. 12. 26	コノハムシに関する中国人の先駆的記述 Early Chinese Description of the Leaf-Insects	56頁
1894. 05. 10	蜂に関する東洋の俗信 Some Oriental Beliefs about Bees and Wasps	第3章67頁
1895. 01. 24	琥珀の起源についての中国人の見解 Chinese Theories of the Origin of Amber	75頁
1898. 06. 02	ブーゴニア俗信に関する注記——インドにおけるハナアブの存在 Notes on the Bugonia-Superstitions——The Occurrence of *Eristalis Tenax* in India	90頁
1894. 11. 08	北方に関する中国人の俗信について On Chinese Beliefs about the North	第4章111頁
1894. 11. 15	洞窟に関する中国人の俗信 Chinese Beliefs about Caves	117頁
1900. 04. 12	幽霊に関する論理的矛盾 Illogicality concerning Ghosts	119頁

ヤ

ユ

ヨ

ラ

リ

ル

レ

ロ

ワ

＊『ネイチャー』および平凡社版『南方熊楠全集』は除く

チ

ツ

テ

ト

ナ

ス

セ

ソ

タ

サ

シ

カ

キ

ク

ケ

コ

書　名　索　引

ア

イ

ウ

エ

オ

ロッキャー, ジョゼフ•ノーマン　Lockyer, Joseph Norman　5, 7, 226–227, 352
ロック, ジョン　Locke, John　253
ロマーニズ　Romanes, George John　49
ロンデレティウス　Rondeletius, Gulielmus　234, 242–243, 253

ワ

ワイリー, アレグザンダー　Wylie, Alexander　214
脇坂　268
ワード, マーシャル　Ward, Marshall　354
ワロ　Varro, Marcus Terentius　60, 86

ヨ

楊衒之　183
揚雄　67, 70
ヨセフス　Josephus, Flavius　144, 154–155, 157
ヨンストン, ヤン　Johnston, John　233, 242, 245, 247, 253

ラ

ライス　Ruysch, Henricus　246
ライリー　Riley, H. T.　252
ラウファー, B.　Laufer, Berthold　128–130, 146
ラクペリ　Terrien de Lacoupérie, Albert Étienne Jean Baptiste　109
ラクロア　Pétis de la Croix, François　201
ラケル　Rachel　152
ラジャール, F.　Lajard, Felix　95–96
ラッセル, コンスタンス　Russel, Constance　230–231, 253–254
ラッツェル　Ratzel, Friedrich　284
ラボック　Lubbock, John　332
ラムージオ　Ramusio, Giovanni Battista　100, 188, 209, 274, 296
ラルストン　Ralston, William Ralston Shedden　347
ランスデル, H.　Lansdell, Henry　156

リ

リー, A. コリングウッド　Lee, A. Collingwood　166
李及之　159
陸偉　330
陸亀蒙　364
李建元　78
李時珍　63, 68, 70–71, 75, 78, 80, 101, 152, 155, 157, 255
リスター, アーサー　Lister, Arthur　304, 317–320, 323
リスター, グリエルマ　Lister, Gulielma　304, 318–320, 323–324
李石　115, 117–118, 237
李中梓　80
リッチー, ジェイムズ　Ritchie, James　230–231, 245–247, 249–252
リード, チャールズ・ハーキュリーズ　Read, Charles Hercules　106, 142, 227, 229
李勉　238, 241
李冶　332
劉安　101, 358
劉向　116
柳亭種彦　337–339
劉炳文（劉文炳）　194
林冲　132
リンド, W.　Rhind, William　155
リンネ　Linné, Carl von　80

ル

ルドルフ, J.　Ludolf, Job　99
ルードン　Loudon, John Claudius　77, 102
ルニャ, F.　Legnat, F.　366
ルノード　Renaudot, Eusèbe　139
ルベン　Reuben　152
ルンフィウス　Rumphius, Georgius Everhardus　342

レ

レオミュール　Réaumur, René Antoine Ferchault de　88
レッグ, ジェイムズ　Legge, James　53, 380
レノー　Reinaud, Joseph Toussaint　138–139, 286
レンドル　Rendle　306

ロ

ロイド, L.　Lloyd, Llewellyn　296
ロシュフォール　Rochefort, Charles de　296, 366
驢脣仙人　36

ミ

ム

メ

モ

ヤ

ユ

フェイバー　Faber　359
フェイホー，ベニート　Feijoo, Benito Jeronimo　101
傅説　31, 38
フェート　Veth, Petrus Johannes　146–147, 156
フェルビースト，フェルディナンド　Verbiest, Ferdinand　208, 220–223
フォーヴィル，A.　Fauvil, A.　368
フォーカード，リチャード　Folkard, Richard　150, 154–155, 157
フォールズ，ヘンリー　Faulds, Henry　125, 128, 130
伏羲　53
傅肱　365
藤井健次郎　376
藤岡作太郎　291, 335
伏見親王　268
藤本勝次　139
武松　132–133
藤原惺窩　273
藤原秀郷　→田原藤太
ブッタデオ　Buttadeo　167
武帝　55
フビライ　Kubilai Khān　202
フライヤー，ジョン　Fryer, John　369
ブラウン，ジョージ　Brown, George　251
ブラウン，トマス　Browne, Thomas　243, 246, 248
フラワー，ウィリアム　Flower, William Henry　335
フランクス，オーガスタス・ウォラストン　Franks, Augustus Wallaston　23, 103, 142, 227
プリニウス　Gaius Plinius Secundus　32, 46, 76, 102, 230, 249, 342, 369
プルジェワリスキー　Przhevalskii, Nikolai Mikhailovich　195
プルタルコス　Plutarchus　296
フレイザー，J.　Frazer, James George　151, 259, 268, 295
ブレットシュナイダー　Bretschneider, Emil　56, 377
文帝　344

ヘ

ペイン，J. F.　Payne, J. F.　356
ペセリック，ジョン　Petherick, John　340
ヘッド少佐　Head, Major　192, 195
ヘボン　Hepburn, James Curtis　215
ペルニ　Pernys　368
ヘロドトス　Herodotus　90

ホ

方以智　145, 157
ホーウィット，メアリ　Howitt, Mary　332
茅元儀　330
北条氏　267
方南生　46
ポコック，R. I.　Pocock, R. I.　53
ホスキンズ＝アブラホール　Hoskyns-Abrahall　368
ボストック　Bostock, John　252
ボッカチオ　Boccaccio, Giovanni　166
ポーティエ　Pauthier, M. G.　188
ボート，ジェラード　Boate, Gerard　254
ボード　Bode, Clement Augustus Gregory Peter Louis de　295
ホームズ，シャーロック　Holmes, Sherlock　124
ホランド　Holland, Philemon　248
ボール，V.　Ball, V.　358
ポルフュリオス　Porphyrius　95
ポーロ，マルコ　Polo, Marco　188–189, 191, 199, 202, 260, 271
ホーン　Hone, William　148

マ

マグヌス，オラウス　Magnus, Olaus　192–193, 208, 222–223, 234–235
マグレガー，R. G.　Macgregor, Robert

192
トヨタマヒメ　270
豊臣秀吉　288
豊臣秀頼　330
屠隆（屠緯真）　183，185
トルーテル　Truter　334
トレイル　Traill, Robert　155
トンプソン　Thompson, Stith　166

ナ

中臣氏　268
中松盛雄　106
中村貞太郎　133
中村惕斎　363
南懐仁　→フェルビースト，フェルディナンド

ニ

ニキティン，アタナシウス　Nikitin, Athanasius　361
ニーダム，ジョゼフ　Needham, Joseph　21，24

ノ

野間左馬之進　330

ハ

ハウズ　Howes　306
萩野由之　134，287
ハクルート　Hakluyt, Richard　193
バークレー，ジョージ　Berkeley, George　90
バザン，A. P. L.　Bazin, Antoine-Pierre-Louis　135
ハーシェル，ウィリアム　Herschel, William James　124–126，128，130–131，140
ハース，ハンス　Haas, Hans　260，271，273
パターソン，R.　Patterson, Robert　87，90
パーチャス　Purchas, Samuel　90，100
バックトン，G. B.　Buckton, George Bowdler　91
バックル　Buckle, Henry Thomas　295
ハーディー　Hardy, R. Spence　193
ハーディー，A. D.　Hardy, A. D.　314
バード，イサベラ　Bird, Isabella Lucy　177
ハートリブ，サミュエル　Hartlib, Samuel　254
塙保己一　272，288
パルヴィ，M. A.　Parvie, M. A.　333
バルタス　Salluste du Bartas, Guillaume de　248
バルボ，J.　Barbot, Jean　100
バロウ，ジョン　Barrow, John　334
バローソ，ジョゼフ・オルティス　Barroso, Joseph Ortiz　101
班固　115
范友明（范明友）　181–182

ヒ

ピカーリング　Pickering, Edward Charles　144，155，157
ヒクソン，シドニー・J.　Hickson, Sydney J.　342
ピーコック　Peacock, Mabel　296
ピーコック　Peacock　359
ピタゴラス　Pythagoras　43，51
ヒポクラテス　Hippocrates　346–347
ヒューエル　Whewell, William　51
ビュルヌフ　Burnouf, Eugène　166–167
平住専庵　238
平田篤胤　135
平出鏗二郎　291，335
ビール　Beal, Samuel　193
ピンカートン　Pinkerton, John　139，255，292，331
賓頭盧　163–167，169，172–179，181

フ

フィプソン　Phipson, Emma　248
馮拯　330

ス

セ

ソ

タ

ギルバートソン，E.　Gilbertson, E.　240
キーン　Keane, Augustus Henry　284

ク

草野俊介　320
求那跋陀羅　169，171
クナラ太子　134，136
クヌート，パウル　Knuth, Paul　375
グベルナティス　Gubernatis, Angelo de　95–96
熊沢蕃山（了介）　115，274
クラウゼ，エルンスト　Krause, Ernst　95
クランポン，アベ　Crampon, Abbé　178–180
クルテイユ　Pavet de Courteille, Abel　65
クルーデン　Cruden, Alexander　144，155
グレヴィニウス　Grevinius　253
クローシェイ　Crawshay, Richard　358
黒鳥兵衛　197
クロポトキン　Kropotkin, Pyotr Alekseevich　142

ケ

嵆含　156
ゲイト，E. A.　Gait, E. A.　293
ゲスナー　Gesner, Conrad von　223，234–235，238，242，253
玄奘　135，188，196，272
ケンペル　Kämpfer, Engelbert　331，362–363

コ

康熙帝　53
孔子　113–114，265，276
黄省曽　295
弘法大師　344
高誘　77–78
康与之　201–202
洪亮吉　356
呉其濬　102，155–157，359
コックス，リチャード　Cocks, Richard　332
ゴッス　Gosse　359
小中村清矩　139
ゴヌラ，ピエール　Gonnerat, Pierre　347
コノハナノサクヤヒメ　270，294
後村上天皇　267
コルディエ，アンリ　Cordier, Henri　188–191
ゴールトン，フランシス　Galton, Francis　125，133
惟仁親王　296
コンウェイ，モンキュア・D.　Conway, Moncure D.　179
コンスタンティヌス大帝　Constantinus, Gaius Flavius Valerius　171
ゴンム，ジョージ　Gomme, George Laurence　106，227–229

サ

崔涵（崔子洪）　184–185
崔暢　185
ザヴィエル　Xavier, Francisco de　273–274
坂本浩然　48
左丘明　364
ザックス　Sacks, F.　101
サムソン　Samson　60，101
サモン，トマス　Salmon, Thomas　215

シ

シイネツヒコ　269
ジーヴァカ　Jīvaka　347
ジェイコブズ　Jacobs, Joseph　164
子貢　113，276
C. C. B.　230–231，248–249
施耐庵　135
師道南　356–357
シドティ，J. B.　Sidotti, Giovanni Bat-

エ

オ

カ

キ

人名索引

初出（本書掲載にあたっては全面的に改稿した）

「東洋の星座」（松居竜五『南方熊楠 一切智の夢』朝日選書、1991年）
「虻と蜂に関するフォークロア」（松居竜五「南方熊楠英文論攷――翻訳と解説」『月刊百科』1995年10月号、12月号、1996年1月号）
「拇印考」（松居竜五「南方熊楠英文論攷――翻訳と解説」『月刊百科』1995年8月号）
「さまよえるユダヤ人」（松居竜五「さまよえるユダヤ人」『熊楠研究』第3号、2001年）
「日本の記録にみえる食人の形跡」（松居竜五「日本の記録に見る食人の形跡」季刊『文学』1997年冬号）

図版協力

田辺市 南方熊楠顕彰会
財団法人 南方熊楠記念館
ネイチャー・ジャパン株式会社
Trustees of the National Library of Scotland (246p)

図版版権調査　マイケ・マルクス
校正・校閲　大亦淑子、熊谷出穂（日本アート・センター）
編集協力　木村千鶴子
編集　椛島良介

飯倉照平［いいくら・しょうへい］

一九三四年生まれ。東京都立大学名誉教授。中国文学研究者。平凡社版『南方熊楠全集』を校訂、『南方熊楠邸蔵書目録』『同 資料目録』を共編。ここ一〇年あまり南方熊楠邸の資料整理に従事。

松居竜五［まつい・りゅうご］

一九六四年生まれ。龍谷大学助教授、科学研究費補助プロジェクト「南方熊楠草稿資料の公刊および関連資料の総合的研究」代表。著書に『南方熊楠 一切智の夢』（朝日選書）など。

田村義也［たむら・よしや］

一九六六年生まれ。成城大学非常勤講師。『南方熊楠邸蔵書目録』『同 資料目録』を共編。論文に「南方熊楠と自然科学」（『国文学』）など。

中西須美［なかにし・すみ］

名古屋大学講師を経て翻訳業。論文に「南方熊楠『燕石考』にみる〈縁〉の原理」（『文学と環境』）。共訳書に『アメリカ先住民の神話伝説』（青土社）など。

南方熊楠英文論考《みなかたくまぐすえいぶんろんこう》［ネイチャー］誌篇《しへん》

二〇〇五年一二月二〇日 第一刷発行

著　者＝南方熊楠《みなかたくまぐす》

監修者＝飯倉照平

訳　者＝松居竜五
田村義也
中西須美

発行者＝藤井健二

発行所＝株式会社 集英社
〒一〇一-八〇五〇 東京都千代田区一ツ橋二-五-一〇
電話 編集部〇三（三二三〇）六三九一
販売部〇三（三二三〇）六三九三
読者係〇三（三二三〇）六〇八〇

印刷所＝大日本印刷株式会社

製本所＝加藤製本株式会社

ISBN 4-08-781332-0 C0039